Chinese History

彩圖版

You never know these Interesting Stories about Chinese History

圖說 History 歷史

老師沒教的中國史

清談風雅魏晉

從三國至魏晉南北朝

220A.D.—580A.D.

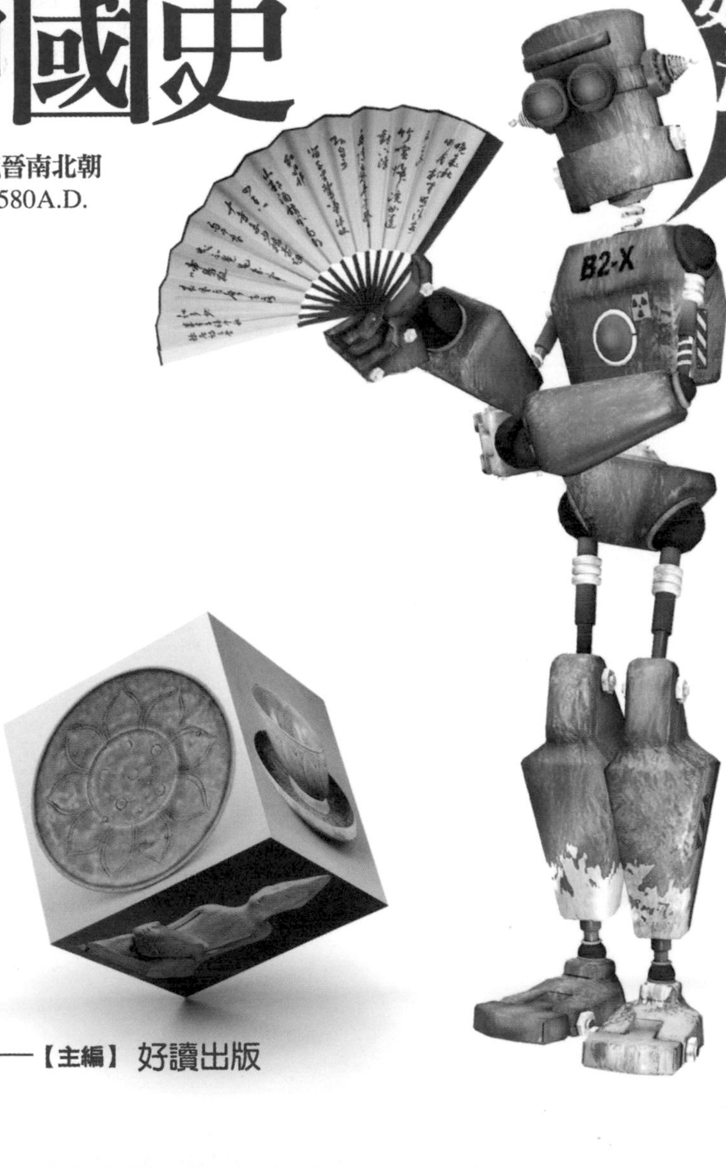

李默——【主編】

好讀出版

目錄

CONTENTS

目錄

CONTENTS

東晉 080

目錄

CONTENTS

237A.D.

·七月，吳侵魏江夏。魏遣幽州刺史毌丘儉率兵，並聯合烏桓、鮮卑，屯遼東南界，徵公孫淵入朝。

·魏詔改元景初，頒行由楊偉所修《景初曆》，後改稱為《秦始曆》與《永初曆》，沿用至南朝宋元嘉二十八年（451A.D.）。提出了推算日食食分和虧起方位的方法。

239A.D.

·正月，魏明帝死，皇太子芳嗣位，曹爽、司馬懿輔政。吳國首建城隍。

245A.D.

·約是年，魏傅玄等繼撰《魏書》。

247A.D.

·魏正始八年，康居國僧人康僧會抵吳。吳畫家曹不興為之摹繪「西國佛畫」，故被推為「佛畫之祖」。不興一作弗興，吳興（今浙江湖州）人。擅畫龍、虎、馬和佛教人物，與善書的皇象、善棋的嚴武、善數的趙達、善星象的劉敦等，被稱為吳之「八絕」。

249A.D.

·正月，魏司馬懿殺曹爽、何晏等，皆夷三族。何晏好老莊之書，與王弼等競為清談，後遂成為風氣。

250A.D.

·天竺律學沙門曇柯迦羅（意譯法時）譯出《僧祇戒心》，建羯磨法，創行受戒。是為中土有戒律受戒之始，後世，即以迦羅為律宗始祖。

250A.D. 264A.D.

254A.D.

·九月，魏司馬師廢魏帝為齊王。十月，立高貴鄉公髦，改元正元。

256A.D.

·十月，吳內訌，孫綝殺滕胤等，夷三族。魏經學家王肅卒（195A.D.～）。

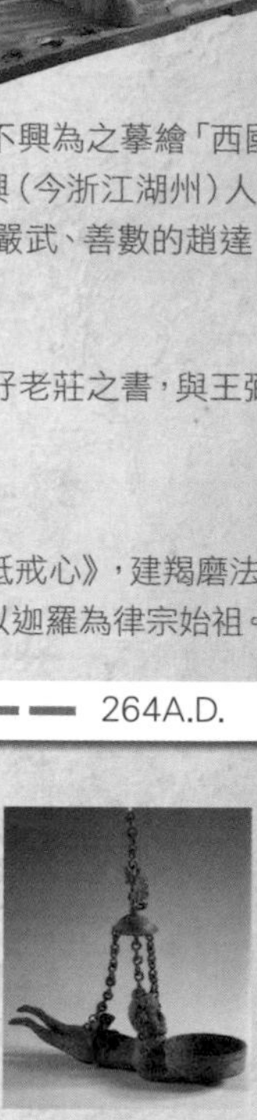

260A.D.

·五月，魏帝髦討司馬昭，不克，死，立常道鄉公璜，更名奐，改元景元。魏僧人朱士行西行取經。

262A.D.

·魏以鍾會都督關中諸軍事。蜀人蒲元善善使淬火自製鋼刀。

263A.D.

·八月，魏鍾會、鄧艾率兵分道攻漢。十月，吳以漢告急，遣將攻魏。十一月，魏鄧艾至成都，漢帝劉禪降，敕姜維降於鍾會，漢亡。魏分益州為梁州。劉徽注成《九章算術》。司馬昭殺嵇康。阮籍去世。

264A.D.

·三月，司馬昭為晉王。遷漢帝劉禪於洛陽，封為安樂公。七月，司馬昭奏訂禮儀、法律、官制。李登著最早的韻書《聲類》。

三國

三國年表220A.D.～264A.D.

220A.D.

‧正月，曹操死。十月，曹丕稱皇帝。

221A.D.

‧劉備稱皇帝於成都，改元章武，是為漢昭烈皇帝。八月，孫權稱臣於魏。

223A.D.

‧四月，漢昭烈帝死，子劉禪嗣位。

225A.D.

‧七月，諸葛亮破殺雍、高定等，七俘孟獲七釋之，南中四郡大定。

220A.D. —— 235A.D.

229A.D.

‧四月，吳王孫權稱皇帝，改元，是為吳大帝。

231A.D.

‧漢諸葛亮出祁山攻魏，以木牛運糧；魏遣司馬懿拒戰，數敗，喪甲首數千。

232A.D.

‧詩人曹植去世。

233A.D.

‧吳遣使將兵萬人冊公孫淵為燕王，加九錫。十二月，公孫淵殺吳使，函首獻於魏，吳使者從吏秦旦等輾轉逃至高句麗，高句麗王位宮遣送還吳，並稱臣奉獻。

235A.D.

‧四月，漢以蔣琬為大將軍錄尚書事。魏機械製造家馬鈞作司南車（即指南車）和水轉百戲。又製翻車（即龍骨水車），並改進當時的絲織綾機。

⊙三國黃武元年弩。吳國遠射兵器，由銅弩機和木臂兩部分構成。

魏編《皇覽》

東漢末年至三國時代，由於天下大亂，圖書典籍散失極多。推崇儒學、頗有才華的魏文帝曹丕對此憂心忡忡，便於延康元年（西元二二〇年）下詔叫劉劭、王象、繆襲、桓範、韋誕等集編群書。被時人稱為「儒宗」的王象兼任秘書監，組成編集班子。他們除了從皇室藏書中攝取資料外，又廣泛於民間徵集圖書，然後將這些五經群書分類整理，按部成集。魏黃初三年（西元二二二年）全書編成，計有四十多部，每部數十篇，共一千多篇，總計八百多萬字。因編集還有一個目的是供皇帝閱讀，所以這部書起名為《皇覽》。

《皇覽》是中國最早的類書，這部書的編成在當時來說有利於古籍的搶救並促成魏詔貢士主攻經學，從而使經學得到進一步發展。但這部書於隋唐後散佚，清代孫馮翼有輯本一卷，錄《逸祀》、《塚墓記》二類八十多條，還不到四千字。

⊙魏受禪表碑

支謙在吳譯經

支謙，字恭明，又名越，祖先為大月氏人，生於漢土，漢獻帝末年，從洛陽避亂先到吳武昌（今湖北鄂城），後到建業（今江蘇南京）。他自幼學習中國書典，後跟隨著名佛經翻譯家支讖的弟子支亮學習佛教，因而博覽經籍，深通佛學。他還通曉六國語言，多才多藝，與支讖、支亮名重一時，因此有「天下博知不出三支」之說。孫權授予他博士，並請他作太子的老師。太子登死後，支謙隱居穹隆山中，不參與世務，從沙門竺法蘭受持五戒，專事佛僧。

吳黃武二年（西元二二三年）支謙開始翻譯佛經，至吳建興二年（西元二五三年），歷時三十年，共譯出佛經四十九部，主要有《維摩詰經》、《大明度無極經》、《首楞嚴經》等，並制《贊菩薩連句梵吹》三契。支謙由於兼通梵漢文字，學貫內外典籍，因此所譯佛經文麗簡略，義顯意明，又較符合漢人習慣。他還開創了佛經翻譯的「會譯」之法，在譯經時把一些名詞、概念譯成老莊哲學中相應的詞語，開了兩晉南朝佛教玄學化的先河。

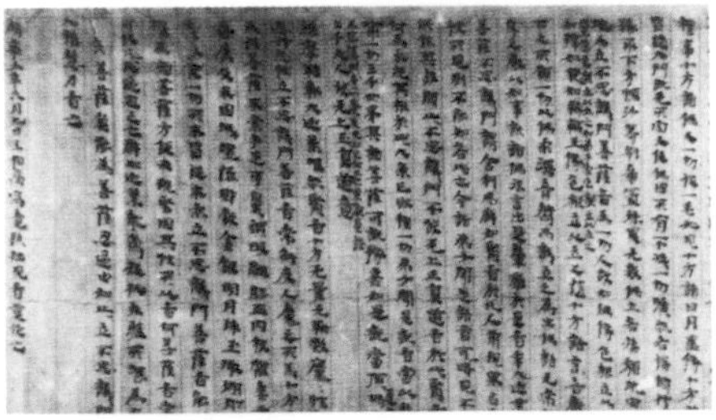

⊙支謙譯《維摩詰經》

羅馬商人秦論入華

羅馬帝國（時稱大秦）在西漢時期就與中國建立了聯繫，在三國魏晉時期，除了透過「絲綢之路」與中國北方保持聯繫外，還透過海路與南中國交往。商人秦論到吳就是一例。

吳黃武五年（西元二二六年），秦論從海道至交趾（今越南河內東），由交趾太守吳邈派人送他到建業（今江蘇南京）。孫權親自接見秦論，問及方土謠俗，秦論一一回答。當時諸葛恪討伐丹陽，俘獲當地矮人一批，秦論見了，說他的國家很少見到這樣的人。秦論在建業住了七、八年，回國時孫權送給秦論矮人男女各十人，並派差吏劉咸送秦論回國。

孫權對秦論的禮遇，不僅說明了當時中國與海外的密切交往，也體現了孫吳對商業的重視。

⊙吳國孫權於西元二三八年鑄造的「大泉當千」銅幣

⊙吳青瓷熊燈

南方瓷的典型代表——東吳青瓷

三國時期，雄踞江南的東吳土地肥沃、物產富饒，受戰爭影響較小，製瓷技術在原有基礎上日臻成熟，生產規模比前代擴大了數倍。

東吳越窯青瓷為南方瓷系的典型代表。青瓷是因為瓷的呈色在氧化焰中燒製成黃色、在還原焰中燒製成青白色而得名。浙江是東吳青瓷主要產地，上虞、永嘉、金華、紹興等地已發現東吳窯址三十多處，長江中游的武昌一帶在東吳末年也有青瓷的燒製。

三國早期的東吳青瓷大多仍保留東漢時期的風格特色，造型質樸，最常見的是雙繫壺、雙耳罐，頸短、身矮、肩部鼓出，顯得渾厚穩重；紋飾也比較單純，只有弦紋、水波紋和鋪首之類。後期器物品種日漸增多，有壺、罐、碗、缽、洗、盒、香爐、唾壺、虎子、熊燈、水注等，尤其是人物樓閣罐最為突出，如東吳永安三年（西元二六〇年）的青釉塑貼穀倉，通體施青綠釉，奇妙魂麗，塑造技巧非常精湛，是孫吳時期難得的青瓷珍品。

東吳越窯青瓷的一大特色是喜用動物作為器物造型以增加美感，如蛙形水注、羊形燭台、鳥形杯，還有形態生動的熊燈、虎子，都在平凡常見的器型中巧妙地加入動物形象，獲得新奇的藝術效果。

東吳青瓷對兩晉製瓷業產生了極大影響，使後來的兩晉越窯青瓷，以其特有的優勢，經南北朝以迄唐、五代，持續了七個多世紀。

⊙吳永安三年青釉塑貼穀倉

⊙吳越窯鳥形杯

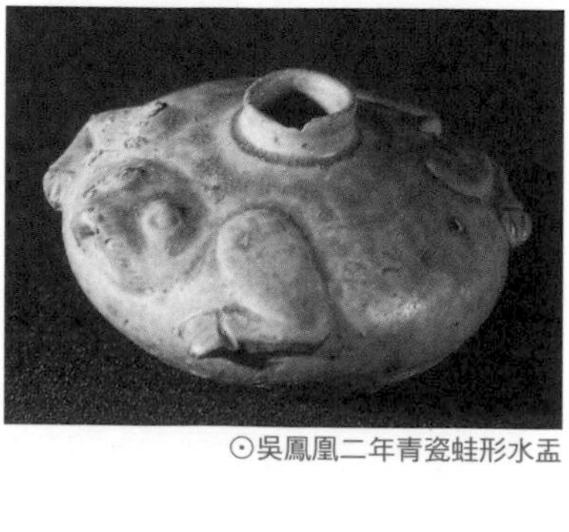

⊙吳鳳凰二年青瓷蛙形水盂

九品中正制建立

西元二二〇年，魏文帝曹丕為了使官僚制度真正成為封建國家進行有效治理和政治統治的支柱，開始整頓關係到王朝興亡、文明盛衰的選官制度，採納了吏部尚書陳群提出的方案，建立了九品官人法，也就是九品中正制，以替代漢代鄉舉里選的選官制度。

兩漢時期，朝廷根據鄉黨評議實行征辟、察舉選拔官吏，但由於豪宗大族、官門世家逐漸發展，禮教門風、士庶等級在社會上的影響越來越大，東漢末年鄉里清議和選舉完全被地方大族所控制和操縱。漢末大動亂以後，地方基層鄉里制度遭到徹底破壞，鄉舉里選制度實際上已無法實施。曹操的政治勢力抬頭後，為了擴大統治基礎，提出了「唯才是舉」的口號，提拔了不少出身卑賤的治國大才和將帥。

魏文帝遵循曹操關於選舉的主張，鑒於天下喪亂之後，人民大量遷移流徙，脫離鄉土，士人的出身里爵、道德才難以稽考，因而在陳群的建議下，於各州郡設大小中正，分別以本地人在中央任官員者充任，負責察訪、品評本州郡的士人，寫出簡短的評語，稱品和狀。品乃是等第，依據士人家世高低，定為上上、上中、上下、中上、中中、中下、下上、下中、下下九個品級。狀就是關於士人德行、才能的評語。品和狀寫好以後，由小中正、大中正、司徒逐級上報吏部尚書，作為政府選官的依據。此後，以專職舉士的中正官和吏部尚書負責的選官制度取代了原有由各級地方行政長官薦舉官吏的制度。選拔標準除沿襲東漢察舉所要求的經學、德行、鄉閭清議外，又增加了家世和才實等內容，顯得更加完備，也多少改變了東漢末年名士操縱選舉的局面。同時的

⊙魏孔羨碑

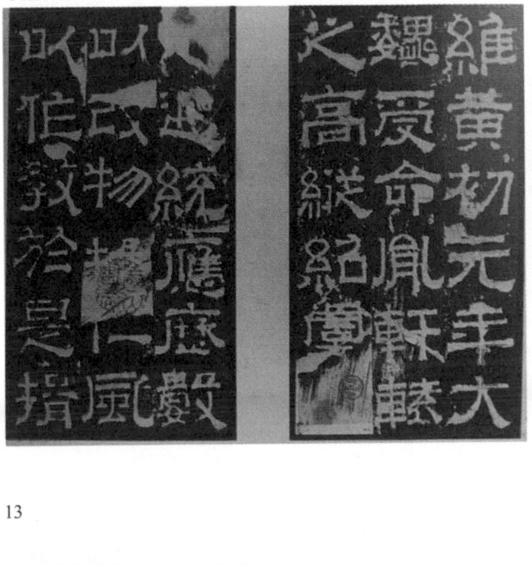

⊙建安十五年，曹操建成古建築群銅雀台，曾率諸子作賦慶賀。圖為銅雀台出土石獅。

東吳也實行了類似的制度，只是將中正官稱作公平，主持這一事務。

隨著司馬氏取代曹魏政權，九品中正制在世家大族的影響下，開始蛻變。這是由於司馬氏本就出身於河內的門閥世家，為了更依賴世家大族，中正官位的權柄逐漸被轉移到這些人手中，如洛陽大族傅暢就歷代職掌這一大權，而透過此途徑入任的官吏，都因出身的貴賤、品第的高低而世代承襲，這種只重門第、不重人才的做法，使得狀成了可有可無的東西，最後形成了「上品無寒門，下品無世族」的局面，入仕的要津幾乎被勢官子弟所壟斷。九品中正制完全成了門閥士族的政治工具。這種封閉性、壟斷性、凝固性的選舉制度，確保了門閥專政及其特權世襲制度的沿襲。於是，士庶分隔越來越嚴重。為了穩固高貴門第的地位，士族大修族譜，甚至禁止與庶族通婚。九品中正制作為選官制度的初衷和職能至此已完全喪失，東晉末以後，它已成了雖有若無的東西，在實施三七〇年後，到隋統一中國而被徹底廢除。

九品中正制在實施過程中，曾有一定的積極意義，但在那特定的時代和歷史條件下，弊端甚多，教訓更大，尤其是對教育的消極影響是無法估量的。

川南人懸棺

懸棺葬，是一種將死者的棺木放置在懸崖絕壁上的古代墓葬形式。懸棺或利用岩壁間

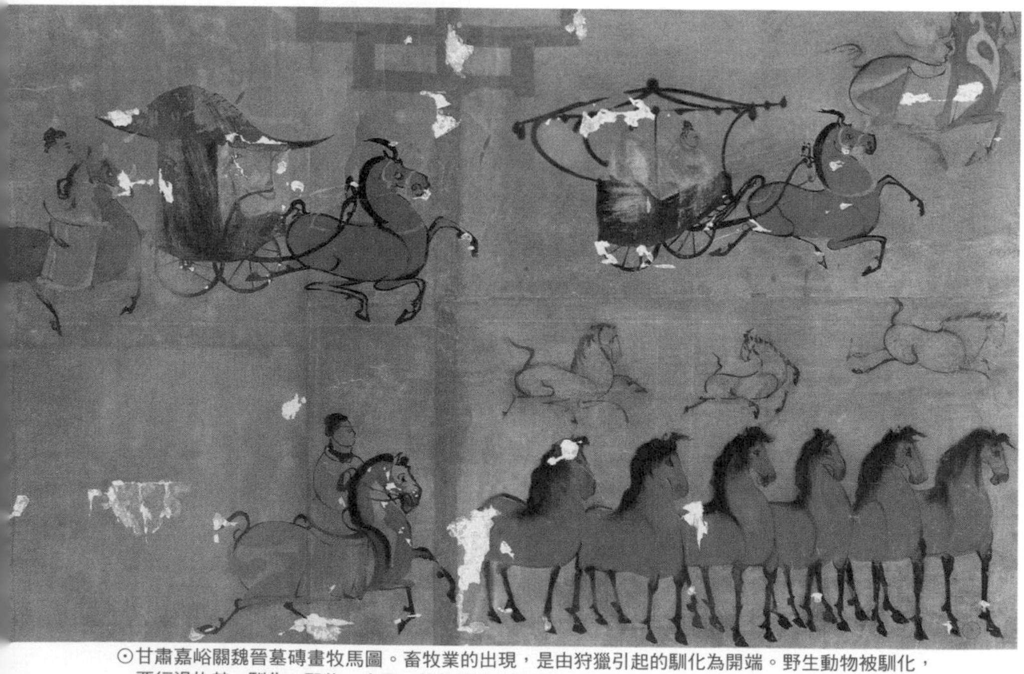

⊙甘肅嘉峪關魏晉墓磚畫牧馬圖。畜牧業的出現，是由狩獵引起的馴化為開端。野生動物被馴化，要經過拘禁、馴化、野牧、定居、放牧等若干階段。

⊙四川珙縣懸崖峭壁上的懸棺

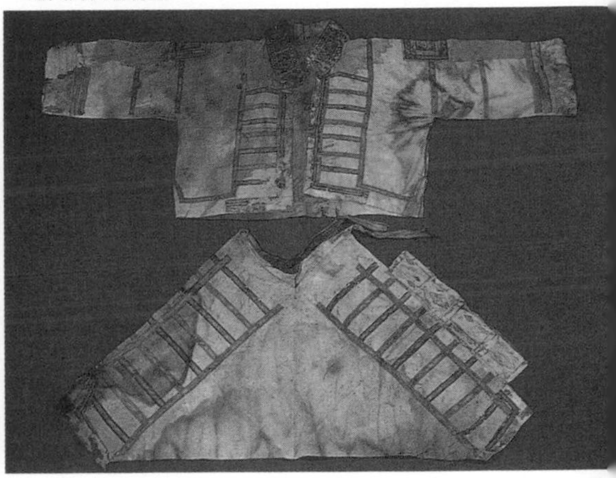

⊙四川珙縣懸棺內出土的衣物，由此可以瞭解當時當地人的衣著特點。

的裂隙之處架設棺木，或利用岩壁上鑿孔楔入木樁，以支托棺木，或利用天然岩穴及人工鑿穴盛放棺木。棺木大多為獨木鑿成，一般長方形，也有少數用船棺作為葬具的。葬式有的是一次葬，有的是二次葬，就是等死者屍體腐朽之後將骨殖收入棺內，再放置到懸崖上。

懸棺葬在中國、印度支那半島、印尼、菲律賓等地均有發現。在中國，主要分佈在廣東、廣西、福建、浙江、江西、湖北、湖南、四川、雲南、貴州、台灣等省區。關於各地發現的懸棺葬的族屬，至今尚無定論。據分析，福建、浙江、江西東部的懸棺葬，可能和古代閩越、山越等民族有關；兩廣的懸棺葬，可能與古代甌越、駱越等民族有關；湘西的懸棺葬，可能和中古的驤、夷、獠人有關；川南、滇東北以至貴州的懸棺葬，可能與西南少數民族人及中古的獠人及後世的仡佬、都掌蠻等民族有關。

採用懸棺葬這種葬式的意義，以及當時人們是用何種方式把棺木架置於現今看來無法攀緣的絕壁上，至今仍是未解之謎。

⊙四川珙縣懸崖峭壁上的懸棺

⊙四川珙縣懸崖峭壁上的懸棺近景

曹氏父子的文學成就

文學史上有「三曹」之稱的曹氏父子——曹操、曹丕、曹植，為文人詩歌的第一個繁榮時期即建安詩歌的產生、發展有極大貢獻，及很高的文學成就。

東漢建安（西元一九六至二二〇年）年間至曹魏黃初、太和年間（西元二二〇至二三三年）產生的詩歌被稱為建安詩歌。代表人物除曹氏父子之外，還有「建安七子」。建安詩人大都經歷了漢末的離亂，所作詩歌多是緣事而發，悲壯慷慨，時代特徵鮮明。建安文學在悲壯慷慨的基調中，感傷離亂、悲憫人民和慨嘆人生聯繫著及時建功立業的政治豪情，從而顯得「志深筆長」、「梗概多氣」，是沉著特質的典型代表。這一鮮明的風格被後世稱為「建安風骨」或「漢魏風骨」，在中國文學史上產生了深遠影響。沉著是精神低沉的特質，但也是更加現實、具體的品格。文明的精神已經失去追求未知、無窮和奇譎意境的能力，而更常與對世界的悲嘆聯結。曹氏父子和受他們影響的魏人是這一品格的正面代表。曹氏父子與漢樂府、東漢文人詩在形式、內容甚至格調上都有明顯聯結，但與古詩的蘊藉相比，他們更悲痛，調子更低，並且對現實生活依附得也更深。

三曹的風格並不完全一樣，曹操有其政治家的氣勢，曹植在政治上的失意使他把注意力轉向神話和其他境界。但與古詩十九首和唐代詩歌相比，他們的沉著品格不容置疑，在中國文學史上獨此一家。

曹氏父子在文學上的成就，各有特色。曹操的文學成就主要是詩歌方面的；曹丕則以詩歌和文學批評為最；曹植是建安文學集大成者，在詩歌藝術上

⊙宋摹本東晉顧愷之《洛神賦圖卷》（局部）。此卷以三國時代曹植的名篇《洛神賦》為題材，用生動的形象完整地表現了賦的內容，體現了這一時期文藝理論中重視感情生活的要求。作者逐節描繪《洛神賦》的內容，開始是曹植帶著隨從到了洛水之濱凝神悵望，彷彿看到了洛神（亦即甄氏）仙裳飄舉，淩波而來。其後是他們互贈禮物，洛神和她的同伴們在空中或水上自在地遊玩。這時風神使風停止，河神命波浪平靜，水神在擊鼓，創世神女媧也在唱歌，曹植和洛神乘著駕六龍的「雲車」出遊，一敘衷曲。最後曹植在渡洛水的舟中思慕不已，離岸乘車遠去時還回頭悵望，無限依戀。

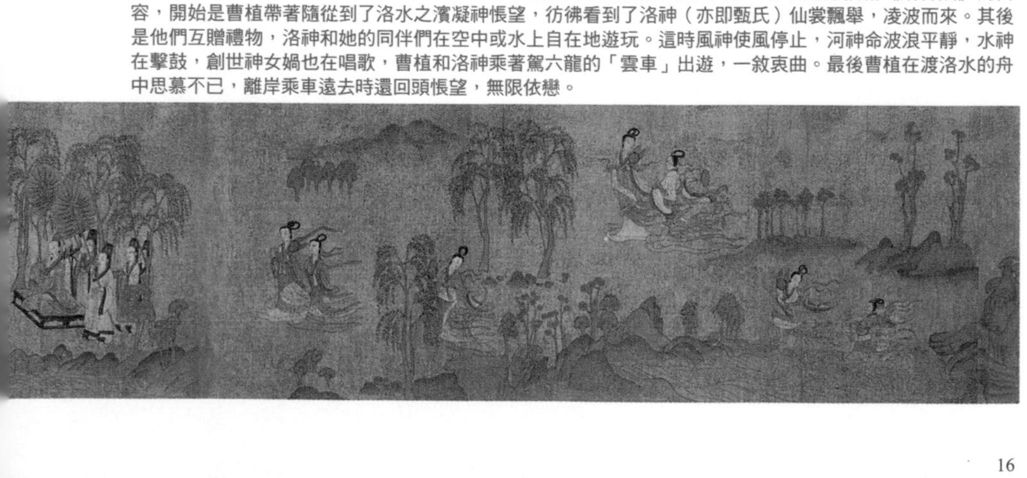

有很多創新發展。藝術風格上，曹操的詩歌樸實無華，而以氣韻深沉、感情真摯見長，最典型的情調就是慷慨悲涼，在體裁上開創了以樂府寫時事的傳統；曹丕的詩歌筆致細膩，語言流暢，格調清新，有完整成熟的七言詩作品，他的《典論．論文》開綜合評論作家作品之先河；曹植的詩、賦、散文在質量上都冠稱當時，他的詩歌明朗和諧清新，尤其在五言詩上有較大貢獻，「骨氣奇高，詞采華茂，情兼雅怨，體被文質」是對他的詩恰當的評價，而在詩歌史上，他被看作五言詩一代宗匠，鍾嶸稱讚說是「粲溢今古，卓爾不群」。

曹氏父子自身卓然的文學成就，以及他們對建安文學的巨大貢獻，使「建安風骨」形成並被高揚。「建安風骨」成為後代詩歌復古、糾正頹靡文風的大旗，在文學史上有極為深廣的意義。

建安七子 主導文壇發展

建安年間（西元一九六至二二〇年），聚集了七位有傑出才華的文學家，他們是孔融、陳琳、王粲、徐幹、阮王禹、應瑒、劉楨，史稱建安七子，他們與三曹一起創造了中國文學史上一個輝煌的時代，其獨具特色的文學風格——「建安風骨」從此主導了文壇，成了後世文學所推崇和效法的典範。

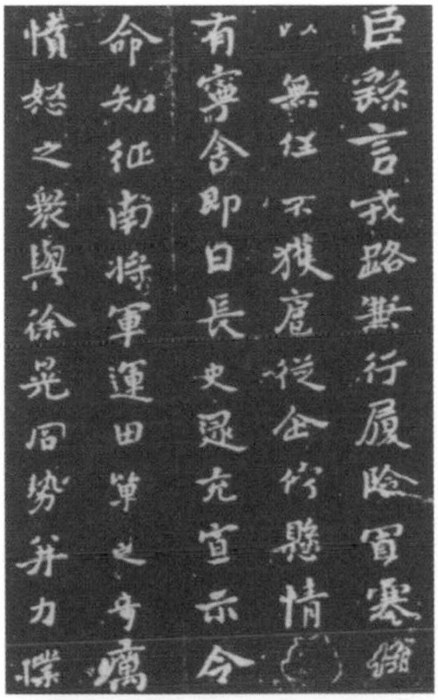

⊙鍾繇書跡

⊙魏曹真碑

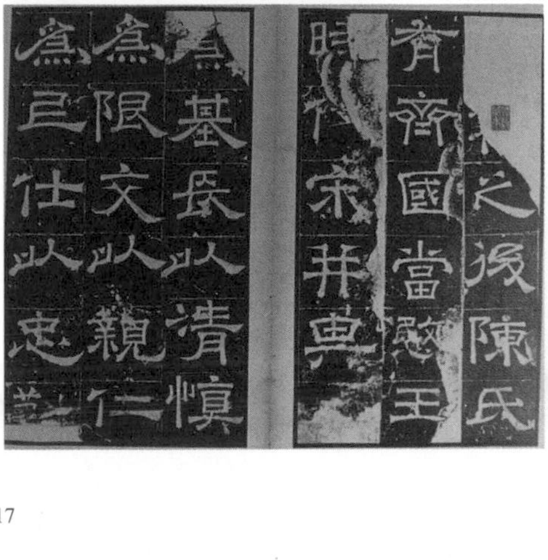

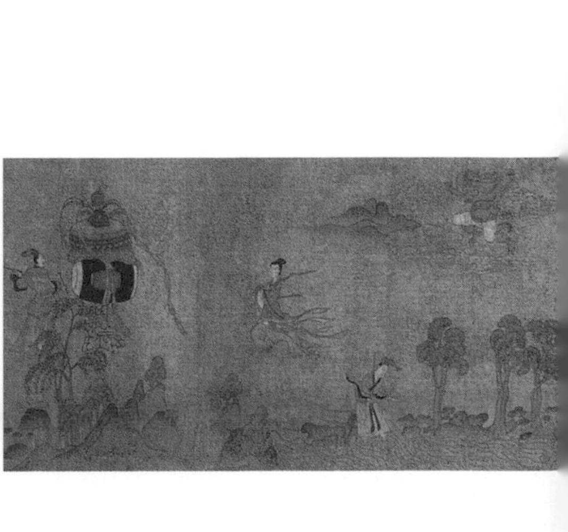

⊙宋摹本東晉顧愷之《洛神賦圖卷》（局部）

孔融（西元一五三至二〇八年），字文舉，少年穎慧，漢末屢被征辟，歸曹操後，曾作少府，因不滿曹操的雄詐，多所乖忤，被免官，後又拜太中大夫，退居閒職，好士待客，座上客滿，獎掖推薦，聲望很高，為曹操所忌，構罪被殺。

陳琳（西元？至二一七年），字孔璋，廣陵射陽（今江蘇淮安縣東南）人，是七子中年紀最長者，漢末曾任大將軍何進主薄。曾為袁紹幕僚，袁軍典章文籍，軍中文書，大多出於其手，《為表紹檄豫州文》最為著名，文中歷數曹操罪狀，極富煽動性。官渡之戰後，被曹操俘獲，曹操深愛其才，沒有追究他，任命他為司空軍師祭酒。後又升任丞相門下督，建安二十二年（西元二一七年）與劉楨、應瑒、徐幹同時染疫疾而死。

王粲（西元一七七至二一七年），字仲宣，山陽高平（今山東省全鄉縣）人，少有才名，漢末任黃門侍郎，在荊州十六年，不被劉表重用，後任曹操軍師祭酒。

徐幹（西元一七〇至二一七年）字偉長；阮王禹（西元？至二一二年），字元瑜；應瑒，字德璉；劉楨，字公幹。以上七人的生活經歷大致相同，前期歷經了漢末的社會大動亂，雖然地位和家庭背景各不相同，但無一能逃脫在戰火中顛沛困頓的命運，後期依附於曹操。孔融、王粲擔任過高級官職，其餘也都是曹氏父子的近臣。

由於他們大致相同的生活經歷，因而在文學創作上也表現出大致相同的內容和風格。他們前期的作品多反映社會動亂的現實社會生活，抒發其憂國憂民的情懷，如王粲的《七哀詩》、《登樓賦》，陳琳《飲馬長城窟行》，阮王禹《駕出北郭門行》，劉楨《贈從弟》等，都具有現實意義和一定的思想深度，但情調不免低沉和感傷。後期創作受到曹操創作風格的影響，在內容上大多反映他們對曹氏政權的擁護和自己建功立業的抱負，以遊宴、贈答為主，雖不免以清客陪臣的口吻為曹氏父子歌功頌德，顯露出庸俗的態度，但總體風格卻是積極、健康的。

七子的文學創作雖因個性差異而各自有獨特的風貌，但因具有共同的特點而構成了建安文學的時代風貌。劉勰《文心雕龍》歸納這一風格產生的原因時說，這種慷慨激昂的文學作品是由於社會積久的離亂、風俗的衰頽而造成的，在這種情形下，文學作品思想才有深度，而且含蓄雋永，有慷慨之氣，十分精闢。這種風格被表現在詩歌、辭賦、散文及其他文學創作活動之中，主導了建安時期的文壇。後世文學革新運動，也多以建安風骨相號召，陳子昂就是以此為旗號，從而形成一股洪流，將唐代詩歌創作推向頂峰。

文化小事典

建安之傑——曹植

曹植（西元一九二至二三二年），字子建，曹丕之弟，是建安文壇上最有成就的作家，《詩品》稱其為「建安之傑」，其詩歌創作在質量上都超過了同時代的文人，堪稱當時之冠。

曹植的一生以曹丕登基分為得意與失意兩個時期。他早年深得曹操寵愛，在相對安定的環境中過著貴公子的生活，後來在與曹丕爭太子位中失勢，倍受壓抑。其詩歌創作亦相應分為前後期，具有不同的內容特色。前期詩作以《白馬篇》、《名都篇》為代表，抒發建功立業的雄心壯志，雄健剛勁，意氣風發。後期詩歌則主要抒發他壯志難酬的憤激不平之情，代表作有《贈白馬王彪》、《籲嗟篇》、《野田黃雀行》等。其中《贈白馬王彪》是一篇力作，因感慨曹丕對手足的迫害，憤而成篇。詩中表現了豐富而複雜的感情，充滿悲鬱深沉的憂生之嘆。這首詩在抒發個人感情的同時，深刻地暴露了統治階級內部萁豆相煎的殘酷。在藝術表現上，曹植是建安詩壇上成就最高的。他工於起調，善用比喻，常有警句，如「高樹多悲風，海水揚其波」，「驚風飄白日，藝景馳西流」。此外，他注重煉字、對偶與和聲，其詩既富激情，又有文柔，《詩品》以「骨氣奇高，詞采華茂」來形容其詩歌的藝術風格。

⊙宋摹本東晉顧愷之《洛神賦圖卷》（局部）。此卷主要人物在不同場景中反覆出現而形象富於變化。作為人物背景的山石樹木，同時達到了分隔並聯繫統一長卷中不同段落的作用，保持了構圖的完整。畫中的洛神衣帶飄逸，動態委婉從容，目光凝注，表現了關切、遲疑的神情。

劉劭代表才性學

東漢末年，因社會變亂，儒家獨尊的地位受到衝擊削弱，出現了儒、道、名、法競起與合流的趨勢，評論人物的標準隨之發生了變化。東漢歷來採取地方察舉和朝廷征辟來選取官吏，很重視人物的品評鑒別，主要以德性論人。曹操選人則恃重才能，主張「唯才是舉」，這種變化促使思想界由對具體人物的品評，進入對人才標準問題的討論。於是在漢魏之際形成了一門討論人物的標準和原則的學說，即才性之學，其代表人物有劉劭、鍾會、傅嘏、王廣、李豐等。據史書記載，關於才性學的著作有多種，現僅存劉劭的《人物志》。

劉劭，字孔才，廣平邯鄲（今河北邯鄲）人。約生於漢靈帝建寧（西元一六八至一七二年）年間，卒於魏正始（西元二四〇至二四九年）年間，官至散騎常侍，正始中執經講學，賜爵關內侯。

所謂「才」一般是指人的才能，「性」大體指決定人的才能的內在本質。劉劭的《人物志》大體上反映了漢魏之際學術思想的變遷，討論品評人物的標準與原則。劉劭十分重視人的才能。他根據才性高下，把人物分成五等，即聖人、德行、偏材、依似、間雜。又把人物分為十二流品（類型），並提出人的才能出於性情的觀點。他認為：品評人物不僅要觀其外貌，更應認識其內在精神；人稟氣而生，才性各異，應根據其才性，有不同的任用；考察人物不應只看他的主張，而應看他的行為，名實必須相符；人們的言談雖是考察人物的一個重要方面，但言談有「理勝」與「辭勝」之別，須看其言談是否與義理相合。認為「聖人」是儒家

⊙宋摹本東晉顧愷之《洛神賦圖卷》（局部）。長五七二公分，高廿七公分。取材於魏曹植《洛神賦》，運用橫卷構圖形式一一展現出詩賦的情節，突出人物關係和情思，成功地表達了詩賦所描繪的夢幻中、如絲如縷的柔情。

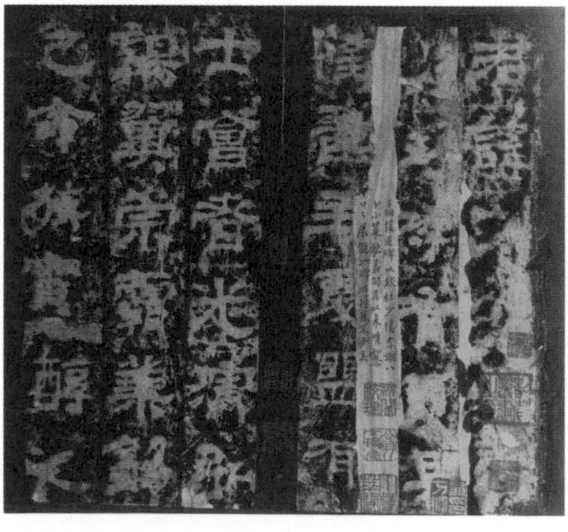

⊙魏青龍三年（西元二三五年）《范式碑》，為三國時著名碑刻。書法遒勁渾厚，撇筆豐肥圓鈍，捺筆短重粗壯，較漢隸有所變化，為許多書法家所激賞。

的最高人格。

《人物志》接觸到兩個重要問題：一是才性問題，即識別人物的原則和標準。二是「有名」與「無名」問題，開以老莊思想解釋儒家「聖人觀」的先河。它是從漢代經學過渡到以王弼、何晏為代表的玄學思潮的重要環節。劉劭認為「聖人」以中庸為其德，說：「夫中庸之德，其質無名，鹹而不鹼，淡而不醇，質而不縵，文而不繢，能威能懷，能辯能訥，變化無方，以達方節。」劉劭用道家的「無名」解釋儒家的「中庸」，表現出儒、道合流的傾向。

諸葛亮的軍事思想

三國時著名的軍事家諸葛亮，為蜀漢的建立及與曹魏、孫吳三分天下立下了汗馬功勞。他一生征戰南北，以善於用兵名聞天下。他撰有《兵法》五卷，總結其軍事思想，可惜今天這些著作已遺佚。現存兩部題名為諸葛亮撰的兵書《將苑》和《便宜十六策》，在論將、治軍、用兵方面都有獨到之處，並反映了他的軍事思想，至今仍有很好的借鑒作用。

諸葛亮在《將苑》一書中主要論述對將帥的要求和將帥的作用。他指出，將帥必須始終掌握好兵權，指揮軍隊才能得心應手，否則就會像魚兒離開了江湖，無所作為。因此，他主張慎重用將，選派將領時應該依據各人能力大小加以應用，不能不加區別胡亂遣將。在《將苑．將才》中，他列舉了九種類型的將才，即仁將、義將、禮將、智將、信將、步將、騎將、猛將、大將。這九種將各有特點，要根據個性特徵加以任用，以最大限度發揮各自的聰明才智。

諸葛亮還十分重視將帥的品德修養和能力養成，認為一個合格的將帥應該

⊙諸葛亮像。中國人崇尚的不是像希臘神話裡阿瑞斯那樣衝鋒陷陣的勇士，而是諸葛亮這樣羽扇綸巾、運籌帷幄的儒帥。

⊙古隆中。諸葛亮在此向劉備提出統一全國的謀略，即著名的《隆中對》。

「貧賤不能移，富貴不能淫，威武不能屈」；善於用兵，把握敵我形勢，運籌帷幄；還應剛柔相濟，即具備「將志」「將善」、「將剛」三個條件。另外，對將帥的模範作用，諸葛亮也極重視，他告誡將帥要以身作則，切忌貪得無厭、妒賢嫉能、猶豫不決等八種弊病和習氣，避免謀不能料是非、政不能正刑法等八種不良現象，努力做一個善將，而不要成為庸將。

諸葛亮在歷史上以善於治軍而聞名。在《便宜十六策．治軍第九》中，他將治軍同國家安危結合，他認為治軍要重訓練，以「教令為先」。訓練包括軍事技能和思想教育兩方面，透過對士兵目、耳、心、手、足五個方面的專門學習（即《便宜十六策》中所說的「五法」），讓他們掌握作戰的基本知識和本領，使他們在軍事技能和思想上得到基本訓練，建立一支訓練有素的隊伍。為了達到這一目標，諸葛亮不僅在理論上，也在實踐中強調以法治軍，嚴明賞罰，從嚴治軍，「賞賜不避怨仇，誅罰不避親戚」，為後世樹立了從嚴治軍的榜樣。

⊙三國銅弩機。相傳諸葛亮曾加以改進。

有了良好的將才和訓練有素的軍隊，諸葛亮也注重謹慎用兵。他在《便宜十六策》中論述了用兵的一般原則，說「用兵之道，先定其謀」，主張在用兵之前做好謀劃，並嚴守機密，知己知彼，有備而戰，嚴格選將用兵。在實戰中要求速戰速決，進攻要快；在具體的作戰方法上，諸葛亮在《將苑．戰道》中，針對不同地形提出五種作戰方法。此外，他還非常重視研究作戰對象，對象不同應有不同的應付方法和作戰方式。這種研究戰爭的方法頗為可取。

《將苑》和《便宜十六策》所反映的諸葛亮軍事思想，代表了三國時期軍事思想的發展水準，在繼承前人思想的同時有不少發展和創新，是中國古代軍事思想寶庫中不可缺少的組成部分。

⊙成都武侯祠

文化小事典

諸葛亮二上《出師表》

建興五年（西元二二七年）三月，諸葛亮率軍北駐漢中（今陝西漢中東），準備北伐中原，完成興復漢室的大業。臨出師前，他上《出師表》給蜀帝劉禪，開宗明義地指出：「先帝創業未半而中道崩殂。今天下三分，益州疲弊，此誠危急存亡之秋也。」他希望後主能「親賢臣，遠小人」，嚴明法治。並表明自己的心跡：「受命以來，夙夜憂嘆，恐託付不效，以傷先帝之明。」認為「今南方已定，兵甲已足，當獎率三軍，北定中原。」並以「臣不勝受恩感激，今當遠離，臨表涕零，不知所言」結束。《出師表》是古代著名的散文作品，其文風質樸清新，平易近人，情辭懇切，肝膽照人。次年正月，諸葛亮兵發祁山，由於前鋒馬謖違背了指揮，敗於街亭（今甘肅莊浪），諸葛亮只好退兵。

同年十一月，諸葛亮聽說魏將曹休攻吳失敗，魏兵東下，關中空虛，便決定再次出兵擊魏，但許多大臣懷有異議，為此諸葛亮第二次上表，請求後主劉禪允許北伐，這就是《後出師表》，其中「漢、賊不兩立，王業不偏安」，「鞠躬盡瘁，死而後已」成為千古傳頌的名句。

正始名士流行服石

從東漢末開始到隋唐，中國沒有出現過真正安定發展的局面。漢末外戚、宦官、名士的鬥爭，下層人民和地方豪強的興起使中國成為殺戮之地，到隋初，人口不及東漢的百分之十。三國的動盪剛被西晉結束，又來了八王之亂，司馬氏的統治是一種利益性的、破壞性的統治，他們的主要手段是殺奪與濫賞。五胡十六國南北朝，中外各處勢力把中原作為肥肉來爭奪。

⊙三國青瓷羊

從春秋戰國到秦漢時期建立起來的完美社會一下子土崩瓦解，崇高的文明準則蕩然無存。正始名士正是處於這種文明異化出現時期，精神的苦悶使他們最早感覺到文明異化所帶來的末世感。於是，藥和酒成為他們暫時麻醉自己、減輕心頭鬱積和痛苦的手段，以及避免政治迫害與猜忌的護身符。

帶頭服藥的是正始名士（正始，魏明帝年號，西元二四〇至二四九年），其中又以何晏為首。王弼、夏侯玄也熱中於此道。從何晏「常畏大網羅，憂禍一旦並」的詩句中可以體會當時名士們服藥的心態。他們服的藥統稱為寒食散，大多以礦石為基本成份，其中有一種以石鐘乳、石硫黃、白石英、紫石英、赤石脂等五種無機物組成，名為五石散的藥，服用者最多，是寒食散的代表。寒食散含有毒素，沒有任何滋補作用。服藥後，身體忽冷忽熱；藥性發作時，周身上下痛苦難言，精神進入一種莫名的恍惚狀態中，心境也就因此進入糊裡糊塗的狀況，暫時超脫了塵世的紛繁複雜。在這服藥的幌子下，即便偶爾

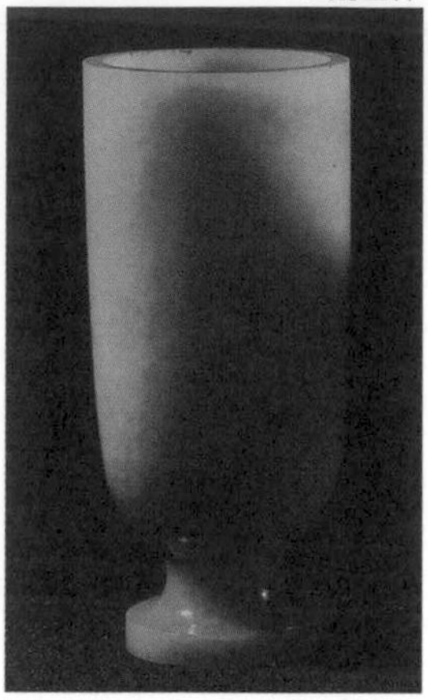

⊙魏玉杯

口出狂言，也不致引起太大的麻煩。

正始名士開了服石之先河，許多人紛紛仿效，到東晉南北朝時，因政治危機仍未解除，服石也就演化為士大夫中的一種風氣。他們藉著揮發藥毒、散熱驅寒的需要，放浪形骸地做出種種荒誕無稽的舉動來。即使有些人服不起五石散，也可以假裝藥力發作而做出暴躁或癡呆的神態，甚至睡倒街頭以迷惑世人，避免捲入政治漩渦。因寒食散的毒性大，服藥之風毀損了大批人的健康，有的甚至因中毒過度而斃命。於是，更多的名士選擇了對人體危害程度較小的酒，借酒消愁，排除煩悶，酒醉後則裝瘋賣傻，讓統治者無法從其言語中找紕漏，羅織罪名，暫時躲過一些政治陷害。服石和飲酒是不可能徹底免災的，欲加之罪何患無詞呢？所以，何晏、夏侯玄、嵇康等人最終還是被司馬氏羅織罪名殺害了。

談玄、服石、酗酒以及由此而引發的種種荒誕舉動只是魏晉名士精神面貌的一個側面，他們借這個假象掩蓋自己善於思索、敢於批判的氣質和富於理想、憧憬未來的精神。他們因和腐朽的統治者格格不入而不參與政治；害怕交友不慎而身陷羅網，擔心言談、詩文中被人查出紕漏……所以，他們只好尚玄言，在言談中講究哲理，擇友重視情操，作文注意文采，寫詩崇尚意境，書法追求神韻，寄精神於山水之間，化抱負於文章、學問之中，嚮往寧靜、安樂、和平的桃源式生活，開啟了中國文學史中第一個文學自覺的時代，哲學在這一階段也有可喜的發展，並在許多認

⊙魏晉磚畫出行圖。此圖的線描用毛筆中鋒畫成，凝練概括；馬的項鬃、腿和尾等處都以一筆畫成。構圖有聚散開合的變化，且以佇列中隨從的密集，顯示了出行人員的眾多。該圖突出地反映了嘉峪關魏晉墓室繪畫的藝術水準，是魏晉繪畫的傑作。

識領域中提出嶄新的見解。因而，在魏建安正始及其稍後的時代，產生了一大批出色的哲學家、文學家、藝術家和科學家，為後人留下了一大批傳世之作和藝術精品。

另外，由於服石的需要，魏晉時期的煉丹風氣濃厚，由正始名士何晏宣導的服石之風不僅遍及整個士族階層，更為其時的神仙道教所推崇，他們想通過服食「仙丹」達到假外物以自固的目的，煉丹術因此大盛。恩格斯曾把煉丹術作為近代實驗化學的先驅，而它和正始名士服石之風是相關聯的。

西蜀漆器獨秀

東漢末期以後，西蜀的官營漆工製造業逐步衰落，但漆器工藝本身仍積極地向前發展，到了三國時期，西蜀漆工藝在技法和器物品類上都比前代進步，是中國漆工藝發展史上的一個承先啟後的重要環節。

古代文獻為我們保存了當時各種精緻的漆器名色，比如純銀鏤帶漆畫書案，是指鑲有鏤刻花紋的銀飾件的漆案；又如黑漆韋枕，是指皮革胎的漆枕；油漆畫嚴器，是指髹漆妝具，此外如純銀漆帶鏡、銀鏤漆匣、漆園油唾壺等等，無不使人想見當時日用漆器之精美考究。

這個時期的彩繪漆器大量發展，不僅在器物上繪有優美的裝飾紋，如裝飾在槅上的鳥獸魚紋，裝飾在匕上的鳳紋等；在案、盤等描繪面積較大的器物上，還出現了繪製細膩流暢而畫面完整的人物故事圖，題材甚為豐富。有顯示貴族閒逸生活的貴族家居生活圖、宮闈宴樂圖；有表現歷史故事的季札掛劍圖盤、百里奚會故妻圖盤、伯榆悲親圖盤、武帝相夫人圖盤；還有那充滿生活趣味、天真可喜的童子對棍圖盤，畫中小兒活潑無邪，神采流動，表現了濃厚的生活氣息和高妙的寫生手法。對棍圓盤的底足內有《蜀郡作牢》銘文，由於憑几是具有時代特徵的器物，故可斷定這批漆器是當時西蜀的製品。由此我們

文化小事典

吳入台灣

吳黃龍二年（西元二三〇年）二月，吳國派將軍衛溫、諸葛直帶領甲士萬人航海前往夷洲、亶洲，企圖俘獲當地民眾以增加吳國兵力。夷洲，即今台灣，漢代時就和會稽郡人有來往，三國時經常有夷洲人到會稽出售他們織的布。會稽東部也時有人因海行遇風漂流到夷洲。當時吳國軍隊出發後，在海上航行了近一年，士卒病死大半，才到達夷洲；而亶州所在極遠，吳軍不可能到達，衛溫、諸葛直只好俘掠夷洲數千民戶返航。吳黃龍三年二月，艦隊回到吳國，衛溫、諸葛直二將均以違詔無功被孫權處死。衛溫等航抵夷洲，是大陸與夷洲有明確記載的第一次大規模接觸，此後交往就更加密切了。

⊙西蜀錐刻戧金黑漆盒蓋

⊙西蜀犀皮鎏金銅扣皮胎漆耳杯

⊙西蜀彩繪鳥獸魚紋漆槅

得出的結論是，儘管到了東漢中期以後，西蜀的官營漆工製造業已經衰微，但這門工藝並未停滯，而且有了顯著的發展。葬墓出土的漆器填補了漆器發展史上缺少三國實物的空白，同時也填補了缺少漆工藝發展中間環節的空白，其重要性自不待言。

西蜀漆器在製胎工藝上已和後代漸漸接近，其法是在胎上粘貼麻布，再上漆灰。當時人已認知到漆灰不厚則器物易壞，所以漆灰比之漢代更厚，在一把長廿五公分、寬二公分的尺上，竟上了近一公厘厚的漆灰。

西蜀漆器在髹飾工藝上也呈現新貌，開後世之先河。從這時開始，原本簡陋的一色漆器才被首次帶進精品的行列。在此之前從新石器時代直至漢代，一色漆器甚為粗簡。由於多不用漆灰，所以漆開始重視一色漆器，對其表面處理也甚為講究。從這裡發展下去，一色漆器愈加精美，唐人的七弦琴多是不施紋飾的單色漆。至宋代，一色漆器發展到了它的頂峰。

西蜀漆器的戧金技藝也比漢代有了很大進步，金線排布稠密，圖案繁雜，金光燦爛，眩目欲迷，令人驚嘆當時竟有如此高水準的戧金漆器。

也是從西蜀時期開始，才出現了一種嶄新的漆工藝——犀皮漆器。它利用顏色和層次的變化，使漆面呈現出彷彿是行雲流水的自然景色。這種工藝是對天然的一種人工再現，是一種新的審美觀念的產物。

馬鈞做指南車

馬鈞，字德衡，扶風（今陝西興平）人，是中國古代科技史上最負盛名的機械發明家之一。馬鈞年幼時家境貧寒，又有口吃的毛病，所以不善

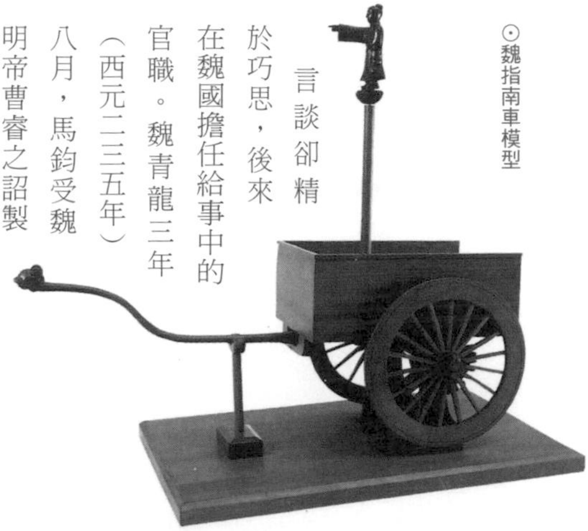

⊙魏指南車模型

言談卻精於巧思，後來在魏國擔任給事中的官職。魏青龍三年（西元二三五年）八月，馬鈞受魏明帝曹睿之詔製作指南車。他利用差動齒輪機械構造原理，在雙輪單轅車上立一木人，車剛剛起動時，使木人手指南方，由於齒輪作用，不論車行的方向怎樣改變，木人始終手指南方。

指南車作成後，他又奉詔改製木偶百戲。他用大木雕構為輪，放在平地上，下面通過流水驅動木輪旋轉，上設女樂、雜技、百官行署等，木輪轉動後，木偶便活動自如，按照設計表演出各種動作，時人稱為「水轉百戲」。

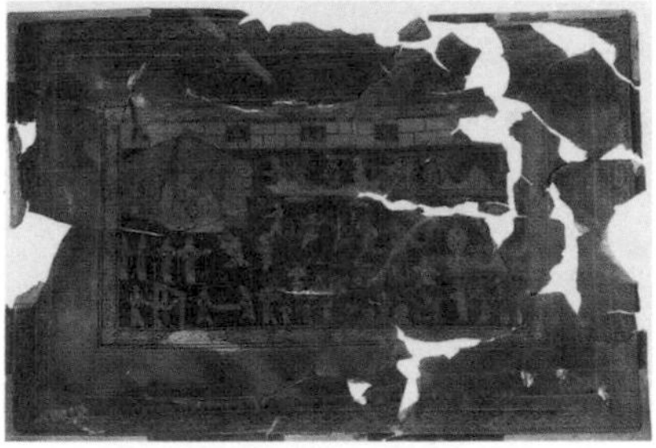

⊙西蜀彩繪宮闈宴樂圖漆案

接著馬鈞又改進了織綾機。原來的織綾機為五十綜五十躡或六十綜六十躡，經他重新設計，把兩種機械都改為十二綜十二躡，提高工效四、五倍。

馬鈞還研製了用於農業灌溉的工具龍骨水車（翻車），輕便靈巧，兒童也能操作，可連續提水灌溉，功效較過去提高百倍。這種水車在中國沿用了一千多年，是水泵發明之前世界上最先進的提水機械。此後馬鈞還改製了諸葛亮所造的連弩，使之增加五倍效力，又研製出轉輪式連續拋石機，作為攻城器具。

馬鈞奇思絕世，被時人稱為「天下之名巧」。他的一系列發明創造，為當時社會生產力的發展和技術進步做出了貢獻。

唯刀獨尊

漢代軍中大量裝備的短柄武器，除了長劍之外，還有環柄刀。後來，環柄刀甚至取代了長劍的地位。到三國時期，短兵武器出現了手戟。而後手戟的使用日漸衰退，短兵武器形成唯刀獨尊的局面。

魏陳王曹植《寶刀銘》曰：「造茲寶刀，既礱既礪，匪以尚武，予身是衛，麟角匪獨，鸞距匪蹶。」又魏王祭《刀銘》曰：「……陸剸犀兕，水截鯢鯨，君子服之，式章威靈。」這說明當時刀除了攻敵和防身外，佩刀還可以增加「君子」的威武風度。

⊙晉持刀武士俑

當時刀常與楯相配合使用，更能做到能攻能守，適合裝備步兵。這樣裝備的步兵可用來克制重甲騎兵。敦煌莫高窟第二八五窟的西魏壁畫「得眼林」故事中，生動地再現了用刀楯裝備的步兵同重甲騎兵戰鬥的情景。除了對付重甲騎兵，刀楯配合還可以制住弓箭長矛的攻擊。

由於人們對刀楯作用的認識及練習，使用技藝也達到較高的水準。

反切發明

三國時代，小學大師鄭玄的弟子孫炎發明反切。《顏氏家訓‧音辭篇》說：「孫叔炎創《爾雅音義》，是漢末人獨知反語。」反切注音法的發明在中國音韻史上有著重要地位，它標誌著漢語聲韻結構的發現，也為韻書的產生奠定了基礎。

反切，是中國傳統的一種注音方法，它用兩個漢字合起來注明另一個漢字的讀音。例如「侯，戶鉤切」，就是用戶鉤兩個字切拼出侯字的讀音。其中「侯」叫被切字，「戶」叫反切上字，「鉤」叫反切下字。反切的基本原則就是上字的聲母與被切字的聲母相同，下字的韻母及聲調與被切字的韻母及聲調相同。簡言之，就是反切上字只取其聲，下字只取其韻和調。如上面所舉的「侯，戶鉤切」，戶（Hu）字的聲母

⊙皇象《急就章》拓片

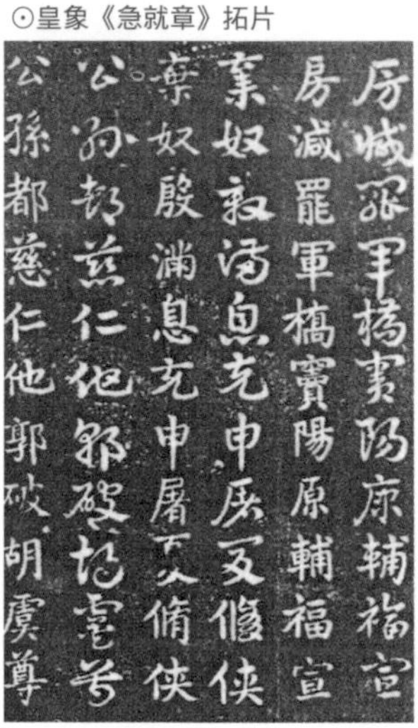

文化小事典

皇象寫《急就章》

皇象，字休明，廣陵江都（今江蘇省揚州市）人。三國時吳書法家，曾累官至侍中、青州刺史，是東漢章草專家杜度的弟子，擅長小篆、隸書，尤精於章草，有一代絕手之稱，被唐張懷瓘列為神品。南朝宋人羊欣在《采古來能書人名》中評價皇象的草書風格為「沉著痛快」。流傳作品中以《急就章》最負盛名。

《急就章》原名《急就篇》，本是中國古代兒童的啟蒙讀物，由西漢元帝時黃門令史游編撰。因首句是「急就奇觚與眾異」，所以取此句前二字作為篇名。現在保存的《急就章》摹本中以藏於江西省松江縣博物館的「松江本」為最著名。此本據傳是明代吉水（今屬江西省）人楊政在正統四年（西元一四三九年）根據宋人葉夢得潁昌本摹刻而成。此本章草和楷書各書一行，字形規範，筆力剛健，於流麗中見豐滿，於變化中見統一，是公認的章草範本之一。此後，章草在中國書法史上的地位就更加突出了。

（H）與侯（Hou）字的聲母相同，鉤（gou）字的韻母（ou）和聲調與侯字的韻母及聲調相同（這兩字的聲調在古代時同是平聲，後代才有陰、陽之分）。

反切在宋代以前，一般多叫做「反」，唐時又稱為「翻」，到宋代，基本上都叫做切，後代合稱為反切。中古時代的反切，要求上下字與被切字同是洪音或細音。

反切的運用意味著把一個漢字，也就是漢語的一個音節分成了聲母和韻母（包括聲調）兩部分，這顯然是以漢語音節內部聲韻結構的發現為條件的。漢字屬於表意文字，它的構字原則是據義構形，字形本身不能直接表現語音結構。因此中國古代的語言研究最先是意義和形體的研究，語音研究則起步較晚。直到東漢末年，語音方面還主要用譬況、讀若、直音等方式注音。這說明注音方式在當時多數不是單純注音，同時還有明假借的作用，而且直音注音法中被注字和注音用字都是代表一個完整的音節，這說明當時還不能分析漢語音節的內部結構。然而，漢語音節內部存在著聲韻結構，這是漢語語音的固有特點，而這一特點的發現則是在佛教傳入中國後，在梵文拼音原理的啟發下完成的。由於當時學者對於梵文用一定量的字母相互拼合成字的拼音原理有了認識，因而對漢語的音節研究也指向了它的內部聲韻結構，並據此創造了反切注音法。

⊙三國彩繪童子對棍圖漆盤

倭女王遣使至魏進貢

魏景初二年（西元二三八年）六月，倭邪馬台國女王派使者到魏國進貢。

邪馬台國大約位於今日本九州北部或者本州大和（即奈良）一帶，其國王卑彌呼是一個獨身女子，統屬二十多個部落。這次她派遣大夫升米、都市牛利等經朝鮮半島來到魏都城洛陽，獻男女牲口及班布等物品。十二月，魏明帝下詔封卑彌呼為「親魏倭王」，封升米為率善中郎將、都市牛利為率善校尉，回贈紺地交龍錦、絳地縐粟等精美絲織品和寶刀、銅鏡等物。正始元年（西元二四〇年），魏使攜

⊙日本出土景初三年製銅鏡

⊙三國紅陶罐上的建築形象

帶詔書和金帛等物往倭。正始四年十二月，卑彌呼再次遣使來魏貢獻生口及倭錦等物。自魏景初二年至正始九年，兩國使者往返共達六次之多。魏、倭的交往，反映了中國和日本在經濟文化方面交流的源遠流長。

魏攻高句麗·刻石記功而還

魏正始七年（西元二四六年）二月，魏攻打高句麗，破其都城丸都城。高句麗王位宮多次帶兵襲擾魏國屬地遼東，魏不堪其擾，派幽州刺史毌丘儉率領步騎兵約萬人出玄菟討伐高句麗（今鴨綠江及其支流渾江流域一帶）。位宮領軍二萬人在梁口戰敗，位宮與其妻子逃脫。毌丘儉隨即進軍高句麗都城丸都（今吉林集安東），血屠丸都城，斬獲約數千人。不久，儉再次領兵出擊，位宮狼狽逃至買溝（今吉林會寧）。儉派遣玄菟太守王欣追擊，過沃阻（今遼寧、吉林一帶），有千餘里之遙，到達肅慎氏（中國東北部少數民族）南界，誅殺及擄掠約八千餘人，刻石紀功而還。此後，高句麗率軍南下，攻取平壤。

⊙高句麗百戲與逐獵壁畫

⊙高句麗攻城甲騎壁畫

三國

江南首座佛寺落成

吳赤烏十年（西元二四七年），西域康居國（今蘇聯巴爾喀什湖與鹹海之間）僧人康僧會由交趾抵達建業，吳大帝孫權為其建寺立塔，號為建初寺。

康僧會（西元？至二八〇年），世居天竺，其父因經商移居交趾。十餘歲時，父母雙亡，於是出家為僧。康僧會博學強記，廣泛涉獵佛經和儒家經典，又通曉天文方技，能文善辯。到建業後，孫權與其交流，很是欣賞，專門為他在金陵大市後修築了江南第一座佛寺——建初寺。

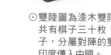

至晉太康元年（西元二八〇年）去世為止，康僧會在建初寺居住了卅三年，譯注佛經。他師承安世高，偏於小乘，前後譯出《阿念彌》、《六度集》、《舊雜譬喻》等佛經，共七部二十卷，又注《安般守意》、《法鏡》、《通樹》三經，並寫經序。康僧會漢學修養較高，其譯注文辭典雅，文中多援引老、莊名詞典故，後世贊其譯筆是「妙得經體，文義允正」，可說是印度佛教漢化的先驅。

⊙雙陸圖為漆木雙陸，中國古代博戲用具。共有棋子三十枚，一半為白子，一半為黑子，分屬對陣的雙方。雙陸約在魏晉時從印度傳入中國。

玄學產生

玄學是一個真正的本體論哲學。在漢代基本上只有宇宙論、社會哲學和數術、神學，玄學本體論的出現是中國哲學史上的一件大事。相比之下，宇宙論之前的道家本體論則幼稚得多，是一種半直觀、半藝術的哲學，而玄學儘管在發生期受到道家很大的影響，卻在自身中演化出了獨特的概念體系和範式。到了「化」成為主導觀念時，玄學已不再是一種清談了，而成為一種真正的哲學。

⊙蜀陶屋模型

玄學的「化」和「自性」與魏晉崇尚自然、個體的精神是一致的。玄學的意理分析方法是歷史上最早的成熟的哲學工具系統。

玄學是玄，但不妙。玄學與道家的本體論、孔子的大同世界相比，是更傾向於個體化、更傾向於現實的哲學。它的出世色彩其實是反社會、反文明的末世感。

玄學對於後代哲學的影響遠遠大於後人對它的承認。它關於化、個體、自然、自性的結論當然是沒有被接受，但理學接受了它的內在方法、意理分析和對意味實體的重視。在對儒家的態度、對社會的態度和哲學的社會效用上，理學與玄學本質不同，甚至是死敵，但在

⊙魏王基殘碑

哲學對象（意味、理氣實體）和哲學的意理分析上，理學更多的繼承玄學，而非戰國儒和漢儒。

玄學的發展共分四個時期，本時期為玄學發生期。

魏晉玄學產生於漢末和魏晉的政治與社會。漢魏之際對於人的品鑒、來源於政治對名實的討論以及文學藝術上的神韻思潮，都是其預備期的組成部分。

正始時代的何晏、王弼是玄學的創立者。他們將老、莊、易並列為三玄，並依傍儒學立宗。他們最引人注目的是用無來代替道，並在體用不二、本末不二的前提下論述了無。他們的重點在無，但注意在有中把握無，「知其母而執其子」。在生活哲學上，他們的無為論和性情論、自然論都是當時社會政治壓迫下的一個變態。

⊙王弼像

他們論述了當時的熱門話題：言象意的關係，並用它來解釋周易，認為象用來表達意，言用來表達象，並進而要求放棄言、象來達到意，因而這實質上提出了魏晉玄學的意（神韻的形而上學範疇），但是他們是就周易來談的，在有無關係上，他們只是提出問題，其體系還有老子、漢代的特徵，未能把有無放到象意的層面上。他們是玄學的發生。

⊙三國詩經銘文重列神獸紋鏡

值得一提的是，同一時期的傅玄與楊泉則是在談玄日盛的情況下仍然採用傳統方式，他們重提水的本原論，在天地、靈魂等問題上是唯物主義者。竹林時期的玄學是玄學的發展期，這時候出現了很多不同的思想。

竹林七賢中嵇康和阮籍的玄學其實是一種生活態度，他們用自然反對名教，對於「自然」在本體論和生存論上地位的確定都有作用。其自然的本質都是和諧，因此都用音樂來說明自然的性質，阮籍把音樂看作天地之體、萬物之性。他們的本體論和宇宙論複雜混亂，但歸根究柢講究運動和化，因此天地造化和音樂在他們那裡開始聯繫起來（但未融為一體），嵇康的養生論的神、音樂論的樂也是與化和聚合的事物。

魏立三體石經

魏正始二年（西元二四一年），魏在洛陽國子太學門外，漢《熹平石經》之西，立三體石經，史稱《正始石經》或《魏石經》。

石經上刻有儒家經典《尚書》、《春秋》以及《左傳》諸經，因經文都是用古文、小篆和漢隸三種字體寫成，所以稱《三體石經》。相傳為著名文學家、書法家邯鄲淳書寫，或者是仿效他的書體。其中隸、篆二體同《說文》所收字體大致相同，古文則與《說文》所收的稍異，但基本接近。諸書記載的原經石數多不一致，大約有廿七碑。經石已經毀壞，原在今洛陽東郊朱家圪壋村龍虎灘一帶，唐宋即有殘石出土，以後間有發現，現存殘石有《尚書》、《春秋》部分經文，大約共二五〇〇多字。

司馬懿死・司馬師專魏

司馬懿（西元一七九至二五一年），字仲達，河內溫縣人，出身於世族，多謀略，善權變，是魏國重臣。年少時便聰明博學，被當時名士贊為「非常之器」。曹丕即位後，任丞相長史，後提升至侍中、尚書右僕射，改任撫軍，兼給事中，總領尚書之事。魏明帝即位後，他出任大將軍，率軍駐長安，統領雍、涼二州的軍事任務，擋拒了諸葛亮的北伐。民間對司馬懿和諸葛亮鬥智的故事演說很多，這也說明了司馬懿的軍事才能非常傑出，可與諸葛亮匹敵。魏景初二年（西元二三八年），司馬懿率軍攻打遼東，殺了公孫淵。次年明帝曹睿去世，司馬懿受遺詔和曹爽共同輔政。魏正始十年（西元二四九年），司馬懿發動高平陵事變，從此司馬氏集團掌握了曹魏政權。司馬懿內忌而外寬，善權變而殘忍，每次與他商議

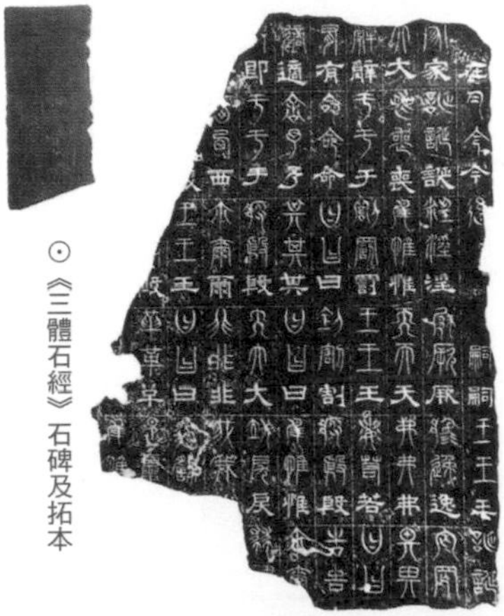

⊙《三體石經》石碑及拓本

⊙魏三辟邪燈座。此燈座由三臥伏之辟邪的臀部相連，連接處生一空心的圓柱，柱中一弦紋，柱口殘缺。三辟邪均張口露齒，頷下有鬚，頭頂分披鬃毛至腿部；腿部刻有漩渦紋，似為羽翼。此器造型對稱，塑造刻劃富於裝飾。

⊙三國臥嬰托盞吊燈。照明用具。由鏈、燈盤、人形三部分組成。燈盤為圓形，盤內正中有錐形燭釺。器身為一人兩手托盤。人作俯臥昂首，鬈髮束髻，凸額大眼，高鼻厚唇，裸體跣足，腰繫帶形橫幅，腹腔內空，胸前開孔與燈盤相通。背部有弧形蓋。兩肩與臀部有三環鈕，與三串活鏈連結，繫在隆起的圓蓋上，蓋頂佇立一孔雀，作開屏狀，上用活鏈懸掛。人的形象具有西域民族特徵。

重要事件，都有奇策。曹操對他總有提防之心，曾對曹丕講，司馬懿不會久居人臣，日後一定會干預大事。但曹丕和司馬懿交情很好，每次都極力地保全護佑他，沒讓他被曹操殺死。於是司馬懿便勤於職守，夜以繼日，操勞國事，曹操才漸漸放下心來。司馬懿後來殺了曹爽全家，其支黨均夷三族，老老小小，連出嫁的姑表姐妹都不放過。

司馬懿死後葬在首陽山，追封為文侯，後改宣文侯；晉國建立後，追尊為宣王；司馬炎稱帝建立晉朝，又上尊號宣皇帝，陵曰高原陵，廟號晉高祖。

司馬懿死後，其長子司馬師做了撫軍大將軍，總領尚書之事。次年正月，司馬師做了大將軍，從此專了魏國政權。高平陵事變之後，司馬氏父子相繼專權，魏帝曹芳已經成為傀儡。在政治上司馬氏父子實行高壓政策，順之者昌，逆之者亡。中書令李豐、太常夏侯玄，都是一時名士，海內外對他們十分敬慕，這令司馬師非常忌恨。司馬師見曹芳屢次召見李豐單獨密談，便懷疑是在議論和圖謀自己。魏嘉平六年（西元二五四年）二月，司馬師當面責問李豐，要他交代他和魏帝的談話內容，李豐沒有據實稟告，司馬師大怒，以刀環捶殺李豐，然後誣陷他和皇后之父張緝、太常夏侯玄謀反，殺害了張緝、夏侯玄以及平素與他們親善的朋友，並夷滅三族，廢了張皇后。

九月，司馬昭受詔領兵到洛陽晉見皇帝，大家都勸曹芳在司馬昭辭行時殺死他奪取兵權，以迫使司馬師辭官。詔書寫好後，曹芳因恐懼而不敢發。十九日，司馬師逼迫皇太后下令，廢曹芳為齊王，在河內（今河南武陟境）築宮殿安置下來。又從元城（今河北大名東）迎立東海王曹霖之子高貴鄉公曹髦為皇帝。當時曹髦僅十四歲。十月，曹髦到洛陽即帝位，改年號為正元。從此，曹魏政權完全落在司馬師之手。

世襲領兵制在東吳形成

孫權統治東吳期間（西元二〇〇至二五二年），為換取世家大族的支持，逐漸形成了「世襲領兵制」，又稱「世兵世將制」。孫權允許將領擁有私兵，並且不斷將士兵賜給將領。諸將都世襲，父兄死後由子弟接任。在吳國領兵多少成為地位的象徵，授兵成為一種賞賜。士兵奉將領為主人，將領視士兵為私屬，士兵有很強的人身依附關係。最初士兵用來作戰，後來逐漸演變成戰時作戰，平時為將領從事生產的私人半生產奴隸。搜剿山越所得的士兵經常在各將領之間進行分配。這種逐漸形成的制度，到吳國滅亡之後（西元二八〇年）結束。

朱士行西遊取經

魏元帝景元元年（西元二六〇年），魏國朱士行從長安赴西域求取佛經，在于闐（今新疆和田一帶）得梵書正本《大品般若經》九十章六十餘萬字。

朱士行是魏潁川（即今河南禹縣）人，於本年依曇柯迦羅所傳授戒法出家為僧，矢志獻身佛學。他曾在洛陽講《道行般若經》，該經為東漢靈帝時所

⊙魏陶侍俑

譯，文句艱澀，多有解釋不通之處，因此他決心西行探究梵本。他從長安出發，向西渡流沙抵達于闐得到梵書正本，並於晉太康三年（西元二八二年）派弟子弗如檀（漢名法饒，于闐人）等十人把經本送歸洛陽，後由竺叔蘭、無羅叉等於西晉元康年間（西元二九一至二九九年）譯為漢文《放光般若經》二十卷。而他未及東歸便客死于闐，終年八十歲。他另著有《漢錄》，是最早著錄漢譯佛經的書目，今已佚失。

⊙阮籍像

朱士行是第一個著名的出家為僧的漢人，也是第一個講經與西行求法的中國僧人。他的講經求法活動促進了當時北方的佛學研究，並為兩晉般若學大興，立下開創風氣之功。

《廣陵散》流行

琴曲《廣陵散》又名《廣陵止息》，三國魏晉時曾以相和楚調但曲的形式，作為「琴、箏、笙、筑之曲」廣為流傳，當時琴家杜夔、嵇康都擅長彈奏此曲。

《廣陵散》曲名的由來已不可考，廣陵是郡名，指今江蘇淮陰、高郵一帶，散是曲名的一種，《廣陵散》就是廣陵地方的曲調，是一種楚地風格的樂曲，據《樂府詩集》所載，漢代相和楚調曲中就已有《廣陵散》。

現存《廣陵散》的最早樂譜，見於明代《神奇秘譜》。據該書解題所說，此曲取自「隋宮中所收之譜」，歷唐至宋，輾轉流傳於後世，明代的譜經過歷代琴家陸續加工發展，已長達四十五段，成為篇幅最長大的古琴曲之一。全曲分為六部分：開指一段，小序三段，大序五段，正聲十八段，亂聲十段，後序八段。其中雖有後人增益，但正聲前後三部分仍保留著原曲面貌，「曲終歌闋，亂以眾契」，結構上明顯受有相和大曲的影響。嵇康哀嘆所謂「《廣陵》絕響」，應該是指其自身的演奏技藝而言，樂譜是並未中斷的，晉代以後傳人也並未斷絕。

皇甫謐著針灸經典

魏甘露四年（西元二五九年），魏晉醫學家皇甫謐著中國現存最早、內容較完整的針灸學經典專著《針灸甲乙經》。

皇甫謐（西元二一五至二八二年），幼名靜，字士安，自號玄晏先生，安定朝那（今甘肅平涼西北）人。他原是一位經學家，四十二歲時因患關節炎，加之耳聾，便開始鑽研針灸醫術，終於著成這部針灸經典著作，為針灸學術的發展做出了很大的貢獻。所撰還有《寒食散方》兩卷，現已散佚，但部分佚文在《諸病源侯論》和《醫心方》等書中保存下來。

《針灸甲乙經》原名《黃帝三部針灸甲乙經》，簡稱《甲乙經》，主要論述醫學理論和針灸的技術方法。原書四卷，根據天干的甲、乙、丙、丁順序編排，故命名《針灸甲乙經》。此書集《素問》、《針經》和《明堂孔穴針灸治要》三書中有關針灸學的內容分類編輯合成。書中論述了臟腑經絡、診法、針灸方法及禁忌，各種疾病的病因病理及症候，針穴治療取穴等，特別對針灸孔穴的名稱、部位、取穴方法等逐一考證，重新提出穴位的排列方法，即將人體軀幹按頭、背、面、頸、肩、胸、腹、四肢分三陰三陽經排列穴位，使定位孔穴達到三四九個，比《內經》增加一八九個穴位，確定了後世針灸穴位基本排列規則，也開創了後世醫家分類編撰醫經的先例。

⊙皇甫謐像

皇甫謐的《針灸甲乙經》是對晉代以前針灸療法的系統歸納和總結，對針灸的發展有重要作用。該書歷代刊行十多次，在唐代及同期稍後的日本、朝鮮等國醫事律會中均被列為必讀教材，同時也被歐美一些大圖書館收藏。由於書中保存了《內經》等古典醫書的內容，也成為研究《內經》古傳本的重要依據。

竹林七賢集聚山陽

竹林七賢是三國魏末七位名士的合稱。他們是譙國嵇康、陳留阮籍、河

⊙唐孫位繪《七賢圖》卷

⊙磚畫竹林七賢

內山濤、河內向秀、沛國劉伶、陳留阮咸、琅琊王戎。他們之間交往密切，曾集於山陽（今河南修武）竹林之下縱懷肆意，世稱竹林七賢。

高平陵事變以後，當權的司馬氏集團一邊提倡名教，一邊殘酷地剪除異己，加緊篡奪魏政權。但在政治高壓下，仍有一部分名士不願與司馬氏合作，他們對司馬氏標榜的虛偽禮教深惡痛絕，七賢即是這類名士的代表人物，其思想大體相同，略有差異。嵇康、阮籍、劉伶、阮咸始終服膺老莊，越名教而任自然；山濤、王戎則以老莊為主，雜以儒術；向秀則主張名教與自然合一。就其本質而言，他們並不反對「名教」，而是崇尚「自然」的名教，在政治態度上，他們的差別較大。

嵇康、阮籍、劉伶對執掌大權、覬覦魏政權的司馬氏集團採取不合作態度。向秀在嵇康被害後被迫出仕。山濤初始「隱身自晦」，四十歲後出仕，成為司馬氏政權的高官；王戎功名心最盛，在晉政權中任侍中、吏部尚書、司徒等職；阮咸入晉以後，曾經擔任散騎侍郎等職，但不為司馬炎重用。

七人文學成就差別極大。阮籍作品今存賦六篇、散文較完整的九篇，詩八十餘首。他的賦都是短篇小賦，或詠物、或述志，內容不一。論說文都是闡述他的哲學觀念，較全面地反映了他的思想，如《通老論》、《達莊論》、《通易論》等，《大人先生傳》是他最長最出色的散文作品。阮籍的詩歌代表了他的主要文學成就，主要作品是五言《詠懷詩》八十二首。嵇康的文學成就主要體現在詩歌和散文上。他的詩以四言體居多，代表作有《贈秀才入軍》十八首以及《幽憤詩》。他的散文成就超過了詩歌，論說文今存九篇，多為長篇，以《養生論》、《聲無哀樂論》最為著名；書信今存二篇，《與山巨源絕交書》寫得潑辣灑脫，為其散文的代表作。向秀僅存《思舊賦》一篇，描寫了重睹故人舊序時的感受，表達了對亡友深摯的懷念之情，充滿淒清悲涼的情緒。劉伶有《酒德頌》一篇，行文輕靈，語言洗煉，反映了魏晉名士崇尚玄虛、消極頹廢的精神面貌，另有《咒辭》一篇。阮咸精通音律，文字則沒能流傳下來。山濤、王戎雖然擅長清談，但似乎不長於文筆。七人中阮籍的五言詩，嵇康的散文，在文學史上占有重要地位。

蜜餞出現

蜜餞食品在中國歷史上由來已久，早在一七〇〇年前就已出現。《三國志》一書中就已提到了用蜜浸漬食物這種中國特有的技術和聞名中外的特產。蜜餞種類紛繁多樣，色香味俱佳，又便於貯藏，歷來為人們所喜愛，並按各地原料鄉土口味的不同先後形成了京式、廣式、潮式、福式和蘇式五大派。京式蜜餞又被稱為「北蜜」，以果脯為

⊙魏晉磚畫進食圖。新城魏晉墓磚畫中有很多畫面描繪奴婢們從事屠宰、炊庖、進食、輜運等雜役。《進食圖》描寫墓主人宴飲時，一女僕匆匆端菜行進的情景。宴飲的場面雖然沒有出現，但從女僕拘謹的神情、快速的步履，令人聯想到畫外的觥籌之聲，和主僕之間不平等的關係。

特色，古代多作貢品。廣式的奶油話梅和山楂製品也是暢銷千古，令人回味無窮；蘇式蜜餞更以選料考究，製作精細見長。

開始大規模造佛像

隨著印度佛教的逐漸傳播，其塑造佛像的藝術技法也傳入中國，並且與淵源久遠的中國古代雕塑藝術相互融通，形成了中國佛像的儀範，到魏晉南北朝時期，佛教甚為流行，中國大規模地塑造佛像的活動開始了。

東漢末年，佛教教義開始同中國傳統的倫理和宗教觀念相結合，從而得以廣泛傳播，佛教徒在廣陵（今江蘇揚州）構築佛寺、造銅佛。四川彭山崖墓出土的陶「掘錢樹」座上塑造的佛像，被塑在傳統神仙的位置，姿態、衣紋的處理也和神仙相同，這是東漢時的佛像製造風格，表明這時的佛像塑造是與傳統的神仙概念相混合的，而其服飾披通肩大衣，又可看出犍陀羅藝術的影響，居中下垂的衣紋，拱手端坐的姿態，卻是中國神仙的式樣，塑造技法仍屬漢代，外來藝術形式和中國本土固有形式的融合十分明顯。三國

⊙西蜀彩繪貴族生活圖漆盤。該器裝飾圖案繼承了漢代重列式構圖的風格，人物體態修長，筆墨簡練傳神。

⊙吳越窯三足洗

⊙吳國頂罐女俑。左邊一女頸部挺直有力，令人感受到其頂罐的重量。右邊一女頭頂陶罐，斜而不墜，顯示其技巧十分熟練，身材豐腴健壯。

以後，北方的洛陽、南方的建業（南京）都是佛教重鎮，可惜洛陽當時十多座佛寺的佛像作品沒能保存下來而無從考察。赤烏十年（西元二四七年），康居沙門康僧會到達建業，設像傳教，吳主孫權為其建寺，吳地開始有系統的塑造佛像。在今湖北武昌蓮溪寺彭盧墓出土的立菩薩鎏金銅帶飾，製於吳永安六年（西元二六三年），它刻鏤簡略，風格上承東漢佛像儀範，在這個不過數公分高的銅片上，浮雕鐫刻一立佛，頭上戴冠，有頂光，上身赤裸，披一帔巾，由頸纏到手臂而向兩邊飄開，下著裙，赤腳站於蓮台上，蓮台又向左右各伸出蓮花一朵，其形式的祖形來自印度，其裙部的衣紋雖因幅面太小而較簡單，卻正是當時東吳大畫家曹不興「曹衣出水」的具體體現。而在長江中下游吳轄地發現的數例倒貼塑和堆塑坐佛的穀倉罐，則創作於吳末晉初，最初貼塑在倉罐腹四周，後又有堆塑罐的頂部，位置更趨顯赫。江蘇南京趙士崗吳鳳凰二年（西元二七三年）陶倉罐、江甯上坊吳天冊元年（西元二七五年）的青瓷罐堆塑的坐佛像與彭山崖墓的「搖錢樹」佛像一脈相承。

⊙吳國鎏金銅帶飾，浮雕一立佛。

到三國時期，中國佛像塑造的規模已經很大了，而且天竺之法和中國本土固有技法融會貫通，創造出親切藹然、為人們所欣賞的中國佛教儀範，在佛像漢化的過程中，逐漸確立了自己特有的雕塑方式，使這一藝術從此走向成熟。

劉徽注《九章算術》

⊙劉徽像

《九章算術》是一部成書於漢代的數學經典著作。書中有系統地總結了先秦至東漢初年的數學成就，其中包括平面面積、糧食交易等九類問題的解法，是中國古代《算經十書》的第一部，但內容過於簡略。劉徽為彌補其不足而做了注解，寫成《九章算術注》九卷。

劉徽在《九章算術注》中，最早提

⊙劉徽注《九章算術》（宋刻本）

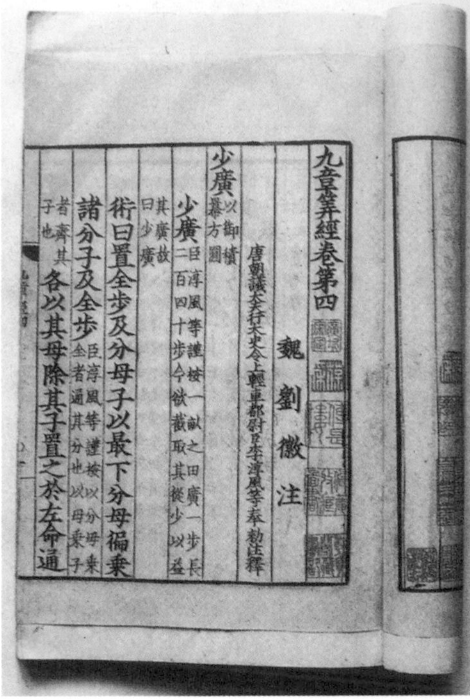

九章算經卷第四
唐朝議大夫行太史令上輕車都尉臣李淳風等奉勅注釋
魏劉徽注
少廣 以御積冪方圓
少廣 臣淳風等謹按一畝之田廣一步長二百四十步今欲截取其從少以益其廣故曰少廣
術曰置全步及分母子以最下分母徧乘諸分子及全步 臣淳風等謹按以分母乘全者通其分也以分母乘子者齊其子也 各以其母除其子置之於左命通

出與使用了小數概念，對割圓術計算圓周率、開方不盡、楔形體積求解等問題提出了很多重要的創見。尤其是用割圓術計算圓周率的想法，是世界數學史上最早將初步極限的概念用於解決算學問題的例子。

為了推導圓面積的計算公式並推求較精確的圓周率之值，劉徽在圓內作內接正六邊形，然後平分每邊所對的圓弧，再作圓內接正十二邊形，再平分作廿四邊形，無限分割下去，「割之彌細，所失彌少。割之又割，以至於不可割，則與圓合體，而無所失矣」。他創造性地運用了極限思想，用這種方法計算圓周率是十分科學的，它奠定了此後一千多年中國圓周率的計算在世界上的領先地位。祖沖之將圓周率推算到小數點後第七位，應用的正是這種方法。

在解決錐體體積時，他也用無限分割的方法，這就是著名的劉徽原理：將一個堵（用一平面沿長方體相對兩稜切割得到的楔形立體）分解為一個陽馬（直角四稜錐）和一個鱉臑（四面均為直角三角形的四面體），那麼這個陽馬的體積永遠是鱉臑體積的兩倍。在以上幾種基本幾何體體積計算的基礎上，劉徽又將其拓展到圓形立體的體積演算法，提出了一種截割原理。在作外切正四稜台、正四稜錐的前提下，依據截面面積提出：

「圓台體積」比「外切正四稜台體積」等於「π」比「四圓錐體積」；「外切正四稜錐體積」等於「π」比「四圓錐側面積」；「外切正四稜錐側面積」等於「π」比「四」，進而論及圓與其「外切正方形面積」之比為「圓面積」比「外切正方形面積」等於「π」比「四」，他所利用的原理是「若兩立體等高處截面面積之比為一常數，則其體積之比也等於同一常數」。劉徽進一步提出了關於解決球體積的設想，他設計了一個牟合方蓋，認為內切球體積與牟合方蓋的體積之比也是

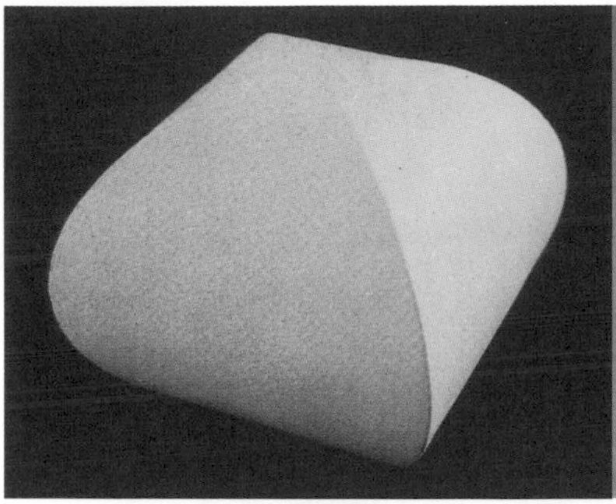

⊙解決球體積時，劉徽所設計的牟合方蓋。

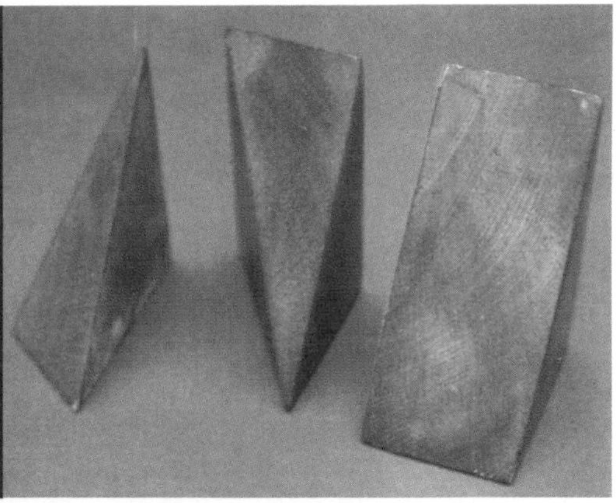

⊙解決錐體體積時，劉徽原理所用的幾何體：鱉臑（左）、陽馬（中）、堵（右）

「π」比「四」，這是解決球體積公式的正確途徑，卻未能求出牟合方蓋的體積。果然，二百年後，祖沖之父子推證出了球體積的演算法，解決了這個問題，可見他的設想是卓有成效的。

劉徽在書中還運用了「齊同術」、「今有術」、「圖驗法」、「棋驗法」等多種計算方法，又利用平面圖形的分割和重新組合，成功地證明了畢氏定理、勾股弦以及它們的和、差的互相推求問題與開平方的方法步驟等。劉徽還撰寫有《重差》、《九章重差圖》各一卷，總結了漢代測算夏至時，太陽離地面高度的方法。唐代初年，《九章重差圖》失傳，《重差》一卷單行本被稱為《海島算經》，是當時官立算學的重要教材。劉徽處在三國時代的魏國，正是戰國文明異化期開始的時間和地點，他在數學上代表了異化傾向，使人難以相信的是異化期的各種不同的傾向和成果都集中於他一人身上。

劉徽對《九章》派和後人對它的崇拜冷嘲熱諷，他反對《九章》範式，注意概念的邏輯性，並在實際中定義概念並運用證明法，證明了初等幾何（平面和立體）中的一些定理，並注重模型，因而上了證明和公理論的道路。他在世界上最早引進十進小數，並加以命名，發展了分數算術，提出了「齊同術」，證明了《九章》的最大公約數求法。他意識到聯立方程組的方程數必須與未知數一樣多，並改善了解法，完善了組合變換術。他建立了內接正多邊形求圓的方法，破除了週三往一的觀念，求得了三點一四的「徽律」，並用類似方法求弓形面積，實質上使用了極限觀念。他在前人的基礎上完善了重差術，它在測量中的功用等於三角學。

301A.D.　**永甯元年**

‧趙王倫稱皇帝，齊王司馬冏起兵討趙王倫，成都王司馬穎、河間王司馬顒等應之。四月，左衛將軍王輿等殺倫黨孫秀等，迎惠帝復辟，囚倫於金墉。

306A‧D.

‧東海王越遣迎惠帝之師入長安。

308A.D.　**晉永嘉二年**

‧漢王劉淵稱皇帝。

310A.D.

‧劉淵死。子和嗣。劉聰殺和自立。

310A.D.　316A.D.

311A.D.

‧正月，石勒陷江夏。四月，石勒追越喪及之苦縣，殺從越諸王公及太尉王衍等。六月，劉曜、王彌入洛陽，懷帝被俘，劉聰封帝為平阿公，改元嘉平。

‧永嘉南渡，中原人士大批南遷。

312A.D.

‧張盛移居龍虎山，張天師世代相傳開始。

‧哲學家郭象去世。

313A.D.　**晉永嘉七年**

‧正月，劉聰殺晉懷帝。四月，皇太子業即皇帝位，是為孝湣皇帝。

‧琅邪王睿以祖逖為豫州刺史。十月，劉曜攻長安，入外城，旋大敗。

316A.D.

‧七月，劉曜陷北地，至涇陽。八月，劉曜圍長安，十一月，湣帝出降。西晉亡。劉琨為石勒所敗，奔幽州依段匹磾。

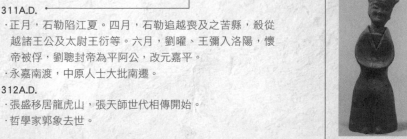

西晉

西晉年表265A.D.～316A.D.

265A.D.　晉泰始元年

·十二月，司馬炎迫魏帝曹奐禪位，廢為陳留王，易魏為晉，是為晉武帝。

266A.D.

·竺法護在敦煌、長安、洛陽等地譯經一百五十四部。

267A.D.

·晉禁星氣、讖緯之學。

273A.D.

·晉選公卿以下女備六宮，採擇未畢，禁國內婚嫁。

279A.D.

·汲郡人不准掘魏王塚，得竹簡古書十餘萬言，藏於秘府。

280A.D.　晉咸寧六年

·晉王濬下建業，吳帝孫皓降，吳亡

281A.D.　晉太康二年

·十一月，鮮卑侵遼西，平州刺史鮮于嬰擊破之。

282A.D.

·朱士行弟子弗如檀帶回《大品般若經》。醫學家、歷史家皇甫謐去世。

265A.D. —— 295A.D.

285A.D.

·是歲，慕容刪為部下所殺，群眾迎廆立之。廆請擊鮮卑宇文部，晉不許，廆怒，攻遼西，幽州軍大破之於肥如。廆擊扶餘，扶餘王依慮自殺，子弟走保沃沮，廆俘萬餘人而歸。

290A.D.　晉太熙元年

·四月，晉武帝死，孝惠皇帝嗣位。十月，以劉淵為建威將軍、匈奴五部大都督。

291A.D.

·賈后殺大傅楊駿等，夷三族，廢皇太后楊氏為庶人，改元元康。

·六月，賈后殺太宰汝南王司馬亮、太保衛瓘，又殺楚王司馬瑋。八王之亂開始。書法家衛恒父子被賈后所殺。

300A.D.

·永康元年四月，趙王司馬倫廢賈后為庶人，尋殺之，並殺司空張華等，夷三族。

·八月，淮南王司馬允攻趙王倫，敗死。倫殺石崇、潘岳等。

竺法護入白馬寺譯經

晉泰始二年（西元二六六年），著名僧人翻譯家竺法護在長安（今陝西西安）清門內白馬寺中開始翻譯佛經。

竺法護，祖籍大月支人，俗姓支。世居敦煌（今屬甘肅），也稱「敦煌菩薩」、「敦煌開士」，十八歲出家，從師於竺高座，隨當地風俗改姓師姓，竺法護的音譯是竺曇摩羅剎，意譯為「法護」。他博覽儒家典籍，涉獵百家之言，後來隨師傅遊學於西域各國，通曉西域三六種文字，回中國時，攜帶回大量梵語典籍。從晉泰始二年開始譯經，共譯出佛經一五四部，三〇九卷（實為三一一卷，一說為一七五部，三五四卷現存八四部一八八卷）。他譯的佛經對後世影響較大的有《光贊般若經》、《正法華經》、《漸備一切智經》、《彌勒成佛經》、《普曜經》等，他所譯經論多屬大乘經典，為大乘保教在中國傳播開創了局面。其中《彌勒成佛經》是佛教彌勒信仰的「彌勒三部經」之一。晉永安元年（西元三〇四年）後，關中戰亂頻仍，竺法護攜門徒避亂車下，後在澠池（今屬河南）卒，年七十八歲。

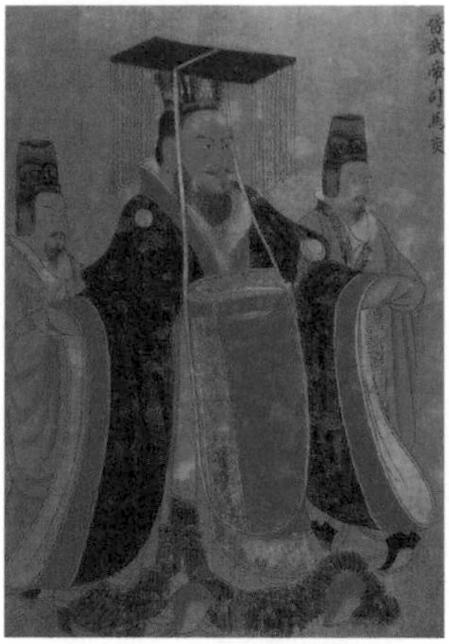

⊙晉武帝司馬炎像

⊙洛陽白馬寺齊雲塔

西晉

荀勖造笛律校正管口

西晉泰始十年（西元二七四年），荀勖設計並製造了一套笛律，並解決了「管口校正」問題。

荀勖（西元？～二八九年），魏晉間樂律學家，字公曾，潁川潁陰（今河南許昌）人，開始任職於魏，晉朝時任中書監，泰始五年升任光祿大夫，主管

⊙西晉越窯堆紋瓶。堆紋瓶由漢代的五聯罐發展而來，製作複雜，內容豐富，是三國西晉時越窯中的貴重器物。（右圖）

⊙吳國青瓷飛鳥百戲罐（局部）。此器盤口鼓腹，盤口上堆一葫蘆形，葫蘆形體上堆塑有百戲人物、鳥獸等。正面為三層廡殿式樓台，四周有頭戴高冠的雜技樂舞人物。（左圖）

樂事，逝世時官居尚書令，被封為「濟北成侯」。

所謂笛律，是一種特製的、有固定長度和型制的笛，用來為奏樂的各種樂器調校音高，具有校正律器的作用，荀勖製造的這套笛律，型制如現代直吹的簫，共十二支，分別以十二鐘命名為黃鐘之笛、大呂之笛等等。

笛律在吹奏時，由於空氣振動引起的氣柱長與管長之間有一定差距，故需對管長和孔位加以調整、校正，這在現在律學中通稱「管口校正」。校正管口除了上面提到的管長和孔位外，還涉及到管徑、側孔位置、吹口等等，是一個十分複雜的問題，荀勖根據他的實際經驗及複雜的計算與檢驗，得到了某律管的管口校正數相當於該律律長與比它高四律的律長之差的計算公式。可表示如下：

$$K=A_0-64/81\ A_0$$

如黃鐘笛的管口校正數K等於黃鐘律長A_0減去姑洗律（高於黃鐘四律）的律長$64/81\ A_0$；所得的校正數K就是黃鐘笛上宮音（黃鐘宮）孔位與吹口的相距長度短於其空氣柱長的差數；再由三分損益法計算而得的黃鐘笛長減去該校正數值K，即得黃鐘笛的實際長度，其他十一笛的管口校正數與笛的實際長度，依此類推。

荀勖笛律在「管口校正」資料方面的成就，是管口校正規律的最早發現，對中國律學史和世界律學史都是一個貢獻。

汲塚竹書出土

晉咸寧五年（西元二七九年）十月，汲郡人不准掘魏襄王塚，盜得古竹簡書十車。不准盜得的一大堆竹簡書中，有魏國書「紀年」十三篇，記敘夏朝以來至魏安釐王二千年事，其中所敘之事與經傳所載的有很大出入，是一筆很值得研究的寶貴歷史財富，有《穆天子傳》等五篇，敘周穆王遊行四海之事，另外還有其他一些書總共有幾十篇，整個竹簡書加起來概有十餘萬字。竹簡上的字都是蝌蚪文，是用漆書寫在竹簡上的，每片竹簡寫有四十六個字。因年代久遠，加上盜墓者破壞，墓中挖掘出來的竹簡多數簡札散亂，殘缺不齊，竹簡出土以後，司馬炎（晉武帝）下令將它收藏起來，由學者荀勖、和嶠、杜預等人略加整理，依據竹簡提供的材料整理出十五部、八十七卷。在荀勖、和嶠之後，衛恆、束晳相繼完成最後的整理工作，並把它譯成今文。總共花了十年時間，終於整理出了《穆天子傳》、《竹書紀年》、《汲塚瑣語》三部書。

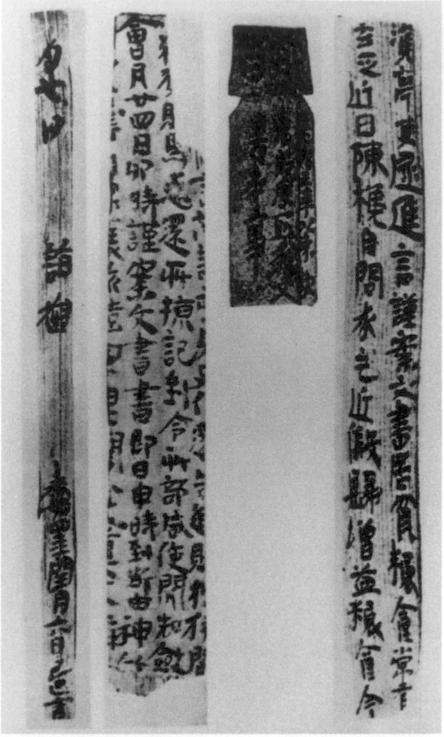

⊙晉木簡

⊙西晉牧馬壁畫

文化小事典

司馬炎詔造六宮

晉泰始九年七月，晉武帝發佈詔書，號令天下公卿以下的人家準備女兒入選六宮，如果有故意隱藏不報或者是逃避者都以不敬論罪，一時間天下譁然，有女兒的人家每天都誠惶誠恐提心吊膽地過日子。

在選美入宮過程中，晉武帝非常喜歡卞氏女，想選她入宮充當妃子。楊皇后告訴晉武帝卞氏三世都是皇后世家，地位顯貴，千萬不能把她入選進宮，否則有辱尊貴，而且她也不可能如此屈從這種卑位。晉武帝聽後大怒：「我堂堂一國之主，我想要的誰也阻攔不了我！」他不再要楊皇后選美，而是親自去挑選合適的女子，在一大群待選女子中，晉武帝看中了的就在手臂上以紅紗纏繞，凡選上的女子，如果是公卿之女則封為三夫人，如果是九嬪、二千石、將校以下之女，則補良人以下。

晉武帝如此選美，使得許多人家不再願意生女兒，在應詔入選的強大社會壓力下，許多女子穿破衣服，故意將容貌弄得污穢不堪，藉以逃避入選六宮的厄運。泰始十年三月，晉武帝詔取良家及小將吏女五千人入宮挑選，母女號哭於宮中，聲聞於外。

孫吳碑刻異軍突起

東漢末年，隸書的發展已登峰造極，挑腳瀟灑自然，形態精美多姿，但為強調波挑的裝飾性、書寫的規格化，使得挑腳變得齊整，波勢漸趨方直，起筆追求方截，走進千篇一律、無法創新的死胡同。到了魏晉，這種定型化的隸書更是窮途末路、江河日盡。

漢魏之際，隸書的衰頹使得碑刻隸書也走下坡，雖書體方正，氣勢莊嚴，但缺少生趣，書風雷同，藝術魅力大減。此時，江南碑刻卻異軍突起，在這頹廢的局面中現出異彩。這就是孫吳的《天發神讖碑》、《禪國山碑》和《谷朗碑》。

《天發神讖碑》不同於秦代的篆書，也不同於當時的隸書，筆意介於二者之間，結構以圓馭方，下筆時先如隸書的斬截，但收筆時加上了尖鋒懸針似的垂腳，剛勁俐落而又氣勢雄偉，奇恣峻拔，且蘊藉無窮。在魏晉碑體中獨具特色，姿態非凡。

《禪國山碑》是篆書體，書法渾厚，但結構又與隸體相通，別具風格。

《谷朗碑》全稱《吳九真人守谷朗碑》，吳鳳凰元年（西元二七二年）立於湖南耒陽杜公祠。與立於黃初年間（西元二二〇至二二六年）的《上尊號奏》、《受禪表》、《孔羨碑》三魏碑相比，變化很大。《谷朗碑》字形結構雖仍有隸書痕跡，但筆法已從隸體中脫化而出，表現出新的體勢，初步具備了楷書書體的特點，把它定為最早的楷書

⊙晉男侍俑

⊙西晉灰陶加彩女俑

⊙吳國禪國山碑

⊙吳國谷朗碑

⊙吳國天發神讖碑

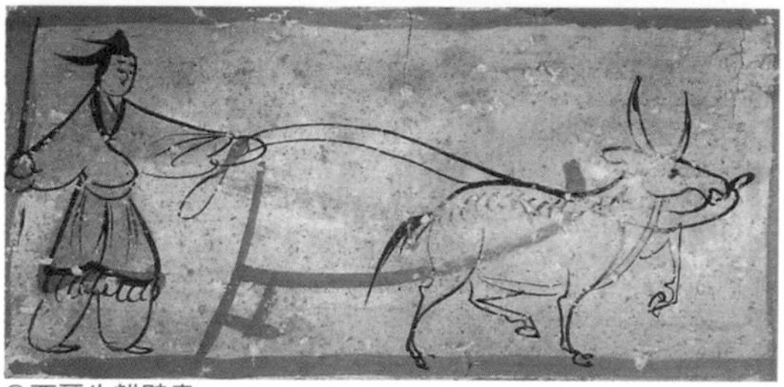

⊙西晉牛耕壁畫

碑刻也情在理中，這對於瞭解漢字書體從隸到楷的演進過程意義重大，在數量不多的此類碑刻中彌足珍貴。

孫吳碑刻力求在肅穆雅正而又呆板繁難的隸體碑風之外開拓生機，或崇古返篆，或創新迎楷，這昭示著隸書確已陷入舉步維艱的境地，仿古可以偶爾為之，在出奇不意中引動興志，楷化則真正體現了碑刻藝術的走向。隸書消亡楷書興起，成了必然的發展趨勢。

陳卓繪《全天星圖》

晉太史令陳卓在繼承前人成就的基礎上把當時天文學界石申、甘德、巫咸三家學派所繪星圖併同存異，在經過充分的分析對比研究之後，合而為《全天星圖》。在《全天星圖》這幅反映當時最高成就的天文圖上，共繪星二百八十三官（組），一千四百六十四顆。這個數目在當時所有的星圖中是最多的，影響也是最大的，陳卓的星宮體系一直被後世的天文學家奉為圭臬。沿用了一千多年一直沒有更改，直到明末天文學才有了新的發展。

晉頒戶調式等制度

晉滅吳後統一中國。約晉太康元年（西元二八〇年），晉頒佈國家的基本經濟、財政制度——戶調式。戶調式包括占田制、課田制、戶調式。限田制以及蔭親蔭客制等，對於促進社會穩定，維持經濟發展有積極作用。

所謂「占田」，就是國家准許農民有權占有法令上所規定的田畝。晉朝規定：男女年十六以上至六十為正丁，十五以下至十三、六十一以上至六十五為次丁，十二以下及六十五以上為老小，正丁男子占田七十畝，女子三十畝。

所謂「課田」，講的是督課耕田之意，國家按課田數徵收田租，丁男課田五十畝，丁女二十畝，次丁男二十五畝，次丁女及老小不課，每畝課田租米八升，遠夷不課田者輸義米，戶三斛，遠者五斗，極遠者輸米不便，改輸算錢，人二十八丈。晉頒行戶調式：丁男之戶，每年輸絹三匹、綿三斤，丁女及次丁男為戶減半，邊郡戶輸三分之二，遠者三分之一，夷人輸布，每戶一匹，遠者成一丈。晉朝頒行限田制，規定官員一品可占田十五頃，以下每低一品減

⊙西晉莊園生活壁畫

田五頃，至第七品占田十頃，王公以國為家，在京師得有住宅一所，大國王在近郊可占田十五頃，次國王十頃，小國王七頃。

晉朝頒行蔭親蔭客制，除官員不課田，不邀戶調外，可按官位高低，蔭其親戚，多者及九族，少者三世，宗室、國賓、先賢之後及士人子孫亦同，又得蔭人以為衣食客及佃官，第六品以上得蔭衣食客三人，七品八品二人，九品一人，蔭佃官第一第二品者不得超過五十戶，第三品十戶，第四品七戶，第五品五戶，第六品三戶，第七品二戶，第八，第九品一戶。

戶調式制度的實施，是晉代獨具的一個特色，晉武帝司馬炎透過制定類似措施增強了國力。

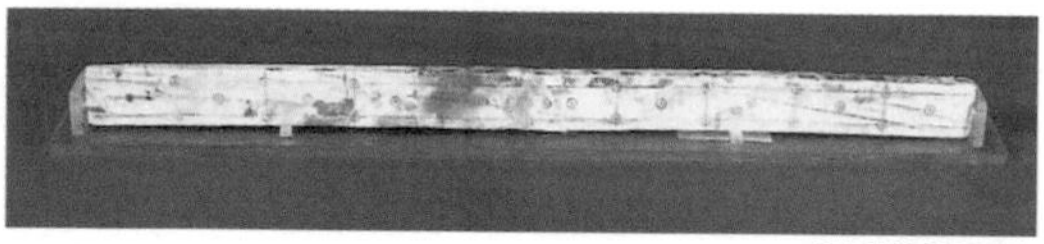

⊙西晉象牙尺

趙爽證畢氏定理

趙爽（約西元二二三至二八〇年），字君卿，一名嬰，是西晉著名數學家，在數學方面的造詣特別深厚，幼時特別喜歡數學，成年後寫了大量的有關數學方面的書籍，著名的《周髀算經注》便出自他的筆下。《日高圖說》和《勾股圓方圖說》是趙爽所著的兩本數學專著，這兩本書現在還完好地保存著。

在《勾股圓方圖說》一書中，趙爽在充分總結前人成就的基礎上，用出入相補的原理成功地證明了畢氏定理，至今這部書裡還留有當時的計算殘圖，趙爽用數學家具有的決斷和睿智對勾股弦的各種關係和二次方程解法都從幾何學的角度去加以證明。趙爽對畢氏定理的研究和探討使得畢氏定理在數學上的地位越來越重要。趙爽約於晉太康元年病逝，終年約五十八歲。

《脈經》最早總結脈學

《脈經》是中國現存最早的一部系統論述脈學的專著，由晉代醫學家王叔和於西晉初年（西元二六六年）至武帝太康三年（西元二八二年）間撰成。歷史上還出現過其他《脈經》，如隋唐時期黃公興、秦承祖等所著的《脈經》，但均已佚失。

王叔和的《脈經》是三世紀以前脈學的系統總結，共十卷，摘錄了《內經》、《難經》、《傷寒論》、《金匱要略》及扁鵲、華佗等有關論說，對脈理、脈法進行闡述、分析，首次把脈象歸納為浮、芤、洪、滑、數、促、弦、緊、沉、伏、革、實、微、澀、細、軟、弱、虛、散、緩、遲、結、代、動等廿四種，對每種脈的形象、指下感覺等做了具體的描述，並指出了一些相似脈象的區別，分八組進行排列比較，初步肯定了左手寸部脈主心與小腸，關部脈主肝與膽，右手寸部脈主脈與大腸，關部脈主脾與胃，兩手尺部主腎與膀胱等寸關尺三部的定位診斷，為後世中醫脈學的發展奠定了重要的基礎。

唐宋醫學校將該書作為主要的教科書之一。《脈經》一經問世，即流傳到阿拉伯、日本等國家，對當地脈學的形成和發展產生了深遠的影響。

⊙《脈經》書影。中國現存最早的脈學專著，西晉太醫令王叔和撰。系統地總結了魏晉以前的脈學成就，釐定了二十四種基本脈象，成為後世脈診的規範。

中國最早的歷史地圖集出現

裴秀（西元二二四至二七一年）是西晉著名的地圖學家，字季彥，河東聞喜（今山西聞喜）人，生於世宦之家。他自幼好學，少有才名，司馬炎代魏稱帝後，任尚書令和司空，負責佐理國家軍政大權，同時負責管理國家的地圖和戶籍，這些工作使得他得以閱讀審理國家收藏的大量圖籍文獻，加上他的勤奮鑽研，裴秀成為中國歷史上一位傑出的地圖學家。

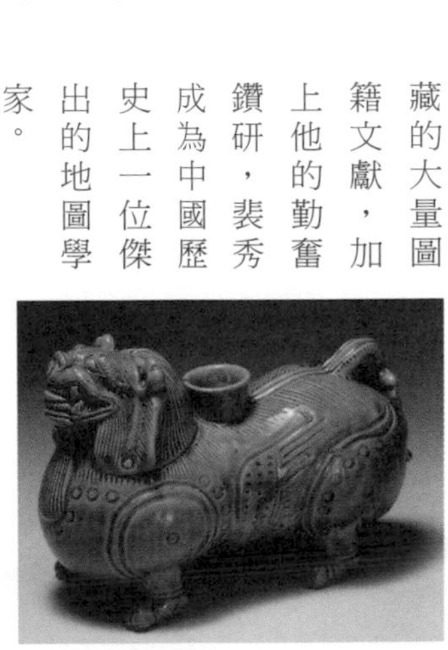
⊙西晉青釉辟邪

約在泰始四年至七年（西元二六八至二七一年），裴秀主編完成《禹貢地域圖》十八篇，它是中國目前有文獻可考的最早歷史地圖集，並在序言中提出了繪製地圖的六項原則，即著名的「製圖六體」，為中國傳統地圖（平面測量繪製的地圖）奠定了理論基礎，因此被稱為中國傳統地圖學的奠基人。

「製圖六體」是：一曰分率（比例尺），用於測定地區的大小；二曰准望（方向），用於確定各地物的方位；三曰道里（距離），用於確定道路的里程；四曰高下（高取下，取下為水平直線距離）；五曰方邪（方取斜，取斜為直線距離）；六曰迂直（迂取直，取直為直線距離）。這六項原則歸納起來也就是現代地圖學所論述的比例尺、方向和距離三要素，說明繪製地圖必須制定比例尺，測出地物之間的方向，並求得各地物間的水平直線距離。裴秀還指出這「六體」的作用和相互關係，他認為六體必須綜合運用，互相參考，否則就不能正確繪製出反映實際地貌的地圖來。

⊙西晉青釉騎獸器

裴秀的製圖六體是他的科學創造，也是對三世紀以前中國製圖工作的經驗總結。他的繪圖六法即是完整的矩形網路繪圖法，是與經緯製圖不同的第二大體系。這個方法出現以後，唐宋中國人的地圖工作極為發達，並且向大規模發展。現存於西安碑林的中國地圖已很精確，元代朱思本的中國地圖和大明地圖也是有世界意義的，而西方直到一千多年後才出現精確的經緯製圖。

劉毅請廢九品中正制

晉太康五年（西元二八四年）正月，劉毅疏晉武帝司馬炎，建議廢除九品中正體制。九品中正制度於魏文帝曹丕統治時期制定，是一種選拔人才的制度。魏亡後，西晉沿襲了魏九品中正舊制，但到西晉發生了極大的變化，完全喪失了原來唯才是舉的積極功能，淪為維護當權封建士族階級世襲特權的一種工具。很多有識之士紛紛遣責九品中正制度只重視出身家世，指出那些飽食終日，碌碌無為的庸才因其出身地位顯赫高貴而被重用，相反地，那些飽學之士，雖才華出眾卻因其出身寒門、地位低賤而不被重用，以至於造成上品無寒門，下品無世族的不合理現狀。

劉毅在上疏中，力陳九品中正制度的弊端，並歸納為八條：一、上品無

文化小事典

洛陽紙貴

太康三年（西元二八二年），左思所作《三都賦》蜚聲文壇，豪家富室競相購紙傳抄，致使洛陽城內紙價飛漲，時人有「洛陽紙貴」之嘆。

《三都賦》是由《蜀都賦》、《吳都賦》、《魏都賦》三篇獨立而又相聯結的賦組成，洋洋萬言，體制宏大，文采富麗，記述三國鼎立時期各都城的山水物產、風土人情。此賦的寫作方法及風格雖與班固的《兩都賦》及張衡的《二京賦》相似，但它的思想主題則不是傳統的「勸百諷一」，而是徵信求實的文學主張的體現。因此《三都賦》在後期大賦中占有重要地位。

左思是西晉文學家。字太沖，臨淄（今山東淄博）人，生卒年不詳。《三都賦》、《詠史》為其代表作。他貌醜口訥，不好交遊，但文思飛揚，辭藻壯美，名重一時。泰始八年（西元二七二年）前後，因其妹左棻被選入宮，他隨全家遷居洛陽，曾任秘書郎。元康末年，他為賈謐講《漢書》，但因賈謐獲罪被誅，於是退居宜春里，專事典籍，辭疾不仕。

他的詩歌代表作《詠史》詩八首，借古抒懷，連類引喻，在史實發微中唱出自己的抱負。左思早年頗有雄心，自視亦高，欲「左眄澄江湘，右盼定羌胡」（第一首）。但他出身寒微，在門閥制度的壓抑下總是鬱鬱不得志，心中充滿不平與憤懣。在《詠史》第二首中，揭示了「世胄躡高位，英俊沉下僚」的不合理現象。第七首則借詠古代賢士的坎坷遭遇，痛陳「何世無奇才，遺之在草澤」，尖銳地抨擊了壓制、扼殺人才的黑暗現實，也表述了自己懷才不遇的苦悶。《詠史》還以高度的自信、高昂的激情聲稱：「貴者雖自貴，視之若埃塵；賤者雖自賤，重之若千鈞。」擲地有聲，令人激奮，於當時有重大意義。

《詠史》詩語言樸實，感情飽滿。雖然抒發了內心的苦悶與憂鬱，但並不消沉頹喪。詩中迴盪著壯志難酬，雄心不死的悲涼，充盈著慷慨壯烈的陽剛之氣，在「文體大壞」的西晉文壇上超然而起，代表當代詩歌的最高成就，並對後來的陶淵明、范雲、王勃等產生過影響。

⊙西晉索靖月儀帖

⊙晉紙書墓主生活圖

寒門，下品無世族；二、重其任而輕其人；三、才德優劣易地，倫輩首尾倒錯；四、中正縱橫任意，無所顧憚；五、任己則有不識之蔽，聽受則有彼此之偏；六、抑功實而隆空名，長浮華而廢考績；七、以品取人，非才能之所長；八、各任愛憎，以植其私。劉毅指出「古今之失，莫大於此」！提出廢除九品中正制度，揚棄魏以來的舊制度，創建新的用人制度。

劉毅的政治主張得到了汝南王司馬亮、司空衛瓘等人的支持回應。但司馬炎終因士族的強烈反對，沒有採納此建議。

魏夫人之《黃庭內景經》

魏華存（西元二五二至三三四年），字賢安，任城樊（今山東濟寧東）人，晉司徒魏舒之女，世稱魏夫人。聰穎過人，飽讀書籍，小時候對中國的道教非常著迷，希望自己能成仙得道，經常服食那些能吐納攝生的胡麻散、茯苓丸等藥物，以求長生不老。廿四歲時被迫與太保掾劉文結婚，生兩個孩子。不久以後，魏華存便因丈夫外任，孩子漸大開始悉心研究道家經典，成為一名虔誠的道教徒。約晉太康九年（西元二八八年），魏華存得到《黃庭內景經》草本，並加以注述（或由道士口述，華存記錄，並詳加詮次），撰為定本。

《黃庭內景經》又名《太上琴心書》、《東華玉篇》、《大帝全書》、《上清黃庭內景玉經》，為七言韻文，以中國醫學人身臟腑各有所主理論為基

⊙西晉青釉印紋四繫罐

⊙西晉灰陶鞍馬。這件著鞍灰陶馬，雖無雄壯可言，但精神飽滿，矯健多姿。鬃毛衝於前，馬尾擺於後，鼻上圓球狀裝飾物別致生動，眼與鼻孔塗以朱色更增神采。

礎，結合道教人身百脈關竅各有司神之說，提示以「存思」為主的修煉要訣，是宗教思想與氣功醫學相結合的一部道書，被道教徒譽為「致神仙」、「不死之道」的真文，為早期上清派所崇奉，傾注了魏華存全部的心血，為道教和醫學的發展做出了積極的貢獻，具有很高的價值。

魏華存後因中原戰亂，攜子渡江，棲宿於衡山，她也因撰定的《黃庭內景經》被道教徒尊奉為南嶽真人、南嶽夫人。

水磨大量使用

在中國古代，人們利用水能（動能或勢能）為動力製造提水機具或加工機具的歷史比較久遠。如先秦對翻車（即今龍骨水車的前身）已有文字記載，到魏晉時水力機具的創製和使用更為普遍，提水機具有水轉翻車、水轉筒車等；加工機具有水碓、水排、水磨、水轉紡車等。其中，杜預對於水磨的改進影響較大。

在杜預之前，如西漢時期，已經運用水磨作為加工糧食的機械，但都是一輪一磨，水能利用率不高，工效也不大，杜預於是著手改進。他將原動輪改成一具大型臥式水輪，在水輪的長軸上安裝三個齒輪，各聯動三台石磨，共九台水磨，稱水轉連磨。水轉連磨大大提高了水能的利用。根據同原理，杜預還創製了「連機碓」，即用一個水輪帶動幾個或十幾個碓，成倍提高了這種摧擊式加工機械的效力。

水轉連磨（包括連機碓）創製後，迅速得到了推廣使用，和此前已有的單磨一起，帶給當時人們的生活很大的便利。關於這種情況，魏晉史書多有記載。

《全晉文》卷六十五嵇含《八磨賦序》說：「外兄劉景宣作為磨，奇巧特異，策一牛之任，轉八磨之重。」杜預的水轉連磨還對北魏產生了影響，如北魏雍州刺史崔亮「續《杜預傳》，見為八磨，嘉其有濟時用，遂教民為碾」（《魏書》卷六十六《崔亮傳》）。再如北魏洛陽的景明寺，「硉磑舂簸，皆用水功」（《洛陽伽藍記》卷三）。可見當時水力轉動的碾磨，在北魏也逐漸普及開來。

⊙杜預製水磨模型

紙寫書普及

隨著造紙術的發明與發展，到了晉朝，紙寫書得到廣泛的推廣與普及。隨著紙的普及運用，紙寫書也應運而生，圖書形式逐漸由簡、帛向紙寫書過渡。東漢人崔瑗曾用紙抄書送給朋友葛元甫，魏國曾將曹丕的作品《典論》和詩賦用紙書寫一套送給張昭，作為外交上的禮物。西晉時，書籍已開始大量採用紙抄寫的方式，左思著《三都賦》，引起很大迴響，富貴人家爭相抄寫下來以作為收藏之用，甚至一度造成「洛陽紙貴」。到了東晉，官府正式確立紙在抄寫書籍上的地位。桓玄帝曾下令：廢除簡和帛一律改用紙，從此，簡帛時代宣告結束，圖書進入紙抄書階段，直至後來印刷術的發明。

紙寫書初期，所採用的紙多以黃紙為主，這是一種經黃蘗汁處理後的紙，賈思勰的《齊民要術》卷三《雜說》中曾詳細記載了用黃蘗汁處理紙的工序：將黃蘗泡在水中，泡出黃蘗汁，再將經過浸泡的黃蘗搗碎、煮沸，倒入布袋，用勁榨出汁液，再煮，再擠，如此三次，將擠出的汁與開始浸泡出的汁混合起來，用它來浸泡紙張，就可得到黃紙。經過浸泡的黃紙既美觀又耐腐朽。隨著造紙技術的提高，逐漸出現各種各樣的紙，如草紙、竹紙、藤皮紙等等。

由於紙寫書是由帛書發展而來的，紙寫書也沿襲了帛書的形式，即卷軸制，每一卷是由很多張紙連接而成，長度通常可達十公尺，甚至卅二公尺之長，其中每張單獨的紙的尺寸在不同時期有不同的標準。紙抄書的文物資料據考古發現，迄今最早的紙抄書在新疆出土，當是西元四世紀時晉朝的遺物。西元一九二四年，在新疆鄯善縣出土了陳壽《三國志．吳志》的紙寫木殘卷。紙抄書的出現及普及，方便了學術文化的傳播與交流。

⊙後秦白雀元年施膠紙。有「白雀元年（西元三八四年）九月八日」的確切紀年。該紙色黃，有水浸紋。經檢驗，正面有澱粉糊劑再以細石蚜光，故稱「白雀元年施膠紙」。這是中國發現的最早的施膠紙，說明中國在此以前已掌握了施膠技術。施膠的目的是為了增強紙的強度和抗水性，是造紙術上的進步。

陳壽撰成《三國志》

太康六年（西元二八五年），陳壽撰成《三國志》。

《三國志》是紀傳體三國史。共六五卷，分魏、蜀、吳三志，只有紀、傳而無表、志。《魏志》前四卷稱紀，《蜀志》、《吳志》有傳無紀。

陳壽（西元二三三至二九七年），字承祚，西晉巴西安漢（今四川南充北）人。少好學，曾受教於譙周，蜀漢時歷任衛將軍主簿、東觀秘書郎、散騎黃門侍郎。入晉後，歷任著作郎、治書侍御史等。太康元年（西元二八〇年）晉滅吳後，他搜集魏蜀吳史料，終於撰成《三國志》。

《三國志》以曹魏為正統，《魏志》列於全書之首，對魏的君主稱帝，敘入紀中，而對吳蜀則稱主不稱帝，敘入傳中。在陳壽撰《三國志》之前，魏、吳兩國先已有史，官修的有晉王沈《魏書》、吳韋昭《吳書》，私修的有魏魚豢《魏略》，它們皆成為陳壽《三國志》魏吳兩志的基本資料。雖蜀國無史，但陳壽本為蜀人，又受教於史學家譙周，因而其自採資料而成蜀志亦不遜於魏、吳兩志。三志本獨立，後世才合為一書，綜合三國史事為一編，則自《三國志》始。在中國古代紀傳體正史中，《三國志》與《史記》、《漢書》、《後漢書》並稱為前四史。

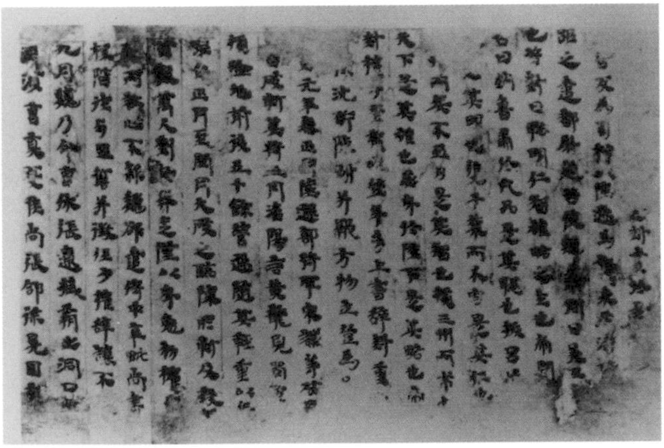

⊙晉《三國志》寫本殘卷

《三國志》取材嚴謹，文筆精煉，記事比較真實。凡三國時期在政治、經濟、軍事上有關係的人物，以及在學術思想、文學藝術、科學技術上有貢獻的人，書中都有所記載。此外也記錄了國內少數民族以及鄰國的歷史，但記載過於簡略，對一些重要的歷史事件和人物事蹟，語焉不詳，甚至遺漏。另外，《三國志》沒有關於典章制度等方面的志，是一大缺憾。

由於《三國志》敘事較為簡略，南朝宋文帝命裴松之作補注。裴松之廣搜資料，引用之書多達二百餘種，終於在元嘉六年（西元四二九年）撰成《三國志注》。除少數文字上的解釋外，更主要的在於補充原書記載的遺漏和糾正錯誤，並對史家和著作加以評論。對於《三國志注》來說，其主要價值在於提供了大量資料，使史事更加詳明，以補《三國志》之不足。因此，對於研究三國時代史事，《三國志注》的重要性和價值可與《三國志》相媲美。

⊙西晉對書俑。俑胎灰白，青綠色釉開片，多已剝落。兩俑相對跽坐。案的一端置一長方形書箱，中間有筆架，另一端置長方形硯。此俑的衣袍、手等的塑造十分簡樸，而對帽及案、書箱、筆卻又注意細部的刻劃，如案上的紋飾、書箱上的提手和所繫的繩子，都表現得相當逼真。

八王之亂

晉永平元年（西元二九一年），賈后命楚王司馬瑋殺楊駿及其同黨，剪除其勢力。以汝南王亮和衛瓘輔政，不久又讓楚王瑋殺司馬亮及衛瓘，隨即又矯詔殺了司馬瑋。賈后獨掌朝政。

晉元康九年末，賈后將皇太子司馬遹廢為庶人，以便自己長期專權，絕人所望，沒想給趙王倫發動兵變製造了藉口。永康元年（西元三〇〇年）四月三日，趙王倫和孫秀聯結右衛佽飛督閭和發兵進攻洛陽，斬殺賈后。一場持續十六年之久的皇族奪權混戰就此開始。這場混戰史稱「八王之亂」。

趙王倫攻占洛陽的第二年廢帝自立。齊王冏、成都王穎、河間王顒聯兵討伐，殺了趙王倫，擁惠帝復位，齊王冏輔政專權，引起義憤，長沙王乂和河間王又聯合起來，舉兵攻冏，冏兵敗被殺。長沙王乂掌握朝政。

晉太安二年（西元三〇三年），河間王顒又聯合成都王進攻長沙王，穎得以獨斷朝政，年底，東海王司馬越起兵攻乂，乂兵敗被殺，司馬越奉惠帝之命攻打穎，失敗後顒乘機攻占洛陽，獨攬朝政。

晉永興二年（西元三〇五年）司馬越再次起兵進攻顒，顒戰敗，與穎相繼被殺，隔年，晉光熙元年，惠帝中毒而死，司馬越另立司馬熾為帝，即晉懷帝，自掌大權。「八王之亂」方告結束。

自元康元年（西元二九一年）起，先後有汝南王亮、楚王瑋、趙王倫。齊王同、長沙王乂、成都王穎、河間王顧

⊙西晉神獸鏡

及東海王越等為爭奪最高權力互相殘殺，前後長達十六年之久，史稱「八王之亂」。到光熙元年（西元三〇六年）十二月，東海王司馬越獨掌朝政，八王之亂才告結束。

賈后專權

元康元年，皇后賈南鳳謀殺了太傅楊駿，這是賈后專權的開端。

楊駿是司馬炎（武帝）繼后楊芷的父親，弘農大族，專權好利。司馬炎病危時，楊駿與皇后楊芷密謀，私藏詔令，將同時受命輔政的汝南王司馬亮排擠掉，獨自成為顧命大臣。司馬衷（惠帝）即位後，楊駿獨專大權，總攬朝綱，培植親信，一切詔命都由楊駿主裁。因楊駿專權，剛愎任性，宗室王公、中外官僚大都怨憤不平。賈南風原是太子妃，因妒忌殺死了幾個人，又把戟投向懷孕的妾，使其流產。武帝司馬炎大怒，修金墉城，打算廢除她。荀勖、馮統、楊珧等人搭救她。楊后也說情其父賈充對國家有大功，念她先輩的恩德，保全了賈妃的名份。楊后還多次勸誡賈妃，賈妃不知楊后是幫助自己，反而以為楊后在武帝面前詆毀她，因而更加痛恨楊后，加上賈后想干預朝政，被楊駿壓制，更痛恨其父女。

晉元康元年三月初八，賈后和殿中中郎孟觀、李肇、黃門寺人監董猛密

⊙西晉青瓷獸形尊

⊙晉皇帝三臨辟雍頌。晉《皇帝三臨辟雍頌》，隸書，碑文十三行，行五十五字。額題「大晉龍興皇帝三臨辟雍皇太子再蒞之盛德隆熙之頌」。碑陰題名十列，當額處一列十五行，餘列為四十四行。碑署咸寧四年（西元二七八年）十月廿日立。此碑結字方整勻稱，書法挺拔遒勁，其中許多字的寫法已經近似楷書，特別是垂筆、捺筆去漢隸較遠。

謀政變，偽造詔書，誣楊駿謀反。命東安公司馬繇率殿中四百人討伐楊駿，楚王瑋屯兵司馬門。當時楊駿居曹爽故府，聽說變故的消息後，召請官員商議對策，太傅主簿朱振勸楊駿燒雲龍門，引兵擁皇太子入宮，收捕奸人。楊駿一向怯懦，說：「雲龍門是魏明帝所建造，耗費了很多人力財力，怎麼能燒呢？」官員見這樣都藉故散走。楊太后在帛上寫了「救太傅者有賞」，用箭射到城外。賈后因此說太后是楊駿謀反的同夥。司馬繇的兵燒了楊駿的府第，把楊駿殺死在馬廄中，此次死了約有幾千人。從此，賈后把持朝綱，為所欲為，暴戾日甚，後來藉故殺了司馬亮、楚王瑋及衛瓘、衛恆等人。這時，朝廷的大權全部落到賈后的手中，她委任親黨，在張華、賈模、裴頠的同心輔政下，朝野暫時安寧。

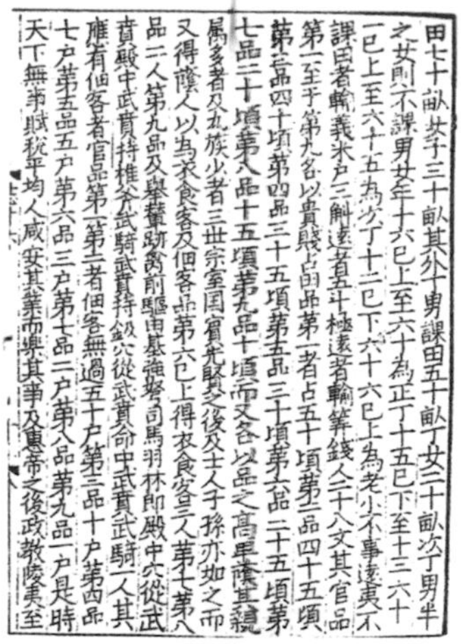

⊙《博物志》書影

田七十畝女子三十畝其外丁男課田五十畝丁女二十畝次丁男半之女則不課男女年十六已上至六十為正丁十五已下至十三六十一已上至六十五為次丁十二已下六十六已上為老小不事遠夷不課田者輸義米戶三斛遠者五斗極遠者輸算錢人二十八文其官品第一至于第九各以貴賤占田品第一者占五十頃第二品四十五頃第三品四十頃第四品三十五頃第五品三十頃第六品二十五頃第七品二十頃第八品十五頃第九品十頃而又各以品之高卑蔭其親屬多者及九族少者三世宗室國賓先賢之後及士人子孫亦如之而又得蔭人以為衣食客及佃客品第六已上得衣食客三人第七第八品二人第九品及舉輦跡禽前驅由基強弩司馬羽林郎殿中冗從武賁殿中武賁持椎斧武騎武賁持鈒冗從武賁命中武賁武騎一人其應有佃客者官品第一第二者佃客無過五十戶第三品十戶第四品七戶第五品五戶第六品三戶第七品二戶第八品第九品一戶是時天下無事賦稅平均人咸安其業而樂其事及惠帝之後政教陵夷至

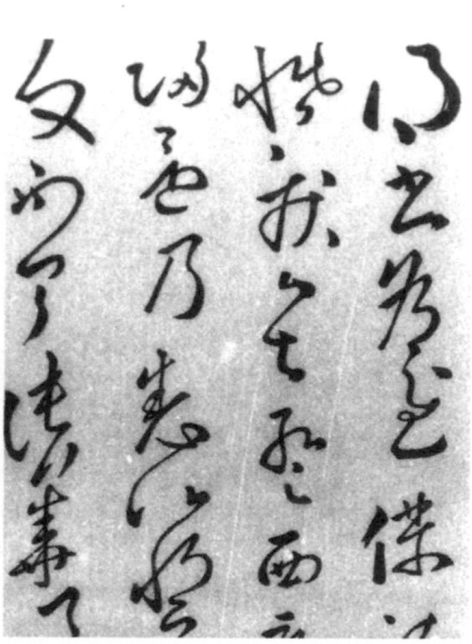

⊙張華書簡

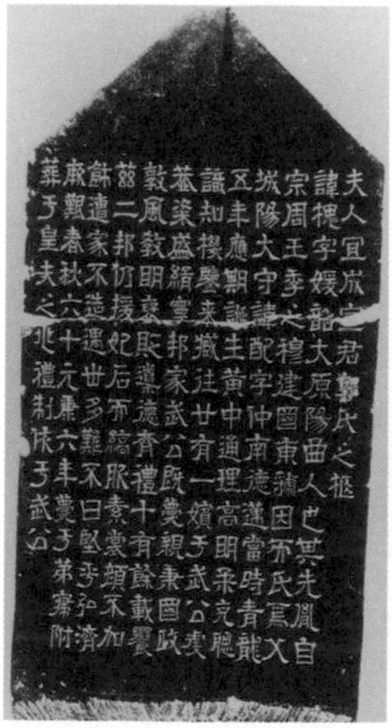

⊙晉賈后之母郭槐柩銘

西晉

文化小事典

《博物志》編成

西晉張華編成一部廣徵地理博物瑣聞的志怪小說集《博物志》。

西晉志怪小說盛行，這與當時神仙方士之說盛行，佛道二教廣泛流傳有密切關係。這時期志怪小說流傳至今的便有三十多種，內容龐雜，大致可分為三類：一是炫耀地理博物瑣聞，二是誇飾正史之外的歷史傳聞，三是講說神仙鬼怪故事。地理博物類小說除《博物志》外，還有《神異記》、《十洲記》等。《神異記》模仿《山海經》分東荒經、南荒經等九章，保存了不少神話傳說。《十洲記》則記載漢武帝向東方朔詢問祖洲、炎洲、長洲等十洲異物主事，不乏生動有趣之筆。《博物志》分類記載異境奇物、古代瑣聞雜事和神仙方術等，既有山川地理知識，又有歷史人物傳說，奇異花草蟲龜、飛禽走獸的描述，還有怪誕不經的神仙方技故事，大都取材古籍，保存了不少古代神話資料。如書中記載八月有人浮槎至大河見織女的奇聞，成為牛郎織女神話的原始資料。據《隋書．經籍志》雜家類著錄，《博物志》共十卷，流傳至今內容混雜，文辭疏略，注釋極少，可能是原書失傳後由後人搜輯而成。

清談盛行

整個魏晉南北朝時期，民族、階級衝突交織，政治動盪，胡臣們的命運朝不保夕，文士對功名利祿避之不迭。清談成為一種遠離時務「談尚玄遠」的風氣盛行起來。

清談亦稱「清言」或「玄談」，始於東漢末年的人物品題。曹魏政權建立以後，為了適應其打擊豪強地主的政治需要，推行「九品中正制」，以此吸納庶族士子入仕，使之成了識別人物，選拔官員的「才性之學」，清談因而從單純的品題人物變為抽象的才性問題的討論。劉邵的《人物志》就是關於才性問題的代表作。

正始以後，司馬氏把持朝綱並進而篡位，政治進入中國歷史最黑暗的時代，為了逃避羅網，文士們絞盡了腦汁，他們認為，躲避政治陷害的最好辦法是少講話、不講話，或者講一些無關痛癢的廢話和模稜兩可的「玄言」，司馬昭稱阮籍為天下第一謹慎之人，他每次談話，都言語玄遠，從不評論時事，臧否人物。嵇康講話也意在言中但不留下任何把柄，以此作為全身之道。儘管如此，也難免被猜疑，因而名士們還以酒和藥作為護身符，服寒食散和借酒澆愁成為一種時尚。這種怪誕放達行為的思想和理論依據乃是來源於老子的自然無為思想。從而，在這一時期，清談融入了《老子》、《莊子》、《周易》所謂「三玄」的思想，使之玄學化。

「玄」這一概念源於《老子》：「玄之又玄，眾妙之門」是奧妙莫測的意思。稱《老子》、《莊子》、《周易》為「三玄」，乃是它們包含有非常深奧的學問，這一時期的文士無不研究三玄之學，而其中最具代表性的先有何晏、王弼，其中何晏作《道德

⊙西晉採桑壁畫

論》，王弼注《老子》、《周易》，著《老子指略》、《周易略例》，主張天地萬物皆以無為為本，提出貴無論；嵇康、阮籍崇尚自然無為，提出「越名教而任自然」。阮籍作《通老論》、《達莊論》和《通易論》。後來向秀、郭象注《老子》，調合貴元和貴有的衝突，適應了門族貴族的政治需要。

先秦的《易》學屬於儒家系統，魏晉玄學則以老莊解析《老子》、《莊子》，原為反儒學禮教系統，魏晉玄學家對《老》、《莊》的闡釋則調和儒道，或主張儒道合一。王弼用老子思想解釋《論語》，認為名教（儒家社教）是自然的表現，郭象則認為名教即是自然，在郭象所創的「獨化」論中，儒家和道家是合二為一的，從而建立了精緻的玄學思想體系。

⊙北齊婁睿墓儀衛出行

郭象以後，玄學清談又與佛學合流，影響了整個兩晉及南北朝佛教思想的發展。同時，陶淵明在《桃花源記》中，運用他豐富的想像力和富有詩韻的筆觸，所描繪的桃源樂土式的理想和美好生活，在相當長的一段時期成了名士們的精神寄託，給人們帶來了一點人生的嚮往和歡樂，也為久經戰亂和政治動亂的人民帶來一些心靈慰藉。這些都影響了玄學清談的發展，和當時士人的精神風貌。

玄學完成

在何晏、王弼時代，玄學講有無、講性情，天、道、萬物，其方法雖是玄學方法，但對象卻是非玄學的，只是在論述和言意論中才有玄學味。嵇康、阮籍則把化、和、神從對象中提升出來，這些玄學方式（玄學觀念）的集中和絕對化就構成玄學範式的自覺，向秀是其完成者。

他的著作《莊子注》只部分地保留在後人的著作中，已足以確定他的地位。何、王、嵇、阮論及無與有的化的問題，而他則將化本身提出來，不是無生有，無化有，而是生化本身進行生化，並且把它作為不由它物生化的生化之本。郭象是玄學的集大成者，在他的《莊子注》中玄學範式完成。在他那裡，道並非天地。萬物的造物主，天地

文化小事典

衛恒作《四體書勢》

衛恒是西晉書法家，他潛心書法理論，撰成《四體書勢》一卷，從理論的角度提升了三國兩晉時的書法藝術。

衛恒（西元？～二九一年），字巨山，西晉河東安邑人（今山西夏縣北），官至黃門侍郎。衛氏一門四代均善書法，家學淵源，歷數世而不衰墜。衛恒擅長各種草、隸書體，但傳世之作多為草體，筆法剛健有餘，又流轉風媚。

衛恒晚年時撰成《四體書勢》，從風格辨識文字的書體，進而提出「書體」和「書勢」的命題，闡明其特點，認為書勢是靜止的書法所顯示出來的動態，具有節奏和運動感，而且由於書體之不同，則書勢隨之存在差異，即「異體同勢」。後來王珉、劉劭，直至康有為、沈尹默的書法理淪，都是承衛恒之說，只是有所增添發展而已。《四體書勢》在於對四體書法的欣賞，他以自然形象為比喻，寓評論於欣賞之中。這與《詩經》六義中的「比」，有異曲同工之妙。

《四體書勢》是現存最早和比較可靠的重要書法理論之一，記載了有關當時的各種書體、書史的演變，具有很高的史料價值。

⊙西晉青瓷四繫帶蓋雙鳥盂，造型美觀，玲瓏精巧，是一件藝術效果極佳的實用工藝品。

⊙晉咸寧四年呂氏磚

⊙晉劉韜墓志

也不造生萬物，眾物自造，也就是「獨化」，從玄冥中獨化而出，而成為有後就處於變化之中。這樣就取消了本體論，把萬物之有歸於它的自性。從此出發，他發展了各安其性的處世哲學，也就完成了任自然論。

玄學辯言析理的方法在這裡也完成了，其表現就是言意之辨。這一方法與品鑒風格生樣是得意忘言：找到對象形質背後的神韻、意義，這是玄學使人感到玄的本質，他的《莊子注》也不是語言注解，而是進行逍遙遊。因此郭象哲學取消了本體論，也取消了對象：他肯定的有不是事物自身作為有（這像言一樣應被析去），而是它們的獨化（與意一樣），事物的生化和變化。這與裴頠的崇有論不同，後者肯定事物的有和有的先天性，並認為萬物有關，與歐陽建的言盡意論一樣是對玄學的背叛。郭象是玄學的古典典範。

郭象完成的玄學體系拋棄了存在和

其本性，而使存在物的化（其實是意即神韻的一種）成為哲學對象，這是理學的本質路線。

⊙西晉青瓷熊尊。全身飾對稱的線條紋和捲毛紋，頂有一注水圓孔，造型十分生動，製作精細，是六朝青瓷中的珍品。

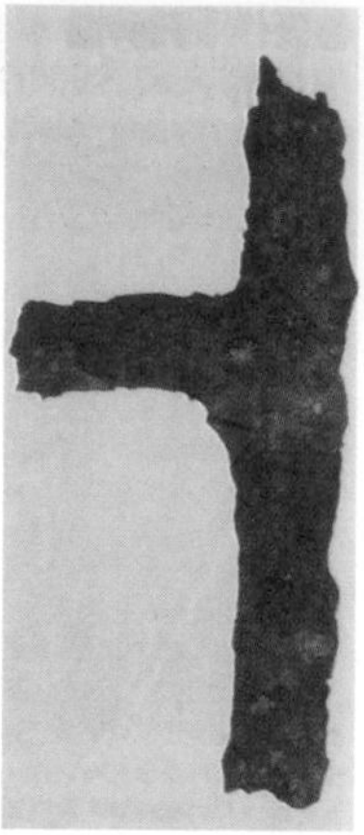

⊙江蘇宜興出土周處墓鐵戟

向秀郭象注《莊子》

魏晉玄學是揉合儒、道而形成的一種唯心主義思想體系，在探討世界本原、名教與自然等哲學問題時，把《老子》、《莊子》和《周易》視為基本思想，大加闡發，其中注《莊子》者不下數十家，而向秀、郭象注本最具影響力，並將玄學理論推向了高峰。

向秀（約西元二二七至二七二年），字子期，河內懷（今河南武陟）人，竹林七賢之一。他早年淡泊仕途，有隱居之志，後被迫出仕，但無意於此，僅以此作為存身之計。

向秀的主要著作是《莊子注》，被時人稱賞，但全本已佚，僅有少量佚文保存於張湛《劉子注》、陶弘景《養生廷命錄》、陸德明《經典釋文》、李善《文選注》等著作中，從中可以窺見其主要思想。其中合「自然」與「名教」為一，更強調「自然」應合於「名教」的主旨，對郭象有直接影響。

郭象（約西元二五二至三一二年），字子玄，河南人，《莊子注》是他流傳下來的重要著作。自南北朝開始，學術界對題名郭象著的《莊子注》就存在分歧，南朝劉義慶《世說新語・文學篇》認為，最初有數十家《莊子》注本，但都不得旨要，向秀的注本於舊注外解析義理，奇妙精緻，大暢玄風，《秋水》、《至樂》二篇沒有完成就去世了，其子幼小，而使得文本零落散失，有一注本為郭象所得，郭象穎慧多才，但品行不佳，竊向秀的注本為己出，自注《秋水》、《至樂》兩篇，更換《馬蹄》一篇，整理了全書各篇的文句，後來又有其他向秀注本被發現，與之並行，所以向秀、郭象二人的《莊子注》思想是一致的。《晉書・郭象傳》也持同樣說法。但梁劉孝標《世說新語注》引東晉張隱《文士傳》，卻認為郭象注本最有「清辭遒旨」，有其獨特的思想。《晉書．向秀傳》認為郭象在繼承向秀的基礎上，又加以闡發，是「述而廣之」之作，因而較可信的結論應該是，郭象注本是汲取向秀的思想，總結了前人《莊子注》的成果，對向秀注加以闡發和弘揚，又具有自己的獨到之處的集大成之作。

《莊子注》版體很多，而西元一九六一年中華書局出版的郭慶藩《莊子集釋》校點本比較完善。

《莊子注》代表了魏晉玄學發展的一個重要階段，是早期玄學貴無論理論和「越名教而任自然」的名士風氣遭到裴頠等人崇有論的批評、駁難後出現的，企圖調合有與無，名教與自然的對立，而創「獨化」論，適應了門閥貴族的政治需求，同時是對《莊子》思想的一次重大改造和發展，因而影響深遠。

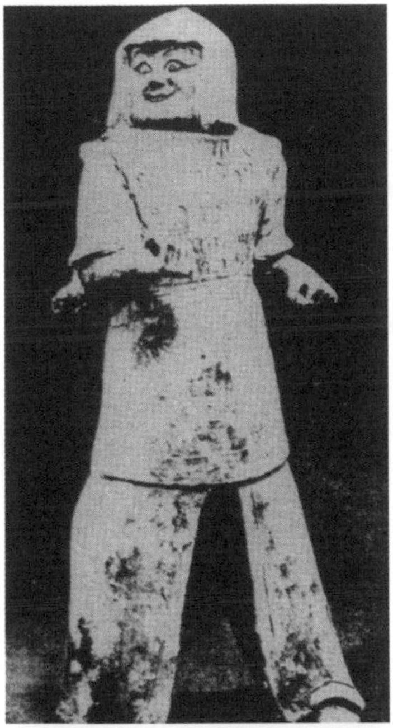

⊙西晉胡人傭兵俑

⊙魏烏丸率善佰長印。「烏丸」即烏桓，東胡族的一支，聚居於今河北北部和遼西一帶。佰長，官名。當時中原王朝對歸附的少數民族上層，往往採取封官賜印來進行安撫。

外遷「五胡」

元康九年（西元二九九年）正月，太子洗馬江統以為戎、狄內遷，引起諸多衝突，是「五胡亂華」之源，乃作《徙戎論》，主張將其遷回本土。

（東）漢以來，西、北邊陲的許多民族，陸續遷移至遼西、幽並、關隴等地，與漢人雜居。這些內遷民族，主要是匈奴、羯、氐、羌、鮮卑等，時人稱之為「五胡」。

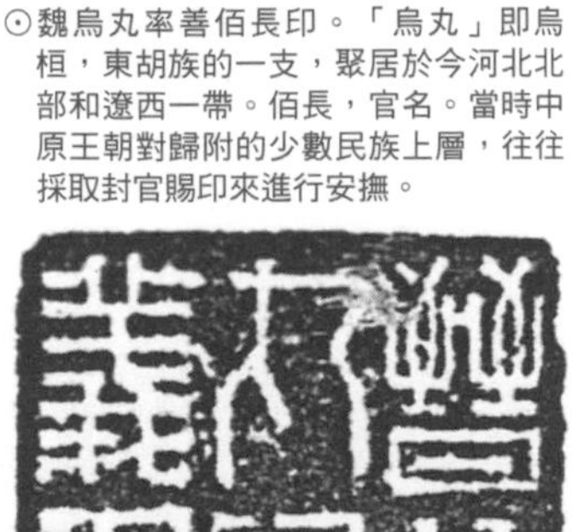

⊙「晉烏丸歸義侯」金印

⊙「晉歸義氏王」印

⊙「晉鮮卑率善長」印

「五胡」各族內遷，在漢族的影響下，由遊牧轉向定居農耕，社會經濟都在向上發展，胡漢文化習俗亦相互影響。當然這種變化和影響也充滿了矛盾。並州匈奴人多成了漢人地主的奴婢，漢人淪為奴婢的也不少。他們常常被迫服賤役，當兵作戰，更有地方官員大掠境內諸胡，押往他鄉出賣，因此時常激起各族人民的反抗。而內遷各族中有些上層人物往往利用本族人民，實行割據。

上述情況，引起許多人的憂慮，主張把「五胡」強迫遷走，江統作《徙戎論》就是這個用意。他提出「內諸夏而外夷狄」的觀點，建議將匈奴、氏、羌等族遷回故土，以使「戎晉不雜」。但是，各族內遷和雜居是長期歷史發展的結果，所以江統「徙戎」的議論，是根本無法實現的。

反玄學潮流

魏晉是玄學思潮十分興盛的時代，然而正當其方興未艾之際，一些進步思想家高張反玄學的大旗，對玄學理論從各個角度大加撻伐，其中最突出的是楊泉、歐陽建和鮑敬言。

楊泉，字德淵，梁國（今河南商丘）人，大約生活於西元三世紀末，著作有《太玄經》十四卷和自然哲學名著《物理論》十六卷，宋代均已散佚。《玉函山房輯佚書．續編》還有清人王仁俊的輯本一卷。楊泉繼承了王充的唯物主義自然論和無神論思想，吸收了「渾天說」、「宣夜說」的宇宙理論的成果，形成了與玄學家「貴無」世界觀的尖銳對立，同時否定了玄學神秘主義不可知論。楊泉堅持桓譚、王充以來的「無神論的形神觀」，迎頭痛擊正在與玄學合流的佛教神不滅論，對後來何承天、范縝等人的反佛爭論影響很大。此外，楊泉還抨擊了清談玄風，相反地，他十分重視工技和生產的實際知識，充分肯定其改造自然的作用從而與玄學家鼓吹的「無為無造」思想根本對立。

歐陽建（西元二七〇至三〇〇年），字咯石，渤海南皮（今河北滄州）人。曾任歷山縣令、尚書郎、馮翊太守等職，後因朝廷內部紛爭被趙王倫殺害，他的哲學著作僅存《言盡意論》一篇。歐陽建針對荀粲等玄學家提倡的「言不盡意」和追求「象外之象」的觀點進行駁難，還對王弼的「得意忘言」

徹底否定，構成了《言盡意論》的主要內容。在《言盡意論》一文中，歐陽建首先強調認識對象的客觀性。玄學家虛構的絕對本體「無」自然無法用語言來表述，語言對辨別事物、表達思想有十分重要的社會功能，概念能反映客觀事物及其規律變化，從而否定了玄學家們的「言不盡意」的不可知論。而且語言概念是根據客觀事物而產生的，與事物本身是截然不同的，因而，二者既有區別又有聯繫，語言，概念對於複雜事物的反映有時是近似的、不完全的。玄學家片面誇大認識工具（語言、概念）和認識對象的差異以否認主觀認識客觀的可能性，從而認為「言不盡意」是完全錯誤的。

⊙西晉青瓷扁壺

中國書法成爲獨立藝術

漢魏時期通行的隸書在發展到波磔挑法高度規格化的頂峰時，開始走向衰落。新體楷書經漢魏書法家的逐步探索，特別是鍾繇所創楷法的影響下，正走上取代隸書的行程，由簡易隸書發展起來的章草日益興盛之時，今草在楷體

⊙晉左芬墓誌

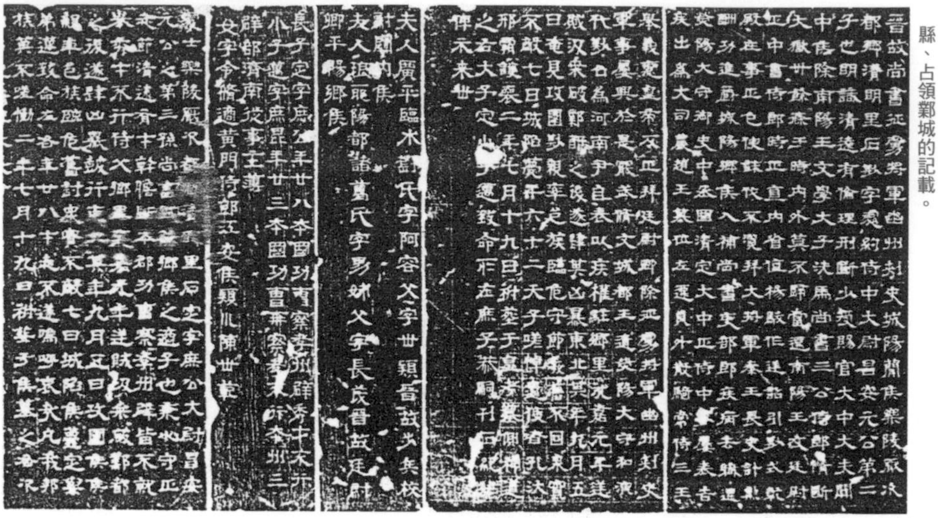

⊙西晉石鮮、石定墓誌拓本。這塊墓誌的誌文中，有關於西元三〇七年，漢人汲桑和羯人石勒領導的流民起義軍攻打郡縣、占領鄴城的記載。

的興起發展激勵下，已露出取代章書的端倪，行書則在楷書、草書兩種勢力的夾攻下也在積累孕育。它們都為中國書法藝術在晉代大放異彩準備了內在的條件。

東漢和帝（西元八九至一〇五年）時，蔡倫發明了造紙術，用樹皮、破布、廢網等造紙，紙質堅韌，造價便宜，使紙普遍使用，為書法練習和傳播提供了便利條件。東晉王羲之書寫《蘭亭序》時，用的是「蠶繭紙，鼠鬚筆」，可知紙在晉代更有所發展，而書寫用筆也越發講究，在兔毫筆、羊青毛筆之外，還有遒媚勁健的鼠鬚筆、雞距筆。緊潔光麗的紙、飽滿柔健的筆，再加上色如點漆的墨、質地精良的硯，也是促進書法發展的有利條件，在書法工具上提供了保證。

漢魏晉之際，玄、道、佛思想廣泛流行，為書法藝術的創作提供了多樣化的文化背景。魏晉玄學興起，崇尚清談，文風放達，直接影響了當時士大夫們的思想。

表現在書法上的是開始大膽追求超逸瀟灑的藝術風格，這對行書的自由揮灑、豐神瀟灑，草風的遒潤多波、信手萬變、痛快淋漓、一氣呵成，準備了基礎。這個時期戰亂頻繁，人民顛沛流離的社會背景，為佛學的傳人和流行提供了適宜的土壤，也因此引起了開窟造像、鑿石記刻經、建寺立碑之風的盛行，這在客觀上對書法的普及和發展產生了催化促進作用。

魏晉時期，書法理論也很盛行，品藻風氣在書法領域一波緊接一波，不斷由表及裡，探及書法本體的核心，這也是促進書法藝術繁榮發展的原因。

這時作為書法藝術的主體的書法家，在代代傳承、代代創新的藝術積累中，最終使中國的書法在晉代成為一種獨立藝術。

晉代，楷書經王羲之改進最終獨立成新書體，又經王獻之的創新，結束了楷書體的演變過程，使楷書發展成熟；王羲之書天下第一行書——《蘭亭序》後，使行書成為士大夫階層最流行的書體；獻之又將其父的草書由「破體」而成「一筆書」，使今草從此定型，行草介於行書和草書之間，也得到深入發展。

書法在晉代成為獨立藝術，可與唐詩、宋詞、元曲、明清小說相提並論，是中國古代文明史上光輝燦爛的一頁。此時的書法名品很多，成為後世學書者的楷模，著名的書家有近二百人，可謂書法藝術的頂峰，對後世產生了深遠影響。

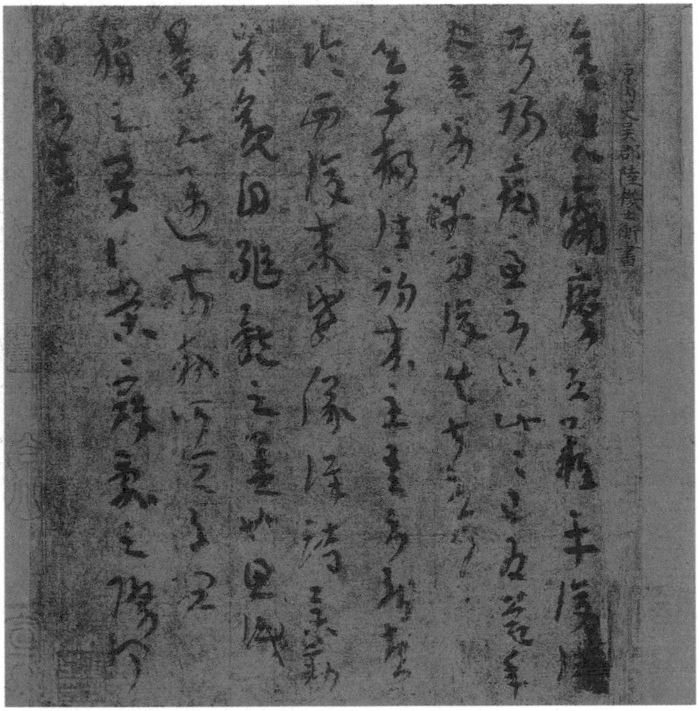

⊙平復帖。中國現存的古代書家墨跡，以西晉陸機《平復帖》為最早。此帖穎筆枯鋒，運筆古雅，是由隸體變草體過程中所出現的「初草」。

文化小事典

《平復帖》

西晉陸機的《平復帖》，代表了三國孫吳士大夫階層的風格，質樸老健，自然天成。

陸機，字士衡，吳郡（今江蘇蘇州）人，著名的文學家、書法家。從小就以文章得名，特別擅長於辭藻宏麗之詩文。儘管陸機為文名所掩，因而書名不彰，但《平復帖》奠定了他在書法史上的地位。

《平復帖》是中國古代名書法家流傳至今的最早墨跡，帖紙本，縱二三點八公分，橫二〇點五公分。帖的內容是寫給朋友的一封信札，文詞優美，書體應是當時流行之式，可以看到草書由章草向今草的發展和演變，書法使用禿筆。

北宋《宣和書譜》把平復帖列入章草類，殊為欠妥。因為原跡上的每個字均無蠶頭鳳尾，也無銀鉤蠆尾之狀，與所有的《急就章》寫法全不相同。

《平復帖》紙紋細斷，墨色微綠，古意斑駁，而字奇幻不可讀。這種筆法對後來之懷素《千文》、《苦筍帖》和五代楊凝式之《神仙起居八法》有近似之處。可見該帖對書法史之影響。

⊙長沙出土晉墓騎馬武士陶俑

劉淵稱帝建漢・十六國開始

永嘉二年（西元三〇八年）十月，劉淵稱皇帝，國號漢，改元永鳳。

劉淵稱王建漢後，勢力不斷增長。造反兵敗的石勒率領胡人部眾幾千人、烏桓部落二千人歸順劉淵，上郡（今陝西北部）四部鮮卑陸逐延、氐酋大單于徵、東萊王彌等也都歸降劉淵，形成了一支由匈奴、鮮卑，羯、氐、羌等各族組成的反晉力量，劉淵稱帝的意圖也漸明顯。為了替建立帝業做準備，劉淵四處出兵，頻繁侵擾晉地。首先派劉聰向南占據太行（今山西晉城南），又遣石勒等十大將東下攻取趙（今河北趙縣、臨城一帶）、魏（今河北磁縣，臨淳、廣平一帶）。永嘉二年七月，劉淵攻陷平陽（今山西臨汾西）、蒲阪，占據河東，把首都遷到蒲子（今山西隰縣）。冬十月，劉淵正式稱皇帝，改元永鳳，國號漢，封其子大將軍劉和梁王，且為大司馬；尚書令劉歡樂陳留王，且為大司徒；御史大夫呼延翼雁門郡公，且為大司空；宗室以親疏為等，均封郡縣王，

⊙洛陽出土晉武士

⊙嘉峪關出土西晉墓出行圖磚畫

異姓則以功勳為差，封為郡縣公侯。

永嘉三年正月，劉淵又採納太史令宣于修建議，正式遷都平陽（今山西臨汾西）。因從汾河水中獲得治國玉璽，其上面寫有「有新保之」，劉淵認為這對自己非常的吉祥，於是改元河瑞。三月，晉將軍朱誕歸降劉淵，勸其趁洛陽孤單勢弱之機進攻，劉淵於是任命朱誕為前鋒都督、劉景為大都督，攻下晉國的黎陽（今河南浚縣西南），又打敗晉將王堪，攻破延津（今河南延津西北至滑縣以北一帶）。劉景大將軍的稱號是「滅晉」，據傳他一見晉人，不問男女老幼，一概殺戮。時劉景攻占黎陽、延津等地後，大施淫威，下令將該地百姓驅趕至黃河溺死，數日內，淹死男女達三萬餘人。同年夏，王彌、劉聰奉命連連打敗晉將，攻下壺關（今山西黎城東北）。同時，匈奴鐵弗氏與白部鮮卑也降順了劉淵。八月，劉聰又奉命進攻晉都洛陽。九月，晉弘農太守垣延詐降，夜襲劉聰獲大勝。十月，劉聰再次奉命與王彌、劉曜、劉景率精騎五萬進攻洛陽。劉聰到達洛陽西明門，把軍隊駐紮在洛河旁，晉軍起而反擊，屢屢得勝，引起了劉聰的恐懼。王彌勸劉聰說洛陽守備頑固，而漢軍糧食短缺，應暫還平原。正在此時，劉淵也召劉聰回還，十一月，劉聰等返還平陽。後封劉聰為大司徒。

⊙西元四世紀高句麗狩獵壁畫，是高句麗壁畫中傑出的代表作品。

中國文化開始大規模傳入日本

三世紀下半葉到六世紀，中國的先進文化大規模傳入日本，促成了日本古墳文化的興起，並最終代替彌生文化，推進了日本歷史文化的進程。在此期間，代表古墳文化的大和政權開始形成，並逐漸成為日本列島的中心，在四世紀下半葉大致上統一日本，使日本進入古代文明的繁盛階段。這一時期，日本透過朝鮮半島繼續吸收大陸先進文化，不斷從南朝鮮的弁辰獲得鐵礦和鐵製工具、兵器，並開始交結百濟。同時日本也同中國直接聯繫，經常派遣使者，先後和曹魏、東晉、劉宋、南齊、蕭梁等政權建立邦交，以獲得冊封，加強文化的交流，壯大自己的國力。

西元二三八年以後的八，九年間，日本倭女王卑彌呼就向曹魏派出四次使節，並獻贈男生口、女生口、斑布等禮品。西元二四〇年，魏派使節由帶方郡航行到達卑彌呼的都城邪馬台國，隨行所帶的禮品有紺地句文錦三匹、

⊙晉木棺彩繪伏羲女媧圖。圖在漆木棺蓋內面，右側繪伏羲，左側繪女媧，皆人首龍身，龍身下部有兩足，身披羽裳，寬衣博帶，迎風飄動。伏羲有微鬚，右手持剪，左手捧赤日，日中有黑色三足烏。女媧髮髻高聳，左手持規矩，右手捧明月，月中有蟾蜍。伏羲和女媧的周圍滿佈流動的雲氣紋，象徵墓主人死後升仙登臨的天界。這幅《伏羲女媧圖》以深灰色作底，上以朱砂、石黃、赭石、石青、白、黑等色圖繪，刻劃細微，用筆流暢隨意，以浩蕩的雲氣襯托出遨遊其間的神仙，具有奔放飛揚的氣勢。

細斑華罽五張、白絹五十匹、銅鏡百枚、珍珠、鉛丹各五十斤、金八兩、五尺刀二口，並有詔書和冊封卑彌呼的金印紫綬，並封卑彌呼為親魏倭王。西元二四七年，魏使第二次訪卑彌呼。《三國志．魏志．倭人傳》記下了魏使從帶方郡渡海，經對馬海峽到達九州博多灣，再進入瀨戶內海到達周防的佐婆郡王、祖神社，最後再走十天水路、三十天陸路到達大和朝廷所在地邪馬台的路程和見聞。大孤黃金塚古墳出土的魏景初三年（西元二三九年）銘文的三角緣神獸鏡，為此次出使的最好見證，成為日本歷史上首篇真實的信史。

西元二四三年，日本使節抵達洛陽向魏帝進獻禮物，其中有布倭錦、絳青縑、綿衣、帛布。表示在此之前，日本國內至少在北九州等地已學到了中國的養蠶、緝績縑綿等絲織技術，並已有初步成效，依靠從中國引進的提花、印染等絲織技工，製造出了國產的絲織品。

應神天皇（西元二七〇至三〇九年）時代，大批漢人從朝鮮移居日本，到欽明天皇元年（西元五四〇年），秦漢人的戶數已達七〇五三戶，大和國高市郡的居民幾乎是清一色的漢人。他們從中國帶來了先進的養蠶織絲技術，更引進了織機，改良了蠶種，為日本的絲織業開創了一個新的局面。

雄略天皇（西元四五七至四九七年）時代，來自中國北方的新漢人和中國南方的吳人，繼續大量進入日本，並受到雄略天皇的重視和鼓勵。這些中國移民果然不負眾望，織出堆積如山的絹匹綿帛，得到賜姓「秦酒公」、「太秦公」的封號，使日本的蠶桑絲織在各地普及開來，雄略天皇還從揚州、南京等地引進紡織和縫衣工匠。

除佛教東渡外，中國對日本在精神文化的影響還表現在文教、儒學等方面。西元二四〇年，魏使帶回卑彌呼的表文，應是日本第一次正式使用漢字的紀錄。應神天皇時，漢字正式傳入日本宮廷。約在西元四〇五年，百濟博士王仁向應神天皇獻《論語》十卷、《千字文》一卷，使漢字和儒家經典正式傳入日本，結束了日本無文字的歷史。此後，日本的文字逐步從漢字中借音、借形產生出來，開始了記錄本族語言的文字歷史時代。

青瓷工藝成熟

從商周原始青瓷過渡到成熟瓷器經歷了漫長的階段，但遲至西晉初年，中國青瓷工藝已經相當成熟了。

青瓷是指施青色高溫釉的瓷器，也是中國製瓷業中燒造時間最早的一個品種。青瓷出現於夏商，因製作工藝粗陋，故稱原始青瓷。經西周至春秋戰國時，原始青瓷有了長足的進步，不少器

⊙西晉青釉香薰

⊙西晉青瓷獅形器

⊙蛙形水注

物燒結度較高，胎釉結合牢固，釉層厚薄均勻，釉色青中泛黃。有人將這種青瓷稱為早期青瓷。到了東漢，上虞窯創燒出成熟青瓷，推動了古代青瓷生產的發展。小仙壇、鳳凰山的考古發掘，為成熟青瓷起源於浙江上虞提供了實物證明。

三國兩晉時，燒造青瓷的已有越窯、甌窯、婺州窯、宜興窯等，青瓷生產進入繁榮期，燒造工藝也全面成熟。主要表現在以下四個方面：

一、器物種類大為增多。常見的產品有碗、缽、罍、罐、虎子、洗、獅形器，燈、槅、杯、硯、尊等二十餘種，而每一個品種又可分為許多形制。

二、瓷器的裝飾更為豐富。孫吳時期，瓷器的裝飾藝術就出現了嶄新的面貌。常見的紋飾有壓印的網格帶紋、雲氣紋，戳印的聯珠紋，帖印的四神、佛像、鋪首、瑞獸、人物等，雕塑的人物、飛鳥、龜、狗、豬、熊、羊、螃蟹、亭台樓閣、迴廊院落，刻劃的雙魚紋，範印的雞首、虎首等。同時，三國西晉時期常常將瓷器的整體或局部做成動物形狀，如：獅形器、羊形器、獸形尊、蛙形水注、虎子的虎形提梁、燈的熊形燈柱等。如此繁縟的裝飾紋樣，使三國西晉時的青瓷顯得富麗而充滿朝氣。

三、瓷器的成型工藝明顯改進。碗、缽、洗、罐、罍等器型規正，器壁厚薄均勻，大部分器物都經過修坯，一般在器物表面上看不到拉坯的痕跡。

⊙西晉青瓷虎子

四、燒成技術顯著提高。三國西晉時，生燒或過燒的器物比例已較小，說明窯工已能較好地控制窯溫。西晉的龍窯長達十五公尺以上，並在窯壁上設置柴孔，實行分段燒成，以免後段坯件生燒。其次，此期青瓷的釉色比較穩定，以青綠色為主，其他釉色較少，這表明當時已能掌握燒成氣氛，使坯件在還原焰中燒成，所以才能呈現出一種青瑩如碧的幽雅色調。

⊙青瓷盆

青瓷以其素雅、清麗、明淨的釉色和多姿多采的裝飾紋樣及傳神生動的器物造型受到國內外人民的普遍喜愛。以越窯為主的青瓷，歷經三國西晉，不斷趨於成熟，成為製瓷技術輻射性傳播的源泉，並對唐宋青瓷的空前繁榮產生了深遠的影響。

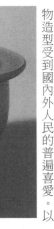

都督氾濫成災

「都督」是官名，指軍事長官或領兵將帥；地方最高長官亦稱都督。漢末三國始設都督或大都督，為領兵官。魏文帝（曹丕）時始置都督，主持諸州軍事，大都督為最高軍事統帥。有的兼任駐在州刺史，總管軍、民、政。到東晉，南朝時，大州刺史多兼都督，權力甚重。至北周及隋，改為總管，逐漸成為正式地方官名。

西晉時都督氾濫成災，主要是因為晉武帝司馬炎錯誤地認為曹魏之所以被他取代，就是因為曹氏沒有強大的宗

⊙西晉騎吏俑。青瓷騎吏俑胎灰白，青釉開片。塑形手法簡練，神態逼真。

宰勢力，兵權落入司馬氏手中而致孤立無援。所以他封皇族廿七人為王，後又有所增加。除王國以外，還封了許多公、侯等。王國擁有相當數量的軍隊，可以自置僚屬，又可出鎮各地，都督各州軍事，實際上掌握了地方上的軍政人權。由於都督權大，中央往往設監軍監視都督是否執行詔令，防止都督濫用兵權，但都督制本身就埋藏著分裂割據的禍根。都督手握重兵，權力過大，不兼刺史的都督尚可憑藉權勢干預地方行政，兼領刺史的都督更是總攬軍政大權，獨霸一方，導致國家政局不穩，外重內輕，尾大不掉。晉武帝取消州郡領兵後，都督遍及全國。結果，晉武帝一死，「八王之亂」驟起，擔任重鎮都督的宗室諸王為爭奪帝位而進行了一場血腥混戰，徹底摧毀了西晉自身的統治基礎，也給社會經濟帶來嚴重破壞，造成人民死傷和流離失所，加劇了社會階級衝突和民族衝突。可見，在國家分裂、政局動盪不安的情況下，多一個擁兵的都督，就多一份離心力。只要軍政合一的都督制繼續存在，中央和地方的衝突就有可能逐漸尖銳，天下就難以長治久安。

⊙鄯善有翼天人。新疆若羌縣在漢代屬鄯善伊循地區，處於中原通往西域各國的絲綢之路上，經濟、文化比較發達，接受佛教影響也較早。西元三至四世紀時，鄯善已是一個佛教盛行的小國。二十世紀初年，曾在此地的米蘭一帶發現數處鄯善時期的寺院遺址，其中殘存的壁畫（時間約在西元三〇〇年左右）是中國現存時間最早的寺院壁畫。此塊殘壁上繪一半身像，臉略圓，梳男孩髮式，背後有伸張的雙翅，顯然是佛教中的天人。畫像用線簡練，造型準確。這種天國人物的藝術形象經常出現在犍陀羅雕塑中，也曾傳播到新疆米蘭一帶，只是並未繼續東傳至中國內地。

356年
·六月，苻堅殺苻生自立，去帝號，稱大秦天王。以王猛為中書侍郎，典機密。

363年　晉興甯元年
·羅馬正式使者首次抵建安與晉聘報。

364年
·道士楊羲出《上清經》，上清派形成。
·敦煌石窟開鑿。

366年　晉太和二年
·三月，苻堅將王猛等攻羌欽岐，擒之。苻堅分匈奴曹谷部為二，號東西曹。

371年
·十一月，桓溫廢晉帝為東海王，立丞相會稽王昱為帝。

375年　晉甯康三年
·十月，苻堅禁老莊、圖讖之學，犯者棄市，又令公卿王侯子弟及將士皆執經受學。

376年 晉太元元年
·八月，苻堅擊涼州，前涼亡。十一月，苻堅擊什翼犍，破之。代亡。

380A.D.　419A.D.

379年
·五月，苻堅南犯。六月，謝玄等連破之於三阿、盱眙、淮陰，又大破之於君川。書法家王羲之去世。

383年
·八月，秦王苻堅大發兵分道南侵，企圖滅晉。十月，晉遣謝石、謝玄等拒秦軍於淝水，大破之，是為淝水之戰。仇池公楊世背苻堅，奔隴西。
·圍棋定型。

386年
·代王拓跋珪改國號曰魏。

394年
五月，後秦姚興即皇帝位。

396年 晉太元廿一年
·呂光稱天王，國號涼，史稱後涼。

398年　晉隆安二年
·十二月，拓跋珪稱皇帝。

400年
·燕王慕容德稱皇帝，史稱南燕。

403年 晉元興二年
·六月，後涼亡。十二月，桓玄稱皇帝，國號楚。

407 年　晉義熙3年
·六月，勃勃稱大夏天王、大單于。七月，後燕馮跋等擁慕容雲為天王，殺慕容熙，史稱北燕。

410年
·二月，劉裕拔廣固，南燕亡。

414年
·六月，南涼亡。
·後秦佛學家僧肇去世。

415年
·寇謙之整頓道教。

417年
·八月，晉將王鎮惡入長安，姚泓降，後秦亡。

東晉

東晉年表317A.D.～419A.D.

317 A.D.

·三月，琅邪王睿即晉王位，改元建武。

·六月，豫州刺史祖逖進據譙城，經營北伐。十二月，晉豫章太守梅賾獻偽書《尚書》及傳。

318年

·三月，晉王睿稱皇帝，是為中宗孝元皇帝，改元大興。

·十月，劉曜稱帝，改元光初。

319年

·六月，漢帝劉曜改國號曰趙，史稱前趙。

·十一月，石勒稱趙王，史稱後趙。

320年

·二月，冀州刺史邵續為石虎所俘，晉北方藩鎮皆盡。

322年　晉永昌元年

·王敦反於武昌，入石頭城，縱兵劫掠。閏十一月，晉元帝卒，皇太子紹嗣位，司空王導輔政。

330年　晉咸和五年

·虞喜發現歲差。

335年 晉咸康元年

·石勒、石虎禮敬佛圖澄，後趙佛教大興。

265A.D. — 350A.D.

338年

·四月，成李壽廢李期自立，改國號曰漢，改元漢興。庾亮去世。

342年

·密教傳入中國。

347年　晉永和三年

·三月，桓溫入成都，李勢降，漢亡。

349年

·書法家衛夫人去世。

350年

·正月，石閔更國號曰衛，易姓李，改元青龍，國內大亂。閏正月，衛李閔殺石氏，幾盡，自立為皇帝，改元永興，國號魏。

351年

·正月，苻健自稱天王、大單于，國號秦，建王皇始。

·石氏所徙各州民及氐、羌、胡、蠻數百萬口紛還本土，路中互相殺掠，死者大半，中原饑，人相食。

355年

·六月，秦苻健死，子生嗣，改元壽光。

司馬睿稱帝・東晉建立

⊙司馬睿像

永嘉元年（西元三〇七年）七月，朝廷命鎮守下邳（今江蘇睢寧西北）的琅琊王司馬睿移鎮建鄴（今江蘇南京），又命王衍弟王澄為荊州都督，族弟王敦為楊州刺史。

建興四年（西元三一六年）十一月，湣帝出降劉聰，西晉滅亡。西元三一七年三月九日，司馬睿稱晉王於建康，改元建武，本年稱皇帝，改元太興。

東晉政權是西晉門閥士族統治的繼續和發展。司馬睿能在江南重建和中興晉室，北方士族王導、王敦等琅琊王氏發揮了很大作用。王導（西元二七六至三三九年）更是東晉政權的奠基人，當時被稱為「江左管夷吾」。

永嘉（西元三〇七至三一三年）之亂後，民族衝突頻繁為社會主要亂源，社會關係出現了新的變化。因此，在江左建立的東晉政權不僅是門閥專政的工具，同時也反映了漢民族利益的某些特徵，所以「中州士女避亂江左者十六七」。士族門閥的代表人物王導在東晉政權建立以前就觀察了局勢，他知天下已亂，遂傾心推奉司馬睿，「潛有興復之志」（《晉書・王導傳》），這顯示了他超群的政治遠見和抱負。司馬睿剛到建業時，由於他在晉宗室中的名望並不太高，江南士族對他比較冷淡。王導知道要在江南重建政權沒有當地士族支持是不可能立足的，而要幫助司馬睿在江南興復晉室，必須先提高他的威望。王導於是與族兄王敦共同策劃，利用三月初三當地節日帶領北來士族名流，騎馬擁從著司馬睿的肩輿，進行一次聲威浩大的巡遊。江南名士紀瞻、顧榮等看到司馬睿這種威風，都驚恐地跑到路旁拜見。王導又以司馬睿的名義登門拜訪賀循、顧榮等，請他們出來做官。顧榮又向司馬睿推薦了不少江南名士，出現了「吳、會風靡，百姓歸心」的局面。司馬睿總算是在江南站穩了腳。

司馬睿能成為東晉的創業主，主要依靠了王導、王敦等北方門閥的「同心翼戴」。司馬睿用王導建議，以渤海刁協、潁川庾亮等百餘人為掾屬，稱為「百元掾」，列入門閥譜。而王導、王敦等琅琊王氏一門更「特受榮任，備兼權重」。王導「內綜機密，出錄尚書，杖節京師，並統六軍」，掌握中央軍政大權；王敦則手握重兵，駐節荊州，都督中外諸軍事，掌握軍事征討大權。王氏的群從子弟，也都「布列顯要」擔任要職。在舉行皇帝登基大典時，司馬睿竟讓王導同他一起「升御床共坐」，共受百官朝拜，因王導再三推辭才罷。當時人把王導、王敦與司馬睿的這種關係，形容為「王與馬，共天下」。就是說，南渡士族之首的琅琊王氏與司馬氏共同重建了晉室，共同享有東晉天下。東晉王朝共經歷十一帝，歷時一〇四年，是司馬氏先後與王、庾、桓、謝四大士族「共天下」。

⊙宋摹本東晉顧愷之斫琴圖卷。古琴為中國傳統樂器，此圖描繪古代文人學士製琴場景。畫面共十四人，或斫板，或製弦，或試琴，或旁觀指揮。工作者與指揮者多坐於獸皮、席毯之上，風度文雅。除五侍者外，主要人物均長眉修目，面容方整，表情靜穆。衣紋細勁，並用青、赭暈染衣袖領邊等處。

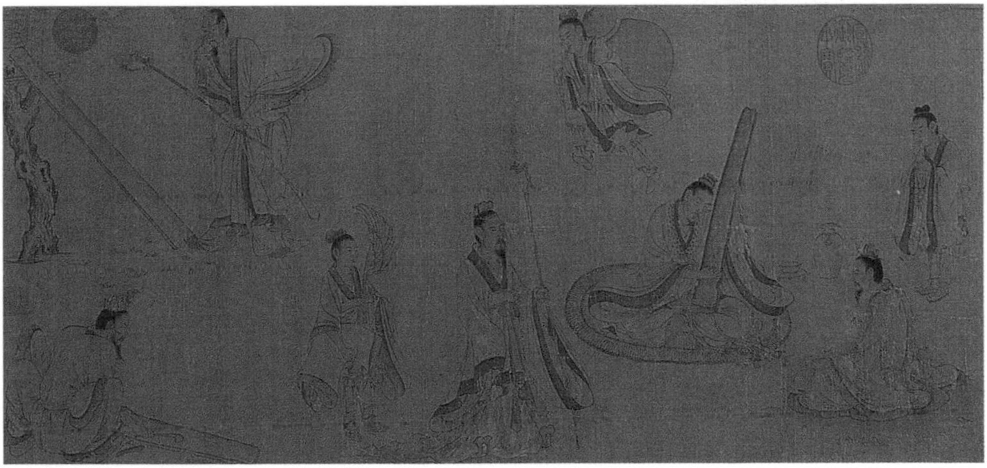

鮑敬言提出「無君論」

兩晉時期門閥勢力大盛，政治黑暗腐敗，對此，鮑敬言著成《無君論》，猛烈批判君主政治。

鮑敬言，生平事蹟不詳，政治思想家，大約生活於兩晉葛洪同時或稍前。他推崇老莊之言，幻想一種沒有君主和政府的社會，在那裡人們沒有徭役租賦負擔。其思想集中於《無君論》一書，今已佚，殘文保存在《抱朴子・詰鮑》中。

鮑敬言依據元氣學論提出無君論，認為天地萬物都是由陰陽二氣化生的，事物稟承剛柔而有不同的屬性，隨著四時八節的自然變化而有生有滅。各種事物都在自然界中有適當的地位，天高地下，根本沒有什麼尊卑之分。

他認為有君論是儒老編造出來的神

話，君授神權是一種謬論。君主的出現是人壓迫人、人欺詐人的結果。「強者凌弱，則弱者服之；智者作愚，則愚者事之」，故「君君之道起焉，力寡之民制也」。君主的出現，對百姓帶來的只是災難，「有司設則百姓困，奉上厚則下民貧」，所以應當取消君主制，消除社會不平等。他嚮往無君無臣、豐衣足食、不爭勢利的理想社會，在一定程度上反映了當時人民欲擺脫痛苦的願望。

無君論在中國古代社會獨樹一幟，包含了進步的社會歷史觀，對後世的反君主專制思潮有重要的影響。

⊙東晉青釉褐斑蛙尊

⊙東晉德清窯黑釉唾壺

《抱朴子·內篇》發展道教理論

東晉（西元三一八年）時，葛洪撰成《抱朴子·內篇》，這是道教宗教哲學和原始化學煉丹術的重要著作。它在道教史和煉丹史上都有重大影響。

葛洪（西元二八四至三六四年），字稚川，自號抱朴子，丹陽句容（今江蘇省句容縣）人，是東晉著名的道教理論家、煉丹家和醫藥學家。他學識豐富，著作很多，但大多散佚。其中影響最大的當推《抱朴子》，含內篇二十卷，外篇五十卷。而《抱朴子·內篇》則是反映他的道教神學的主要代表作。

葛洪在書中提出了以「玄」、「道」、「一」為宇宙本體的理論，為長生不死的神仙道教製造理論根據。他認為「玄」是超自然的存在，是宇宙萬物的總根源。它不可感知，不可捉摸，神通廣大，且無所不在、無所不能。它是孕育元氣、鑄造天地星宿乃至萬物生成的根據和原動力。因此葛洪強調宇宙萬物一刻也不能離開「玄」，而且必須「得之於內」，透過內心的冥思苦想去探索。

葛洪又將「玄」稱作「道」、「一」，並進一步把「一」神化，提出「守一存真，乃得通神」的神學思想。他把「守一存真」看作是通向神仙之境的根本途徑，並且因此可使天、地與人，人與道，主觀與客觀統一起來，在精神上突破有限個體的束縛，與無限的宇宙合一；為了達到這一目標，必須透過宗教禁欲主義的修養。

與其他宗教幻想靈魂入天堂不同，葛洪的道教理論還強調煉形的重要性，為的是使「神」（或「精靈」）不離開其身，從而達到長生不死，肉身成仙。他還提出「有因無而生焉，形須神而立焉」的形神觀，把「形」說成要依賴「神」才能確立而不朽，強調精神是第一性的，形體是第二性的。

⊙中國古代煉丹家葛洪（號抱朴子）

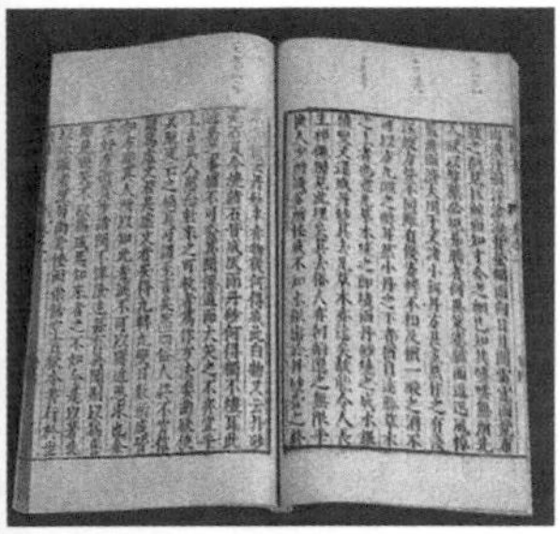

⊙《抱朴子·內篇》關於硫化汞和汞的化學性質的敘述

葛洪還特別強調遵守封建倫理綱常對修煉道教的重要性，認為「欲求仙者，要當以忠孝和順仁信為本。若道德不修而但務方術，皆不得長生也。」

與一切有神論者和宗教徒在論證「神」的存在時一樣，葛洪也把自己虛構的神仙之美等一切不實之物，都歸之於人們有限認識之外的無限世界。他用聾子聽不到雷聲、瞎子看不見日月星辰之光做比喻，來證明人們雖然看不見神仙和聽不到神仙的聲音，而神仙世界是存在的。但實際上神仙只是道教徒頭腦中虛構的神秘物，客觀實際證實這些是不存在的。

東晉時，道教從民間宗教向為門閥世族服務的官方宗教轉型，葛洪的《抱朴子·內篇》對此產生了很大的促進作用，是這一轉折階段的一塊里程碑。早期的道教常以符籙、巫祝等宗教儀式為人治病，並以此吸引信徒。後來便有人認為用這種方法可求取長生，葛洪對此加以否定。他贊富貴神仙，斥民間道教，甚至認為王者應以嚴刑峻法來制止這類巫術活動。他在強調內修的同時，提出了外養兼顧、「籍外物以自堅固」的見解。他從黃金耐腐蝕、高熔點的化學穩定性出發，推論金丹具有使人不朽的滋補作用。並為信徒們列出以下修道方法：一、積善立功，二、草木藥餌，三、屈伸導引，四、寶精行氣，五、金丹大藥。

《抱朴子·內篇》還總結了魏晉

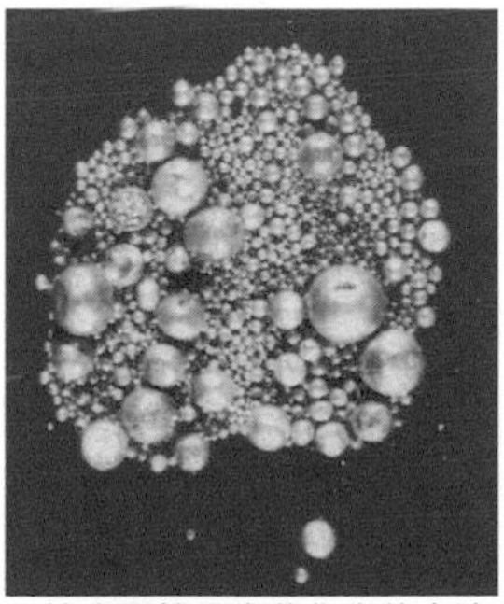

⊙按中國煉丹術著作中的方法重新煉製的「金」

⊙杭州葛嶺的抱朴道院——為了紀念葛洪而在他的煉丹遺址上修建的道教院宇。

時期煉丹術的成果，收錄了大量丹方、經方，其中最重要的是「金液」丹，且是很難解讀的丹方之一。其主要的原理是使金的熔解度增加，然後再以有機物

⊙杭州葛嶺的葛洪煉丹井傳說葛洪煉丹的水源。

還原為膠態金，這與國外煉金術的「金液」類似。

「金丹卷」中所涉及的藥物有銅青、丹砂、水銀、雄黃、礬石、戎鹽、牡蠣、赤石脂、滑石、胡粉、赤鹽、曾青（硫酸銅礦石）……等二十多種，明顯比《周易參同契》裡所提到的要多。

「仙藥」卷中提到用硝石、玄胴腸（豬大腸）和松脂煉雄黃，並且在實驗中觀察到若超過一定溫度，便起火爆炸，這是原始火藥的萌芽。故「仙藥」卷的記載也是前火藥史的史料。葛洪還實驗過鐵與銅鹽的置換反應，如「黃白」卷有「以曾青塗鐵，鐵赤色如銅」。

葛洪在煉丹實驗中已經探索到近似反應可逆性的物質循環的現象。如「金丹」卷中有「丹砂燒之成水銀，積變又還成丹砂」（丹砂即硫化汞）。又「黃白」卷中有「鉛性白也，而赤之以為丹；丹性赤也，而白之而為鉛」，說的是鉛經過化學變化成鉛白，即胡粉，也即白色的鹼式碳酸鉛；鉛白加熱，變化成鉛丹，即紅色的四氧化三鉛；四氧化三鉛又可經化學變化成鉛白。

葛洪是漢魏以來道教理論的集大成者，其《抱朴子・內篇》為道教構造了一個比較完整的理論框架。它是向社會不同階層公開佈道的神仙道教典籍，並為道教在南北朝成熟準備了條件。

蘇峻據建康・晉大亂

咸和二年（西元三二七年）十月，曆陽（今安徽和縣）內史蘇峻起兵作亂，占據建康。

蘇峻，字子高，長廣挺縣（今山東萊陽南）人。西晉末年中原戰亂，蘇峻聚眾屯結，投奔晉元帝司馬睿。後參與討伐王敦叛亂，因戰功晉升為曆陽內史，心中頗懷驕溢，有輕視朝廷之意。又養得精兵萬人，器械完備，且招納亡命之徒，兵力愈強。

咸和元年，司馬衍（成帝）繼位，朝政大權盡歸外戚庾亮。庾亮認為蘇峻、祖約不忠，調溫嶠鎮守武昌，增修石頭城，用以防備。次年十月，庾亮不顧朝臣異議，下令征討蘇峻。蘇峻聞知，便聯絡豫州刺史祖約，以討伐庾亮為藉口，共同起兵反晉。這是東晉內朝與外鎮衝突的再一次爆發。

咸和二年十二月，蘇峻攻陷姑熟（今安徽當塗）。次年正月，蘇峻率領祖渙、許柳等自小丹楊（今江蘇江寧南秣陵關）東進發。晉廷派卞壺與鍾雅、郭默、趙胤等領兵阻擊，卞壺力戰而死，蘇峻乘勝進逼建康，庾亮親自督兵守宣陽門，無奈軍心渙散，未及列陣，士卒先後奔逃。庾亮等只好西逃潯陽（今江西九江）。叛軍隨後攻入建康，司徒王導等擁成帝於宮內太極前殿，峻兵不敢上殿，便大掠後宮，驅役百官，裸剝侮辱士女，城內哀號之聲震動內外；又大肆搶掠府庫所藏布匹、錢絹、金銀。

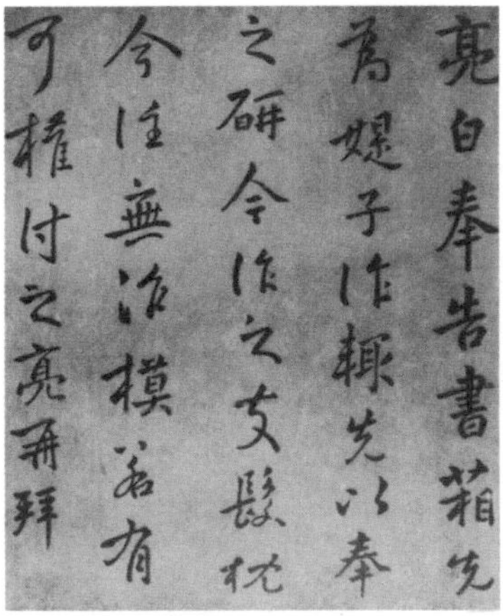

⊙晉將庾亮手札記

蘇峻占據建康之後，便下令大赦，自封為驃騎將軍、錄尚書事，以王導守本官，祖約為侍中、太尉、尚書令，許柳為丹揚尹，祖渙為驍騎將軍，馬雄為左衛將軍，司馬羕為西陽王、太宰、錄尚書事。朝中大權盡落蘇峻手中。

咸和三年三月，溫嶠、庾亮約陶侃共討蘇峻，並推舉荊州刺史陶侃為盟主，宣佈祖約、蘇峻罪行。陶侃率兵四萬，順江東下，進逼建康。同時三吳（指吳興、吳郡、會稽）士民得司徒王導密令起兵勤王，蘇峻不得不調兵防備。九月，陶侃指揮水軍攻打石頭城，庾亮、溫嶠率兵萬人，從陸路進擊。蘇峻率八千士兵迎戰，被陶侃部將彭世、李千斬殺，餘眾潰逃。叛軍又立峻弟蘇逸為主，閉城自守。咸和四年二月，諸路軍馬圍攻石頭城，晉室南遷以來的最大的叛亂得以平息。

文化小事典

晉代名將陶侃

咸和九年（西元三三四年），晉代名將陶侃卒於返鄉途中。

陶侃，字士行，廬江潯陽（今江西九江）人，傑出的軍事將領，曾先後受命參加討平杜韜、王敦、蘇峻以及祖約之亂；擔任過荊州、廣州、江州等地刺史。尤其在平定蘇峻、祖約之亂時，陶侃功勞最為顯著，封作長沙郡公，深受晉王朝器重。陶侃晚年自慮滿盈必溢，功高蓋主必致禍，便不參預朝政，幾次想告老歸長沙國。咸和九年陶侃病重，上表辭位得到同意。返回長沙途中，在樊溪（今湖北武昌西）病故，享年七十五歲（一說七十六歲）。

陶侃從軍四十一年，屢建奇功，為平定中原立下汗馬功勞。陶侃為人雄毅有權略，明悟善斷，沒有人能矇騙他，又謹守吏職，深得上下人心。尚書梅陶非常推崇他，說他「機神明鑒似魏武，忠順勤勞似孔明」。陶侃死後，晉成帝特下詔褒揚他的功績。

⊙東晉羊形燭台。青瓷羊形燭台出現於三國，東晉盛行，照明點都在羊頭上。此燭台的羊形作昂首跽伏狀，別具匠心的是褐斑彩巧施於圓睜的雙目，神情中透出幾分驚奇。

虞喜發現歲差·創安天論

咸和五年（西元三三〇年），晉天文學家虞喜發現歲差現象。

所謂「歲差」，是指由於每年地球自轉軸的方向發生變化，而使得春分點沿黃道向西緩慢運行，導致回歸年比恆星年短的現象。

虞喜認為「通而計之，未盈百載，所差二度」，因此得出五十年差一度的結論。這個看法在世界天文史上居領先地位，也較為精確。虞喜歲差的發現使中國的天文曆法較早區分了恆星年與太陽年，是中國天文史上的一大發現。

⊙東晉德清窯黑釉壺。德清窯以黑釉瓷器著稱，釉色勻潤，製作端整，此壺為德清窯的精品。

虞喜字仲寧，會稽餘姚（今浙江）人，咸康年間（西元三三五至三四二年），著有《安天論》，提出了一種嶄新的宇宙理論。

安天論認為天高地深都是無窮盡的，天因其上而有不變的形態，地因在下而成為可居住之體，天覆蓋地並無方形、圓形相接之說，因為它們是沒有窮盡的；各種天體分佈於天地之間，各自按自己的規律運行，就彷彿是潮汐有規律一樣。安天說是對天地關係的一種哲學思考，並未深究各種天體具體的運行規律。

魏晉以前的天文家，大致有蓋天、宣夜、渾天三家，魏晉時又有昕天、安天、穹天三家，合稱論天六家。

東晉河間相虞從撰《穹天論》，以為天穹之形象雞蛋，幕垂天際，四周接四海之表，浮於元氣之上。相比之下，虞喜的安天論更有合理的核心。

王導主晉

王導（西元二七六至三三九年），字茂弘，琅邪臨沂（今屬山東）人。西晉末年，王導追隨琅邪王司馬睿，協助他建立東晉政權，又助他樹立君主威信，逐漸得到江南大族的擁護。歷仕元、明、成三帝，對東晉政權制度的制定和創設多有所貢獻，官至大司馬、丞相。曾受命參加平定華軼、徐龕、王敦、蘇峻、祖約之亂，並兩次接受遺詔，做輔國重臣，深得晉帝信任，尤為成帝所敬重。咸康元年（西元三三五年）三月，王導因病未上朝，成帝親自到他的府第看望王導夫婦。同年四月，

⊙東晉白虎畫像磚。是為「四靈」中最兇惡之形象。虎紋兩旁，飾連環半圓珠紋。

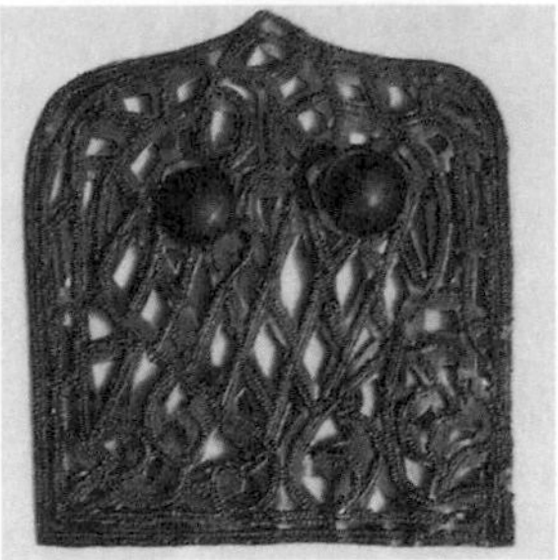

⊙北燕金帽飾

月，任命王導為大司馬，都督中外諸軍事。咸康四年六月，任命王導為丞相，罷司徒官，與丞相府合併。咸康五年七月卒，享年六四歲。成帝為他舉行了三天喪禮，喪禮之隆重一如漢博陸侯及安平獻王舊事，還參用天子之禮。同年八月，晉成帝因王導病卒，又把丞相改為司徒。

王導為人簡素寡欲，待人寬厚，雖輔佐元、明、成三帝，但倉無儲穀，衣不重帛。在他主政期間，他率領南遷士族，聯合江南豪門望族，共同維持東晉政權的穩定。

《遊仙詩》

建安、正始時期，文人遊仙詩已經流行。其內容旨趣融合了《楚辭·遠遊》的幻想、莊子「神人」的境界，夾雜著道教追求長生不老的意願，如曹植、嵇康的遊仙詩。阮籍的《詠懷詩》也藉助神仙意象寄寓玄思、抒發憂憤。西晉以來，文人的遊仙詩與招隱詩主旨大體相同，可視為玄言詩的變體。

郭璞著《遊仙詩》十四首，繼承了遊仙詩的傳統，又有所獨創。他借遊仙以詠懷，雖有玄思，卻不同於理過其辭、「淡乎寡味」的玄言詩。它以精美的語言描繪了自然景色和幽寂環境，如「暘穀吐靈曜，扶桑森千丈」，「迴風流曲櫺，幽室發逸響」等，人物形象都是風神飄逸，寫得極有情采，創造出一種瑰奇幽妙的意境。尤其第九首所表

現出來的飛騰九霄、俯視大地、忽感悲哀，只見「東海猶蹄涔，崑崙若蟻堆」，這種奇妙的藝術想像和藝術構思正是郭璞的高明之處。因此，鍾嶸《詩品》評它：「文體相輝，彪炳可玩，始變永嘉平淡之體。」他借抒寫遨遊虛無縹緲的仙境來抒發現實苦悶，這和阮籍的《詠懷詩》一部分主題類似，但在表現手法上，描寫仙人仙境的幻想成份更多一些。他的《遊仙詩》中表現的隱逸出世思想與老莊一脈相承，這種主題思想和表現手法更為唐代詩人李白的遊仙詩所發揚。

郭璞生前撰述甚多，因喜好古文奇字，曾注釋《爾雅》、《三蒼》、《方言》、《穆天子傳》、《山海經》以及《楚辭》、《子虛》、《上林賦》，還曾另作《音義》、《圖譜》等。《晉書》載有郭璞生平傳記。

文化小事典

郭璞遊仙

太寧二年（西元三二四年）六月，晉文學家、訓詁學家郭璞被王敦殺害，終年四十九歲。

郭璞（西元二七六至三二四年），河東聞喜人，字景純，喜好經術，博學洽聞，才華橫溢而訥於言辭，擅長詞賦，為當世之冠。喜好故奇字又妙於陰陽曆算，曾跟從郭公學習卜筮術，精通五行天文卜筮之術。晉代以後墳墓要擇吉地而建，相傳相墓術就起於郭璞。

西晉末年，中原大亂，郭璞避地江南。最初被任命為宣城太守殷佑參軍，之後投入大臣王導門下，被引見於晉元帝司馬睿，官拜著作佐郎，升調尚書郎。晉明帝司馬紹以太子居東宮時，郭璞曾以才學受到重視。然而郭璞為人隨便，不修威儀，嗜酒好色，還自以為才高位卑，有懷才不遇之感，作《客傲》以示不滿。後王敦任命郭璞為記室參軍。太寧二年六月，明帝下詔進討王敦。王敦準備再次舉兵反晉，令郭璞卜筮。郭璞見卦象兇險，諫阻王敦起兵，被王敦殺害。王敦亂平後，明帝追贈為弘農太守。

後趙興佛風

後趙皇帝石勒認為天竺僧人佛圖澄能預言成敗，因此對他特別信任尊敬。石虎奪取後趙政權後，對佛圖澄禮敬更甚，衣食更是優待。每當朝會之日，太子、王公集於殿中，只要司儀一叫「大和尚」，眾人就都起立敬拜。

石虎還命令司空李農早晚去問候佛圖澄的日常起居，讓太子、諸王公每五天上朝一次。於是境內百姓多信奉佛教，爭相建造寺廟，競相削髮出家，其中更有些人為了逃避賦役遁入空門。建武元年（西元三三五年）九月，著作郎王度上書，奏請禁止信奉佛教，凡出家做沙門者，都令其還俗。但是石虎不予採納，還准許境內百姓自由選擇宗教信仰。從此以後，後趙佛教更是大為盛行，建造寺院達八九三所。

文化小事典　干寶《搜神記》

東晉年間，史學家干寶根據歷代神話傳說，編撰了中國第一部志怪小說集《搜神記》。

干寶（西元？至三三六年），字令升，新蔡（今屬河南）人，東晉初著名史學家，曾以菱郎領國史，著《晉紀》，記西晉一代史事，今佚，僅存片斷。《晉書．干寶傳》說他有感於生死之事，「遂撰集古今神祇靈異人物變化，名為《搜神記》」。據《晉書．干寶傳》所記，此書原為三十卷，傳至宋代已經散佚。今存二十卷本，可能為明代胡元瑞等人重輯。另外，也叫作《搜神記》的還有兩本，一是商浚《稗海》八卷本的《搜神記》，一是句道興殘本《搜神記》。八卷本亦傳為東晉干寶撰，有人認為是趙宋以後人據北魏曇永《搜神論》殘卷增補而成的。句道興本出於敦煌石室藏書，殘存一卷，題句道興撰，作者及成書年代均無從考知。

《搜神記》所記多為神怪靈異，但也保存了不少民間傳說。如《韓憑夫婦》、《李寄》、《干將莫邪》等篇，《干將莫邪》寫楚人干將莫邪為楚王鑄劍，三年劍成，卻被楚王盛怒殺死。其子赤立志報仇，不惜自刎，托頭於山中客，山中客持頭往見楚王。「王大喜，客曰：『此勇士頭也，當於湯鑊煮之』。王如其言煮頭，三日三夕不爛，頭踔出湯中，瞋目大怒。客曰：『此兒頭不爛，願王自往臨視之，是必爛也。』王即臨之，客以劍擬王，王頭隨墮湯中。客亦自擬己頭，頭復墮湯中。三首俱爛。」驚心動魄，壯氣淋漓。

《韓憑夫婦》寫宋康王見韓憑的妻子何氏美麗，強加搶奪，並迫令韓憑服勞役，逼得二人先後殉情自盡。何氏留下遺言，請求與韓憑合葬一處。而宋康王卻說：「爾夫婦相愛不已，若能使塚合，則吾弗阻也。」就在宿昔之間，兩棵梓木從兩塚中長出來，樹幹相交，根於地下纏繞，樹枝也牽連在一起，人稱之為「相思樹」，樹上又有鴛鴦一對，晨夕不肯離去，交頸悲鳴，音聲感人。

本書篇幅較大，所收內容多有價值，在六朝志怪小說中占有重要地位，被當時人劉惔稱為「鬼之董狐」。

⊙後趙建武四年鎏金銅佛坐像。這是中國迄今為止所發現的、有確切紀年銘文的第一尊佛造像，在中國佛教雕塑史上意義重大。造像高肉髻，通肩大衣，趺坐做禪定印。但就風格上，已明顯失去了早期犍陀羅造像的風味，是走向「中國式佛像」漢代進程中的典型作例。額際寬平，下顎部漸收屬犍陀羅系發展而來，但就總體來看已大為變異，柳眉杏眼，眼瞼刻劃細挑深長，鼻樑平和細膩，肉髻平行，且以細線勾絲出髮紋。值得提出的是，此像具有的非男非女之相，神情文靜，面貌端秀，五指纖長，肥腴的雙肩自然下垂，實以女相成分為多。

馬鎧傳入中國

西漢初年，在伊朗的影響下，中國的鐵鎧開始在大型甲片的札甲之外，使用中、小型甲片連綴的魚鱗甲，使軍事裝備有所增強。東漢末年，袁紹和曹操在官渡大戰，雙方的軍隊中都裝備有少量馬鎧，是馬鎧在中國戰場上的初次使用。到四世紀的北方戰場上，使用的鎧馬常多達幾萬匹，並因中國的發展改進影響了朝鮮半島和日本的軍事裝備發展。

西元三三六年，前燕慕容仁的司馬冬壽在與慕容皝的戰爭中失敗，逃亡到朝鮮半島，將人馬都披鎧甲的重裝騎兵——甲騎具裝傳到這裡。西元三五七年，司馬冬壽死於高句麗，墓葬的壁畫上飾有晉代傳統的甲騎具裝圖像。騎士披小型長方形甲片編綴的掛甲，馬鎧的馬面簾額部有三瓣花飾，並有護頰的圓形護板，是中原地區早期所具的形態。

匈奴、鮮卑等北部、西部少數民族軍在古波斯的帶引下，使用人馬都披鎧甲的重裝騎兵。在與東晉王朝相對的十六國時期，這些少數民族大量地進入中原地區，使重裝騎兵不僅大量出現在黃河流域，並迅速推廣到長江中下游。

⊙十六國時期大樹壁畫。樹上結白色果實，樹梢立一青鳥，枝間立鸚鵡和赤猴。赤猴兩眼前望，右肢前伸，左肢上舉。樹下有一柵欄，柵欄內外繪草叢。柵欄內有一裸體男人，雙手執耙，做耙草狀。壁畫內容豐富，布局合理，形象準確，為十六國時期墓室壁畫中的佳作。

古波斯使用的環鎖鎧也傳到新疆境內的龜茲、焉耆等少數民族。呂光征伐西域時，見到當地軍隊使用的鎧甲一如連鎖，能抵禦強弓利箭的射擊，感到很驚訝。

五世紀中葉，中國境內無論北朝還是南朝，馬鎧在戰爭中都普遍使用，而且馬鎧的形制已由早期的斜傾額上的三瓣花飾和採用護頰的圓板，變成整套在馬頭上的面簾，並改用向上豎立裝纓的插管。

日本的鐵甲、鐵鎧、馬鎧等軍事裝備都傳自中國大陸，因此從日本的這些軍事裝備的發展情況，可以推究中國在這方面的發展歷程。四世紀初，日本從木甲跳過其他金屬甲冑時期，開始使用鐵甲，一出現便是短甲，代表了古墳時期鐵鎧甲的初級階段，並成為以後日本鎧甲的主要類型。五世紀中葉以後，開始出現掛甲，並逐步取代了短甲，代表了古墳時代鐵甲發展的第二階段。同時又突然出現了成套的馬具和馬鎧，這是日軍軍隊在同朝鮮半島的高句麗軍隊作戰得來的教訓，他們的掛甲無法抵敵高句麗軍隊使用甲騎具裝的重裝騎兵，不得不引進重裝騎兵的裝備和良種戰馬，組建重裝騎兵部隊。

重甲騎兵出現

魏晉南北朝時期，群雄爭立，戰事頻繁。北方遊牧民族對中原文化的衝擊，和對峙的南北政權之間的戰爭需要，以及兵器製作技術的進步，促成了軍隊兵種構成的變化和武器裝備的發展。重甲騎兵的出現迅速成為陸軍主戰兵種，就是這種變化和發展的主要體現。

⊙東晉青瓷褐斑雞首壺

具體說來，重甲騎兵是中原私人部曲和北方遊牧軍隊相結合的產物。私人部曲是豪強世族擁有的私人武裝，首先出現於東漢晚期，到魏晉南北朝時已構成軍隊的核心力量。豪強世族們憑藉自己雄厚的財力以及中原相對發達的冶煉技術，製作並儲存了大量的鎧甲與兵器，以裝備自己的部曲。如晉桓尹家就存有馬的裝具百餘副、步兵鎧甲五百副。然而考古發現，當時的私人部曲騎兵數量並不多，更談不上是重甲騎兵了。重甲騎兵的出現與西晉末年到十六國時期，遊牧民族進入中原地區密切相關。遊牧民族擁有優良的馬匹和技藝嫻熟的騎士，實行民族軍事制度。他們進入中原後，利用漢族世族已存的優良裝備，配以自己的騎兵武裝，於是組成了一個令人生畏的新兵種——重甲騎兵，使中國古代騎兵發展到了一個新階段。

⊙南北朝時期重甲騎馬俑

⊙南北朝時期出行騎馬俑

重甲騎兵，就是人、馬都披甲的騎兵，又稱甲騎或鐵騎，其特徵是騎手披甲戴胄，戰馬掛護鎧甲。其裝備可分作四類，即馬具、馬鎧、騎上鎧甲和格鬥兵器。馬具是騎兵在戰馬上保持平衡、穩定的座具。東漢時期已出現了製作精緻的馬鞍，魏晉南北朝時期則創製了馬鐙，到十六國時期，馬鐙已普遍運用。馬鐙與馬鞍的配套使用，使騎兵與戰馬能有效結合，戰鬥中更加行動自如。馬鎧是專為戰馬披裹的鎧甲，又稱作「具裝」鎧。騎兵的格鬥兵器，在三國時期仍與漢代一樣多用戟。到南北朝時，儘管戟有所改進，但仍逐漸為長體雙刃的馬矟所替代。而另一種騎兵主要格鬥兵器則是長刀，當時的刀據載達七尺長，多為柄首帶扁圓大環的直體刀。

由於重甲騎兵裝備齊全且堅固銳利，因而具有較強的防護能力和衝擊力，在對防護較差的輕裝騎兵和步兵作戰時，往往形成排山倒海、勢不可擋般的衝擊效果。當時，兩軍對壘常常均以重甲騎兵作為主要進攻集團。其使用方法多置成方陣，實施正面集體衝擊或防護，為使隊形保持集中，常常以鐵鏈等物將戰馬連為一體，這時遠射兵器往往無法對之造成大的殺傷效果，戰鬥常以近距離格鬥的方式進行。

重甲騎兵雖然頗具威力，但也有不可克服的弱點。一是由於人、馬負荷過重，騎兵特有的快速機動、靈活使用的特點難以發揮；二是臃腫、笨拙的陣形，對地形條件要求很高，也限制了它的作戰效力的發揮。因而隨著時代的發展，重甲騎兵逐步消亡，至唐代已為輕裝騎兵所代替。

東晉實行土斷政策

東晉咸康七年（西元三四一年）四月，晉成帝下令實行土斷。

西晉末年，中原戰亂，司馬睿在江南建立東晉政權，北方王公士庶紛紛南下僑寓江左。其僑置郡縣境界無定，並享有優惠的租稅徭役政策，北來僑民漸獲安定，生產亦得到發展。但僑人居處分散，版籍混亂，難以管理，且士族廣占田園，嚴重影響了晉廷財政收入。為此，晉成帝下詔實行「土斷」之制，命令廢除僑置郡縣，王公以下至平民百姓均以土著為斷，將其戶口編入所在郡縣，注入白籍，以示與土著黃籍區別，加強了對僑人的戶籍控制。實際上，東晉於咸和年間已實行「土斷」之策，但其詳情史籍失載。咸康年間的「土斷」是第二次「土斷」。

實行「土斷」設立「白籍」之後，官府根據戶籍收賦稅，征兵役，致使僑人負擔加重，破產者甚多。為逃避賦役，有的僑人隱匿不報戶籍，有的則向世家大族尋求庇護。鑒於此，桓溫在興寧二年（西元三六四年）三月一日下令搜查世族庇護的僑人，史稱「庚戌土斷」，也就是第三次「土斷」。此次土斷主要指向世家大族。此後史稱「財阜國豐」，顯示了「庚戌土斷」的卓越成效。

⊙東晉銅俑。銅俑頭部椎髻，戴護耳冠，面部微仰，笑容可掬，左手持蓮花。雕塑的技法非常嫻熟、細膩。蓮花是佛教的象徵，這件俑手持蓮花，當是與佛教有關的人物形象。

西域高僧佛圖澄圓寂

後趙建武十四年（西元三四八年）十二月八日，高僧佛圖澄在鄴宮寺圓寂。

⊙東晉虎首戴人首蛇怪獸畫像磚

佛圖澄（西元二三二至三四八年），十六國時期後趙高僧，西域龜茲（今新疆庫車）人，本姓帛，小時候學道，妙通玄術。進入內地前，曾一度住在敦煌。永嘉四年（西元三一〇年）至洛陽，正好碰上劉曜攻打洛陽，於是隱住民間。永嘉六年，在葛陂（今河南新蔡北）目睹石勒部將濫殺無辜，想以道術感化石勒，便投身軍門，以道術獲得石勒信任，對其多有輔導。

佛圖澄雖未讀過經史漢籍，卻能夠與儒生學士辯論。因為他學識淵博，且熱心講導，內外著名高僧如竺佛調、須菩提、釋道安、竺法雅等，也遠道慕名而至，跟從他受學。門下受業者常有數百人，前後門徒近萬人。石勒稱趙天王後，稱佛圖澄為「大和尚」，對其十分敬重，有事必諮詢其意見而後實行。石勒死後，佛圖澄又深得石虎信任重用，穿綾錦，乘雕輦。朝會之日，佛圖澄乘輿升殿，常侍以下官員都協助推輿，太子諸公扶翼而上，主掌人唱「大和尚到」，眾官員都起立恭迎。石虎又囑咐司空李農日夜問候，太子諸公每五日探視，其所享受待遇無人能及，以致後趙舉國崇信佛教，大肆營造寺廟，競相出家，一時成為風尚。佛圖澄在趙國所經州郡共建立佛寺八九三所，創佛教傳入內地後的最高紀錄。石虎更是以佛為「戎神」，明令百姓信佛出家，這也是中國歷史上的第一次。

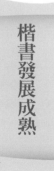

此外，佛圖澄還參與後趙國政，對一些問題常有決定性意見，對後趙政局影響非常大。

⊙明月旦堂《仙佛奇蹤》佛圖澄像。

⊙前涼金錯泥筒

楷書發展成熟

魏晉南北朝時期，楷書逐漸演變成熟，成為一種獨立的書體，直接開啟隋唐正楷。

早在漢代，楷書已見雛形，西漢時某些隸書和楷書很難區分，《宣和書譜》說：「西漢之末，隸字石刻間雜為正書。」到東漢隸書的波挑的體勢不斷加工，正式發展成為一代書體。但因隸

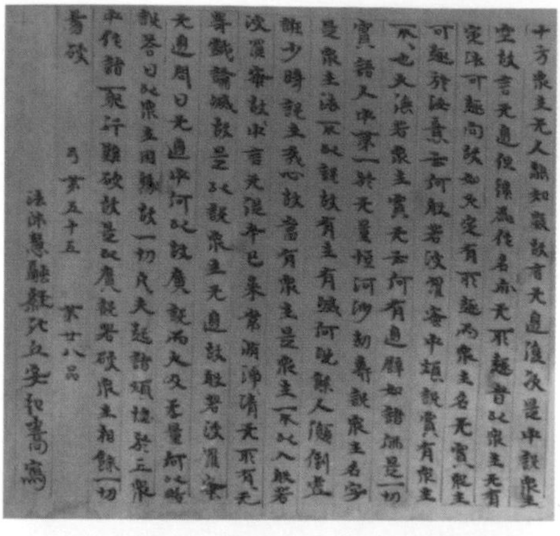
⊙晉寫經殘卷

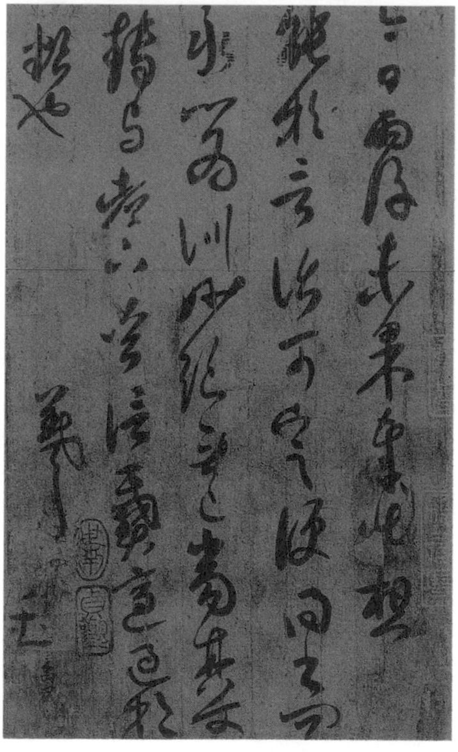
⊙（東晉）王羲之草書《雨後帖》

書規格化帶來的書寫不便，楷化在書體上逐步成為一種強烈的趨勢。東漢建初年間，王次仲「始以隸字作楷法」，熹平元年朱書解殃瓶題字，熹平二年瓦罐題字，都可見隸楷的遞變軌跡。

三國吳鳳凰元年（西元二七二年），立於湖南來陽杜公祠的《吳九真太守谷朗碑》（簡稱《谷朗碑》），字體結構雖仍有隸書痕跡，但筆法已初步具備了楷書的特點，也可以說是最早的楷書碑刻。

魏初鍾繇（西元一五一至二三〇年）工書，兼善各體，尤精楷書。歷代評論他的楷書純樸古雅，剛柔備至，「無晉唐插花美女之態」，「秦漢以來，一人而已」。近人認為鍾繇創秦漢以來所未有的楷法，可謂楷體之祖，對漢字的定型有很大貢獻。《宣示表》是鍾繇楷書的代表作，字形扁方，筆法厚重古樸，結字茂密，若飛鴻戲海、舞鶴遊天，《宣和書譜》稱「備盡法度，為正書之祖」。唐人孫過庭《書譜》將他與東漢書家張芝並稱。阮元在《南北書派論》中認為，南、北書體兩派都以鍾繇為師，可見他在中國書法由隸變楷過程中的重要地位。

晉代書法在鍾繇的楷體影響下，所存碑刻書體都明顯體現出楷書從隸體中分離的趨向。傳世的《廣武將軍碑》書以方格為欄，字方正有稚氣，帶有楷書體勢；《好太王碑》字行間堅刻界格，字體端莊純厚，處於隸楷之間；《爨寶子碑》樸厚古茂，書法正楷，「可以考見變體源流」。這三處碑刻最能反映由隸變楷的軌跡。

東晉王羲之（西元二〇三至三六一年），被書家譽為「書聖」，他年少時跟從衛夫人學書，衛夫人最善鍾繇筆法，後來王羲之又精研其叔父王導珍藏的鍾繇楷書傑作《宣示表》，使楷書形成新的體勢，完成了由篆到楷的轉變。《樂毅論》是王羲之的楷書代表作，它的用筆結構與鍾繇的《宣示表》差別很大，鍾繇「楷法去古未遠」，還有濃厚的隸味，王氏則已完全從隸體中脫離出來，楷味十足。《樂毅論》曾是他的第七子王獻之學書的範本，但獻之的楷書「窮微入聖，筋骨緊密」，不僅完全擺脫了漢魏波磔的隸法，而且在鍾繇、王羲之的基礎上更有創新，改橫勢書體成縱勢書體，最終完成了今楷書體的衍變。《洛神賦十三行》就是這種新體的傑出體現。

二王之後，又經南北朝學書人的鞏固加強，楷書終於發展成熟，並在隋唐取代隸書成為正式的書體，一直延用到現代。

⊙晉王羲之《樂毅論》。《樂毅論》字法古勁，不失規矩，實為小楷法帖的精品。

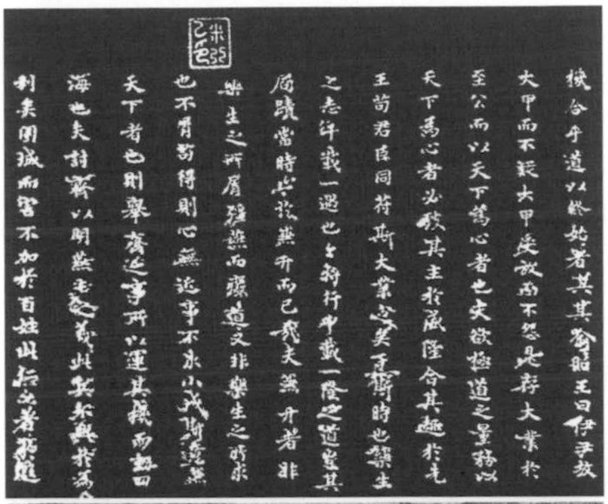

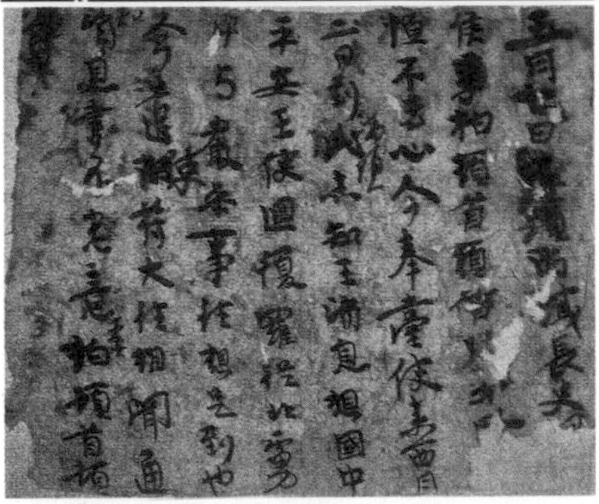

⊙前涼李柏文書。《李柏文書》新疆出土，是唯一有史書可證的重要人物的文書遺跡。此文書的出土，對書法發展史的研究具有很高的參考價值。《李柏文書》共有三紙。此似是正在修改中的三次手稿。

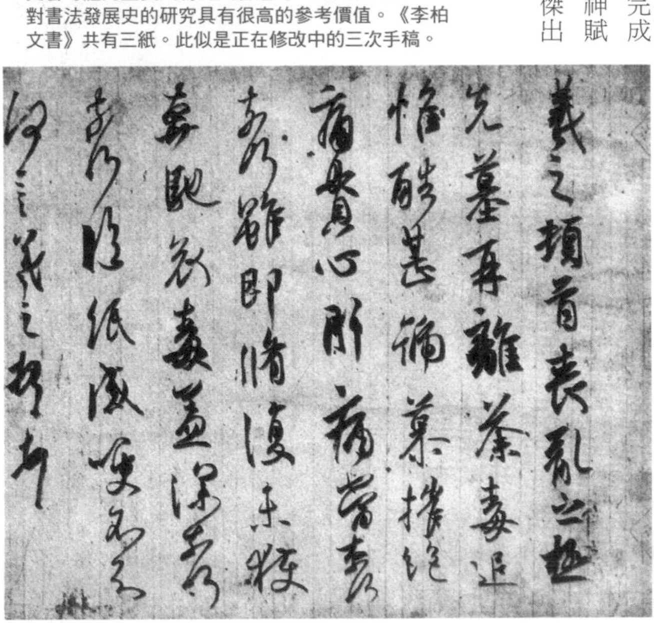

⊙（東晉）王羲之《喪亂帖》

書法家衛夫人

衛夫人（西元二七二至三四九年），名鑠，字茂漪，河東安邑（今山西夏縣北）人，書法名家衛伯玉族孫女，東晉初汝陽太守李矩妻。

衛夫人拜鍾繇為師學習書法，並受到祖輩的影響，擅長楷、行、篆、隸書，楷體造詣尤高。王羲之少時曾從她習書法。相傳她著有《筆陣圖》（或以為王羲之撰，或以為六朝人偽論）一書，闡述執筆、用筆方法。她形象地比喻七種筆劃的寫法為：橫（一）應像「千里陣雲」；點（、）應像「高峰墜石」；撇（丿）應像「陸斷犀象」；彎勾（乚）應像「百鈞弩發」；豎（丨）應像「萬歲枯藤」；捺（㇏）應像「奔浪雷奔」；折勾（𠃌）應像「勁努筋節」。衛夫人認為寫字時，下筆點墨，畫芟波屈曲，都須盡一身之力運筆送筆。她說，善筆力者多骨，不善筆力者多肉。多骨少肉者叫筋書，多肉少骨者叫墨豬。多力豐筋者聖，無力無筋者病。

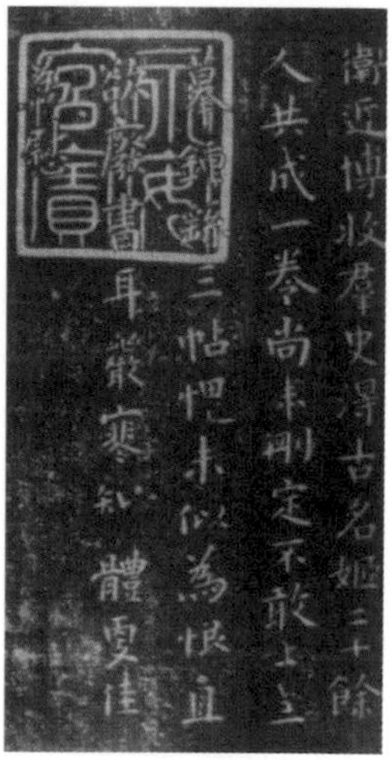
⊙衛夫人書跡摹本

唐代張懷瓘《書斷》中將她的隸書列為妙品，並評述其書法為婉然芳樹，穆若清風。她的書法真跡早已失傳，僅北宋《淳化閣帖》中存有行楷八行九十六字。

《華陽國志》首創中國地方誌

《華陽國志》又名《華陽國記》，常璩撰於東晉穆帝永和四年（西元三四八年）至永和十年之間，它記述巴蜀地區歷史、地理、人物的著作，是中國第一部地方誌。

常璩，字道將，生卒年不詳，蜀郡江原（今四川崇慶東南）人，成漢李勢時官任散騎常侍，掌管著作；桓溫滅李氏後，任參軍，隨至建康。常璩著《華陽國志》，一是為桑梓情濃，二是為政治說教。他說史書「歷代轉久，郡縣分建，地名改易，於以居然辨物知方，猶未詳備」，又「李氏據蜀，兵連戰結，三州傾墜，生民殲盡」、「桑梓之域，

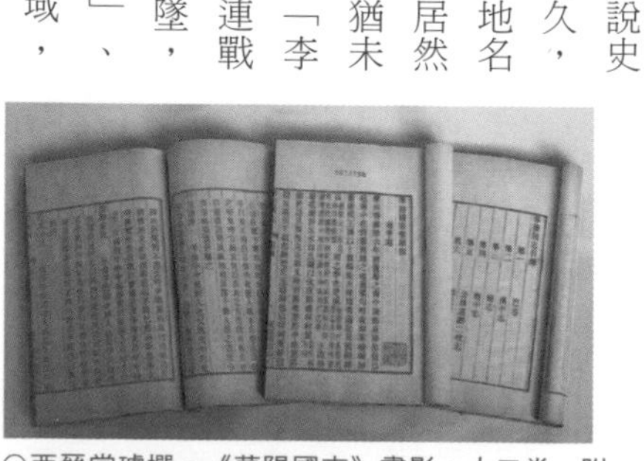
⊙西晉常璩撰。《華陽國志》書影。十二卷，附錄一卷，包括巴、漢中、蜀、南中等十二志，記載遠古到東晉永和三年間巴蜀史事。

曠為長野」，擔心鄉梓歷史被湮沒，而且撰書可「防狂狡，杜奸萌，以崇《春秋》貶絕之道也；而顯賢能，著治亂，亦以為獎勸也」。

《華陽國志》記述起於遠古，迄於東晉穆帝永和三年，凡十二卷。一至四卷為《巴志》、《漢中志》、《蜀志》、《南中志》，記梁、益、寧三州的歷史概況，以地理建置，自然狀況為中心，詳述各州的山川、交通、風土、物產、民俗、族姓、吏治、文化以及同秦漢、三國、兩晉歷代皇朝的關係。每卷有總敘，下有卅三郡分敘。五至九卷是《公孫述劉二牧志》，記公孫述、劉焉、劉璋事；《劉先主志》、《劉後主志》記劉備、劉禪事；《大同志》記三州西晉的史事，起於魏之破蜀，迄於晉湣帝建興元年（西元三一三年）三州大部被李雄占據；《李特雄期壽勢志》記李氏起事至滅亡。這五卷是三州自東漢末至東晉初的編年史。十至十一卷是《先賢士女總贊》（上、中、下）和《後賢志》，前者記蜀郡、巴郡、廣漢、犍為、漢中、梓潼士女三百餘人；後者記兩晉三州人物二十人。卷十二為《序志並士女目錄》，收錄四〇一人，其中三分之二不見於卷十和卷十一；《序志》闡明撰述旨趣、所據文獻及各卷目錄提要。

《華陽國志》在編撰上自成體系，它把三州的歷史面貌、政治變遷、不同時期的人物傳記，由遠而近、由廣而微編纂成一書，集中記述了東晉初年以前梁、益、寧三州的歷史，是本時期地方史的傑作。它體例上受《史記》、《漢書》影響最大，資料則一是參考皇朝正史，二是參閱地方史志，三是本人考察搜集的素材。

《華陽國志》一至四卷對西南三十多個少數民族或部落的名稱及分佈的記述，特別是一些部族的歷史、傳說、風俗及與漢族皇朝關係的記載，為研究民族的起源、遷徙歷史等，提供了非常有價值的線索和根據。

《華陽國志》編纂內容詳盡審慎，體例疏密有致，它的史學成就使其在歷經一千六百多年後仍獨放異彩，成為今人瞭解古代西南地區文明發展的重要史料，隋唐以後的史家修史，更以它為重要參據史書。

⊙東晉玄武畫像磚。江蘇省鎮江市郊農牧場出土。玄武為「四靈」（朱雀、玄武、青龍、白虎）之一。「四靈」之神在漢代極為崇拜，為漢壁畫中常見題材。而此墓出土有「四靈」畫像磚多件，僅「玄武」就出土有六方，這表明「以四靈正四方」的傳統宗教觀念，時至東晉末年仍很流行。此磚一幅一像，形象集中突出，以單色塗成，古樸生動。在玄武旁有隸書兩行。

東晉與拜占廷建交

西元三四七年，東晉王朝占領巴蜀以後，透過張氏前涼政權，正式與拜占廷建交。

早在西漢時期，中國就同古羅馬帝國有往來。他們稱中國為賽里斯國，意思是「絲國」。

隨著絲綢之路的開闢與日趨繁盛，中國與羅馬的貿易關係越來越密切。三世紀初，三國曹魏增闢了與羅馬交往的新北道，由玉門關轉向西北，通過橫坑（今庫魯克山），經五船以東轉西進入車師前部（哈拉和卓），然後，轉入天山北麓，穿越烏孫、康居、奄蔡，便可渡黑海或越高加索山脈和羅馬帝國相通，最後到達帝國的新都拜占廷。

拜占廷是羅馬皇帝君士坦丁（西元三〇六至三三七年）執政期間建成的新都，拜占廷人通常以拂菻（首都）自稱。西元三一三年，前涼張軌執政時，經西胡轉手，得到拂菻製作的拜占廷金胡瓶兩件，式樣奇特，高與人齊。這是拂菻的名字首次在中國出現。晉穆帝（西元三四五至三六一年）時，拜占廷使者來到長江流域晉王朝統治地區。西元三六三年，晉哀帝司馬丕也向拜占廷派出使者，並透過河西漢族政權，使雙方在絲綢貿易上達成協議，保證了通往拜占廷的絲綢之路的暢通。

東晉與拜占廷的正式來往，不僅使絲綢的供求交易更加便利，而且輸送交流了其他的文明，影響各自歷史的進程。

但是，西元三七〇年涼州張氏和吐谷渾被迫服從前秦，通往河西的路被阻塞，東晉與拜占廷的來往暫時受到隔絕。

五世紀，拜占廷設法透過和波斯敵對的嚈噠，與中國北魏政權重新取得聯繫，並建立了定期貿易關係。西元四五〇年，來自地中海東岸安提阿克的頻盾使者沿裏海、錫爾河和于闐一道，順利地到達北魏，向太武帝拓跋燾進獻了

⊙新疆吐魯番出土晉代織成履

⊙東晉鎏金菩薩立像

獅子，受到熱烈地歡迎。在這一次羅馬商隊的成功鼓舞下，西年四五六年時，普嵐國（普嵐〔From〕是波斯人對拜占廷人的稱呼，經中亞突厥語系民族的傳譯，把〔F〕音變成〔p〕音，成了**Purum**，漢譯成普嵐）和嚈噠一起遣使到平城會見文成帝；西元四六五年普嵐國又獻寶劍，西元四六七年普嵐和粟特、于闐等國一起遣使臣與北魏通好，使中西的交往逐步頻繁起來。

在陸路溝通的同時，南方的海路也為北魏和拜占廷之間經濟文化的交流提供了途徑。為擺脫薩珊波斯的困擾，取得與葉門的希爾雅爾人和印度人的通好，最後經海路到達黃河中游的蠶絲生產基地，獲得中國的絲貨，拜占廷皇帝查士丁尼一世（西元五一八至五二七年）付出了極大的努力。他費盡心機恢復地中海沿岸的帝國舊疆，透過基督教會獲得阿克森姆的支持，以求左右葉門信奉猶太教的希米雅爾人。西元五三一年拜占廷特派使者在阿克森姆的陪同下，要求希米雅爾人疏通對印度的貿易，轉運中國絲綢。不料波斯出來橫加阻撓，導致了阿克森姆和希米雅爾人劍拔弩張的戰爭，而阿克森姆也因此於西元五七五年被希米雅爾埃米爾祖亞茲逐出葉門。拜占廷透過葉門希米雅爾人通往中國的海路最終沒有打通，不得不另謀出路。

當時從北周、北齊政權年年獲取無數昂貴絲綢，並在對西方的貿易中大發橫財的西突厥人，遭到波斯人對中國絲絹的抵制，正急於尋求銷路。拜占廷馬上與西突厥人聯絡，從他們手中購求中國的絲綢。

終於，拜占廷在六世紀中晚期學得了養蠶繅絲技術，使西突厥使者大感驚訝，但中國精美絕倫的絲綢還是源源不斷地輾轉來到羅馬。

東晉

王羲之書法冠古今

東晉王羲之潛心書法，博採眾長，一變漢、魏樸質書風，創妍美流便之體，遂臻神妙，成為一代書聖，冠絕古今。

王羲之（西元三〇三至三六一年），字逸少，琅琊臨沂（今山東）人，乃名門之後，祖王正為尚書郎，父王曠乃淮南太守。王氏起家秘書郎，為征西將軍庾亮參軍，累遷長史，進而為寧遠將軍、江州刺史，至右軍將軍、會稽內史，所以後人都叫他王右軍。後辭官，定居會稽山陰（今紹興）。

王右軍年輕時跟隨衛夫人學習書法。

⊙王羲之像

文化小事典

《蘭亭集序》

相傳王羲之七歲學書法，十二歲開始通讀前人筆論。他的主要貢獻也集中表現在書法的成就上，與其子獻之並稱「二王」。他先拜衛夫人為師學習書法，後博採眾長，書精諸體，尤其擅長楷書和行草書，風格妍美流便，一改漢魏以來質樸書風，把書法推向全新的境界，被譽為「書聖」。他的傳世代表作有《蘭亭集序》、《十七帖》、《姨母帖》、《奉橘》、《喪亂》、《初月》等，其中《蘭亭集序》對後世的影響最大，被稱為天下第一行書。

晉穆帝永和九年（西元三五三年）三月三日，王羲之與當時的文士名流謝安、孫綽等四十一人會集在會稽山陰縣境內的蘭亭，飲酒賦詩，各抒懷抱，事後集結成冊，編定為《蘭亭集詩》，由王羲之撰寫《蘭亭集序》。

《蘭亭集序》首先記敘了這次燕集的盛況，指出參加聚會的都是才德兼備的人士，再以生動的筆調來描寫蘭亭的景色，「雖無絲竹管弦之盛，一觴一詠，亦足以暢敘幽情」，描寫文人們在曠達的環境中暢敘，筆調清新，情景交融。其次即文抒情，感嘆人生的聚散無常、年壽有限，帶有消極情緒。「欣於所遇，暫得於己」時就「怏然自足，曾不知老之將至」；「所之既倦，情隨事遷」的時候又「感慨系之矣」。情緒消沉，反映了當時士人對現狀無奈和及時行樂的思想，也表現了王羲之在封建社會裡的各種衝突之中的複雜感情。最後說明寫這篇序的原因；「臨文嗟悼，不能喻之於懷」。作者認為「一死生為虛誕，齊彭殤為妄作」，魏晉以來，文壇上流行玄學，而王羲之不贊同莊子虛無主義的觀點，能較客觀地認識生死壽夭這個問題，這種思想在當時是有積極意義的。

《蘭亭集序》是一篇為人傳誦的優美散文。文筆清新疏朗，情韻綿邈，不帶魏晉以來的排偶習氣，當時清談玄理風氣興盛，深文周納，淡言寡味，而這篇序感情真摯，自然樸素，給人質樸清新之感。

⊙蘭亭

後又遍遊名山大川，遍學李斯、曹喜、鍾繇、梁鵠等人書法，不斷吸收前人的營養，提高藝術水準。王氏草書學張芝，楷書學鍾繇，精研體勢，損增古法，遂自成一家。《書斷》列其隸、行、章草、飛白、草書為神品，八分書入妙品，可見地位之高。他的草書損益合宜，風骨精熟；隸書骨肉相稱，婉態妍華；行書天姿神縱，無以寄辭。王氏備精諸體，千變萬化，得之神功，被譽為「冥通全聖」。古代書法家被稱為「書聖」的有好幾位，最後只有王羲之的書聖桂冠一直保持不墜。

王氏傳世作品甚多，但流傳至今，多為後人托偽之作，而傳為墨跡的，寥若晨星。其中影響較大的有：《蘭亭序》，傳本甚多，以「神龍本」為最精。永和九年三月三日寫於山陰蘭亭，是其草書代表作，筆法遒媚勁健，極為美觀，其筆勢「飄若浮雲，矯如驚龍」。藻麗多姿，開一代風氣之先河。

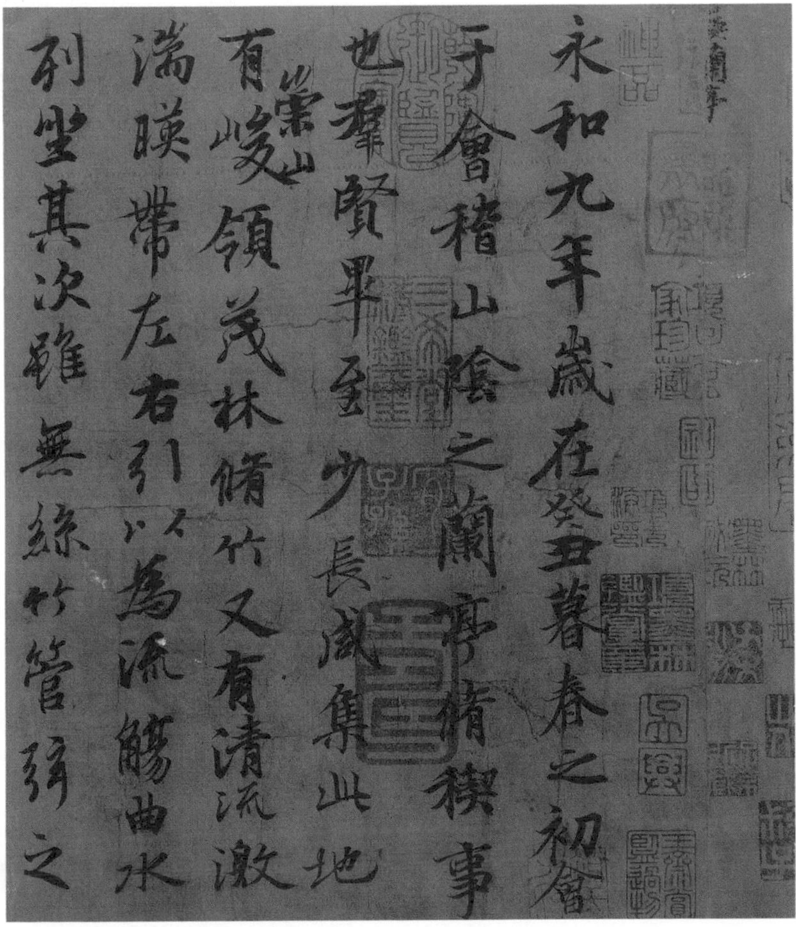

⊙蘭亭序帖卷（局部）。東晉王羲之書，紙本，行書。王羲之的真跡，相傳已葬入唐太宗李世民昭陵，但唐代多有摹本，尤以馮承素「神龍本」（因帖上有神龍半印得名）最精。

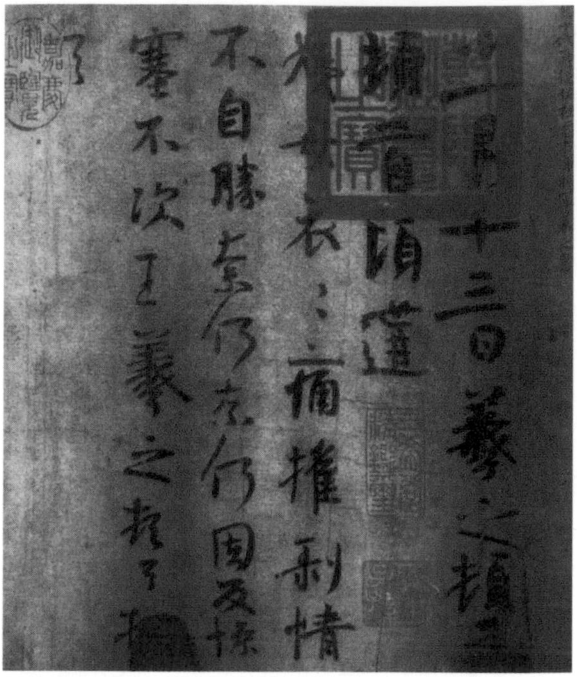
⊙王羲之《姨母帖》

《快雪時晴帖》，唐鉤填本，現為台北故宮博物院收藏。《宣和書譜》中有著錄，後人多認為是真跡，其筆法圓勁古雅，意致優閒逸俗。但是，該帖筆法便轉，流露出唐人氣味，紙精帶竹紋，字墨纖毫無損。

王氏對隸、楷、行、草各體書法都很精工。他的《樂毅論》是繼鍾繇《宣示表》、陸機《平復帖》之後，又一楷書精品，使楷書至此最終獨立為新書體。智永稱《樂毅論》為「正書第一」，梁世模出」。其中用筆結構與《宣示表》有明顯的差別，已脫盡隸體的古拙，楷味歷歷可見，對後世楷書的發展影響至深。在行書方面，王氏創意更深。《蘭亭集序》是目前所見最早、最典型的行書作品，雄逸流動、變化多姿，在行書產生發展的歷史上具有劃時代的意義。他的另一行書名品《快雪時晴帖》與王珣《伯遠帖》、王獻之《中秋帖》並為稀世珍寶，乾隆時藏於養心殿西暖閣「三希堂」。

王氏行草以《十七帖》和《萬歲通天帖》中的《初月帖》最為卓著。前者筆方離方遁圓，結字從容衍裕，氣度恢宏。後者章法奇巧，筆勢凝重，任率自然，「有不可盡之妍」的美譽。被歷代書法家奉為楷模的《上虞帖》（又名《得書帖》），是王氏在草書方面的力作。全帖筆勢靈動，結字布白，千變萬化，自成一種風氣。

王羲之的書法作品很多，梁武帝曾搜集他與子獻之的書一萬五千紙以上。唐太宗遍訪王書，得羲之書三千六百紙，到宋時徽宗尚保存二百四十三紙。但他的書法真跡無一留存，僅能從唐代和尚懷仁集的《聖教序》和大雅集的《興福寺半截碑》等摹本刻帖中瞭解基本面貌。

這位「書聖」的書法藝術承漢魏之脈，開晉後書風，樹立了楷、行、草的典範，後世莫不宗法。

文化小事典

王珣《伯遠帖》

王珣的書法筆致清秀，瀟灑古澹，傳世墨蹟有《伯遠帖》，此帖紙本行書，縱廿五點一公分，寬十七點二公分。書法特色、時代風格尤為突出，它凝結了王珣一生對書法藝術追求的主要成就。

王珣（西元三五〇至四〇一年），東晉書法家，王導之孫，王羲之從侄。王氏三世以能書見稱於世，家學淵源，以詞瀚為當時宗師。王珣不但文詞書法稱絕，而且品德高尚。

《伯遠帖》是王珣的一封書函，該帖用筆削勁挺拔，鋒稜畢現，結構疏而寬，個別處相當嚴密。後人「寬可跑馬，密不通風」之說，於此可找到具體例證。書勢微向左傾斜，為的是取得險峻端莊的藝術效果，是他獨具的特色。豎劃順筆下垂，無往不收；轉折處信筆出之，有方有圓。結構在扁長之間，個別字如「勝、實、獲、群」等，在王羲之父子帖中可以找到他們的共同之點。

原帖曾刻入《淳化閣帖》，後代累有翻刻，《三希堂帖》憑原作鉤勒上石，僅得原作形式，至於運筆之轉折頓挫，墨色之深淺靈活，再精的刻本都無法反映出來。

王珣《伯遠帖》今僅存一卷海內孤本，被列入「三希」之一，竟成為「三希」中唯一的晉人真跡。

王猛入秦佐政

前秦永興元年（西元三五七年）五月，王猛歸附秦東海王苻堅，甘露元年（西元三五九年）十二月，秦王苻堅啟用王猛為相，勤修政事，使秦國大治，為秦統一北方奠定了基礎。

王猛（西元三二五至三七五年），字景略，北海劇縣（今山東昌樂西）人，家於魏郡（今河南安陽）。他出身貧寒，博學多才，喜讀兵書，善於謀略和用兵。前秦苻生即位後，為政暴虐殘酷，濫殺無辜，前秦大臣紛紛要求易主，希望苻堅取而代之。永興元年五月，薛贊、權翼等與苻堅密謀，尚書呂婆樓又向苻堅推薦王猛。王猛與苻堅二人一見如故，討論廢興大事，異常契合。元年六月，苻堅等發動政變，殺苻生，自稱大秦天王，改元永興，起用王猛、權翼、薛贊等輔助朝政。

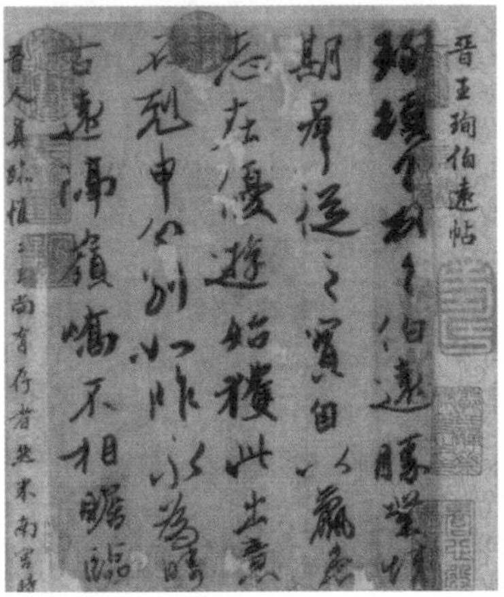

⊙王珣《伯遠帖》

苻堅任用王猛輔政，遭到以氐人豪族樊世為首的宗親勳舊的不滿和忌恨。永興二年九月，朝臣聚會議事，樊世與王猛在苻堅面前爭論，樊世想殺王猛，苻堅大怒，下令處斬樊世，王猛因此聲勢大振。王猛為政嚴而不苛，對權貴豪強亂法則懲處嚴厲。甘露元年八月，王猛被任命為侍中、中書令，兼領京兆尹。當時皇太后之弟強德屢次犯法，又酗酒橫行，掠人財

⊙王猛像

⊙南京出土晉代持盾武士俑

⊙晉范肇六面印

貨與子女，深為長安百姓所患。王猛甫受任即將強德斬於市，隨後又誅殺貴戚豪強二十餘人，百僚震肅，奸猾斂跡。苻堅感嘆說：「吾始今知天下之有法也！」於是更加信任王猛。苻堅先後任命王猛為吏部尚書、太子詹事、左僕射、輔國將軍、司隸校尉等。此時王猛年卅六歲，一年之中五次擢升，權傾內外。

王猛任職十八年，綜合儒法，選拔廉明，講求實效，政績斐然。除政治上採取一系列整治措施外，他還選賢任能，法簡政寬，使百姓安居樂業。在經濟上，他勸課農桑，開放山澤，鼓勵發展農業生產，以致田疇開闢，倉庫充實。在文化上，他廣興學校，促進氐、羌的漢化，有利於民族融合。他執政期間，「關隴清晏，百姓豐樂」，前秦呈現出小康景象。

傳國璽輾轉還晉

傳國璽，據稱傳自秦朝。璽上有蟠螭文隱起書，共八字：「昊天之命，皇帝壽昌。」建興四年（西元三一六年）十一月，劉聰滅西晉，得傳國璽。太興元年（西元三一八年）十一月，劉曜稱帝，聰故將王騰、馬忠送傳國璽於劉曜。以後中原戰亂，璽自洛陽宮禁落入石勒、石虎之手，虎在璽上刻「天命石氏」四字。石虎卒，冉閔自鄴城得之。燕軍攻鄴，冉閔大將蔣幹遣使求救於謝尚。謝尚命戴施率百餘壯士入鄴助守。蔣幹遂將璽送戴施。戴施遣何融攜璽送於枋頭。本月，謝尚自枋頭迎傳國璽至建康，百僚慶賀。自司馬睿起，因無傳國璽，中原諸國譏東晉諸帝為「白版天子」。至此，傳國璽復歸於晉。

⊙北涼樂伎與百戲壁畫

「天竺樂」傳入中國

永和九年（西元三五三年），「天竺樂」傳入河西走廊。（前）涼張重華時期有男伎貢至建康，其語言迭經四譯。男伎所奏樂為「天竺樂」，其樂歌曲有「沙石疆」，舞曲有「天曲」。樂器有鳳首箜篌、琵琶、五弦、笛、銅鼓、毛員鼓、都曇鼓、銅拔、貝等九種，共為一部。樂工十二人。「扶南樂」本與「天竺樂」分屬二部，因為都是佛教音樂系統，後至隋朝，把「扶南樂」合併於「天竺樂」中。

敦煌石窟工程開始

東晉永和九年（西元三五三年），敦煌石窟中的莫高窟工程開始營造。

敦煌石窟由莫高窟、西千佛洞、榆林窟和水峽口小千佛洞四窟組成，規模巨大。其中莫高窟最為著名，工程亦最大，藝術成就最高，其他幾處均為其分支。莫高窟又名千佛洞，位於甘肅敦煌東南廿五公里處，在大沙山與三危山之間的大泉溝西岸玉門礫岩綿延三里多長的崖壁上。東晉開鑿後，經北魏、西魏、隋、唐、五代、宋、元歷代增修，現存洞窟五五〇餘座。

莫高窟由上至下，分層開鑿，最多可達四層。因所在崖壁石質鬆脆，不宜雕刻，所以石窟內的藝術精品多為大型壁畫和塑像。現在洞窟中四六九窟存有精美、細緻的壁畫和塑像，保存了歷

⊙北魏時期敦煌二五九窟內景

⊙敦煌洞窟一角。窟北壁有西魏大統四年（西元五三八年）的墨書題記，是莫高窟早期唯一有確鑿紀年的洞窟，對於進一步探討莫高窟藝術有重大意義。

⊙敦煌壁畫：九色鹿本生局部，國王與九色鹿

⊙敦煌莫高窟，俗稱千佛洞，位於甘肅敦煌縣城東南二十五公里處。洞窟上下五層，高低錯落，鱗次櫛比，南北長一千六百多公尺。

代塑像兩千數百身、壁畫五萬多平方公尺。壁畫上畫著關於佛教的神話故事，內容豐富多彩，形象逼真，生動活潑，栩栩如生。尤其在細微處見功夫，衣褶、紋飾、肌肉、表情等恰到好處，體現了極高的藝術水準。

西千佛洞在莫高窟以西，坐落於敦煌城西南南湖店附近黨河北岸，在玉門礫岩陡崖上開鑿而成。石窟多已毀壞，僅存十九窟，長約二華里，存有北魏、隋、唐、五代、西夏及宋代的壁畫和佛像；榆林窟又名萬佛峽，窟址在安西城南五十公里的踏實河（榆林河）兩岸，在玉門礫岩陡崖上開鑿而成。東西兩崖均分上、下兩層，現存四十窟，其中廿九窟有壁畫，應為初唐、西夏及宋代所建，是僅次於莫高窟的河西佛教藝術勝地；水峽口小千佛洞又名下洞，在榆林窟以北，僅存六窟，為魏、隋二代所建，其壁畫則為宋代作品。

敦煌石窟是中國三大石窟藝術中心之一，也是世界聞名的石窟藝術中心，是中國古代人民智慧的結晶，具有極高的藝術價值。同時，亦為研究中國古代的宗教、藝術、歷史、文化、社會提供了極其寶貴的資料。

東晉名僧支遁

支遁（西元三一四至三六六年），字道林，俗姓關，以字行，世稱「支公」或「林公」。陳留（今河南開封東）人（一說雲河東林慮「今河南林縣」人）。永嘉中，隨家人流寓江南，廿五歲出家為僧，先後建立支山寺和棲光寺，與當時謝安、王羲之等交遊往來，善談玄理。

在佛教內典中，支遁對《般若經》頗有研究。他在出家前即研讀《般若》，後又經常辯論、論誦《般若》。般若學分化為若干學派，即所謂「六家七宗」，支遁為其中即色宗的代表人物。他認為「色即是空」，為般若學六大家之一。其理論之成熟，超過了其他各學派。支遁般若義的代表作是《即色游玄論》，又著有《釋即色本無義》、《道行指歸》等。支遁也曾留意於禪學，撰有《安般經注》及《本色四禪序》。他主張頓悟，認為頓悟生於第七地，七地以上尚需進修，因而被稱為「小頓悟」。

當時正值玄學和佛教並盛之世，有僧侶崇尚清談。支遁即是這種風尚的代表人物，時人將他與王弼相媲美。他於清談中雜揉老釋，對《莊子．逍遙遊》尤能獨抒己見，認為佛釋嚮往的涅寂滅之心境，便是逍遙境界。這種心境即所謂「至人之心」，非一般俗人所能有。因為他的見解揭示的境界契合於玄學，並且高於玄學，因此頗獲當時名士讚賞。

支遁還喜養馬養鶴，擅寫草書隸書，能吟詩，儼然名士風範。

桓溫第三次北伐

東晉太和四年（西元三六九年）四月，大司馬桓溫出師伐燕，是為第三次北伐。

繼東晉永和十年（西元三五四年）和十二年兩次北伐取得勝利後，為討伐前燕對晉的不斷侵擾，太和四年三月，桓溫再度上書朝廷，請求第三次北伐，朝廷批准了這一建議。四月，桓溫等率領五萬步騎從姑孰（今安徽當塗縣），出師北伐。六月，桓溫到達金鄉（今山東金鄉），當時正值天氣乾旱，河流乾涸，水路不通。桓溫命冠軍將軍毛虎生開鑿鉅野澤（今山東巨野北），將汶水（今名大汶河，在山東泰安境）引入清水（今名大清河，在山東東平境）。竣工後，桓溫率領水軍自清水進入黃河舳艫數百里，同時，桓溫又派建威將軍檀玄從陸路進攻前燕。檀玄在湖陸（今山東魚台東南）生擒燕寧東將軍慕容忠，在黃墟（今河南杞縣東南）大敗燕下邳王慕容厲率領的兩萬步騎，其前鋒鄧遐、朱序又在林渚（今河南鄭州市東北）擊敗燕將傅顏。七月，桓溫到達枋頭（今河南浚縣西南）。前燕一面派人向前秦求援，一面派吳王慕容垂率范陽王慕容德領兵五萬人迎戰桓溫。九月，范陽王慕容德率騎兵一萬、蘭台御史劉當率騎兵五千屯駐石門（今山東平陽），豫州刺史李率州兵五千切斷了桓溫的糧道。慕容德派將軍慕容宙領騎兵一千為前鋒，誘敵深入，然後圍擊晉軍，晉軍大敗。自此之後，晉軍便屢戰屢敗，而且糧食枯竭，又傳聞前秦援兵將至，於是軍心動搖。桓溫被迫焚燒戰船，丟棄輜重和鎧甲撤退。晉軍從東燕（今河南延津縣東北）經倉垣（今河南開封市東北）退至襄邑（今河南睢縣西）。慕容德跟蹤追擊，率勁騎四千埋伏在襄邑縣的東澗附近，與同時抵達的慕容垂軍呼應，夾擊晉軍。這次戰役使晉軍損失了三萬人，與此同時，前來增援的前秦軍隊也乘機從譙縣（今安徽亳縣）向晉軍發起進攻，晉軍又死傷一萬多人。桓溫率殘兵敗將退回，這次北伐以失敗告終。

⊙敦煌晉寫本《摩訶般若波羅蜜經》

⊙東晉鎏金木芯馬鐙

實用的急救方書——《肘後方》

晉代葛洪（西元二八四至三六四年）編著《肘後救卒方》。《肘後救卒方》又名《肘後備急方》，簡稱《肘後方》，取其書精選可掛於肘臂之間而名，是一部實用的急救方書。

葛洪，字稚川，號抱朴子，丹陽句容（今江蘇句容）人，人稱葛仙翁，是東晉醫學家、哲學家和煉丹化學家。葛洪喜好養生之術，著有《抱朴子內篇》，專論長生術和神仙思想，在醫藥化學方面也多有貢獻。為學道，他兼修醫術，研讀了當時各名家近千卷醫方書，廣泛收集民間驗方驗法，撰寫了一百卷的《玉函方》（又名《金匱要方》）。但葛洪深感前人方書對各種急症論述不足，編纂又缺乏條理，臨床時不便檢用；且用藥大多名貴，針灸方法也非精通經脈俞穴的醫生不能用；加之《玉函方》雖完備但篇幅又嫌繁浩，不便流傳及救急之用，故將《玉函方》精選，編成《肘後方》三卷。

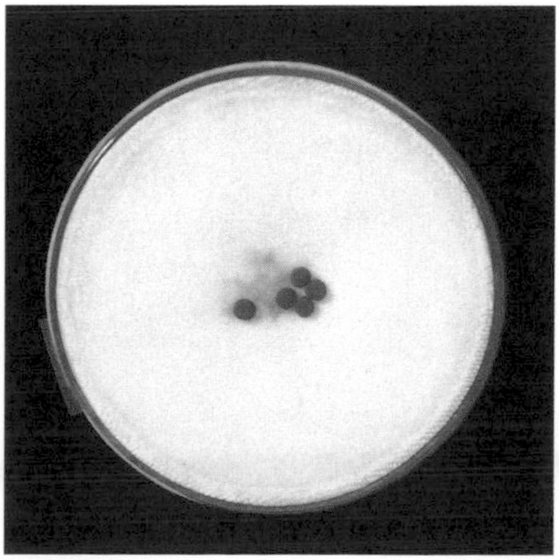

⊙晉代丹丸

《肘後方》內容包括發病急驟的傳染病、寄生蟲病及內科、外科、婦科、兒科、五官科急症，還涉及食物藥物中毒、蟲獸所傷等。在傳染病方面，對天花、瘧疾、痢疾、狂犬病、結核病、恙蟲病都有記述並附之驗方。它對天花臨床特徵和流傳過程的記述，是中國現存有關天花的最早記載；對恙蟲（沙虱）病成因的分析，又令人嘆服早在四世紀，中國人對病原媒介物已如此瞭解；對狂犬病的防治，又促使中醫免疫學的萌芽；對瘧疾的用藥，青蒿絞汁的應用，是現代青蒿素治瘧疾的先聲；對水腫病症的發展及治療，首次採用汞劑利尿，又用腹腔穿刺放腹水，這是繼《內經》後的又一詳盡記載。在瘡傷和化膿性感染等外科方面，它認為瘡瘍痛腫是由「毒氣」所致，並提出了洗瘡術，用熱水、鹽湯、酒、醋等清洗，加之不同的引流方法治療創傷和膿腫。在外科手術方面，記錄了腸吻合術和四肢骨折及軟組織挫傷使用的竹片夾裹固定法，另還有下頜關節脫位整復術。另還有一些急症的狀理方法，如搶救自縊者、治誤吞釵者、治小腹滿不得小便、藥物灌腸通大便等。

《肘後方》原書八十六篇，後經南朝名醫陶弘景刪節，合為七十九篇，又增補廿二篇，定為《肘後方百一方》；金代（西元一一四四年）楊用道又作增補，成今本之《肘後備急方》。

《肘後方》反映了中國三至四世紀前臨床醫學的成就，其方法的簡單易行，藥物的價廉易得，對普羅大眾的衛生保健發揮了重要作用；同時，它還促進了醫藥知識在民間的傳播，對後世中醫產生了極大的影響，在醫學史上占有重要地位。許多治療方法至今仍被採用。明清時出現的走方醫、鈴醫，也當是受葛洪醫學思想的影響。

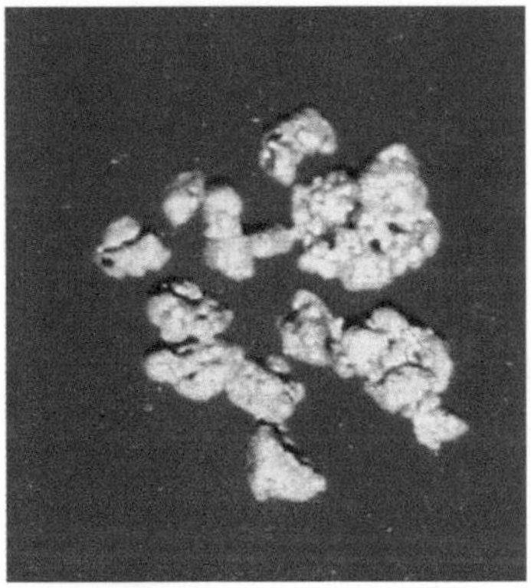

⊙按中國煉丹術著作中的方法重新煉製的結石膽砂子「金」——銅汞齊。

東晉

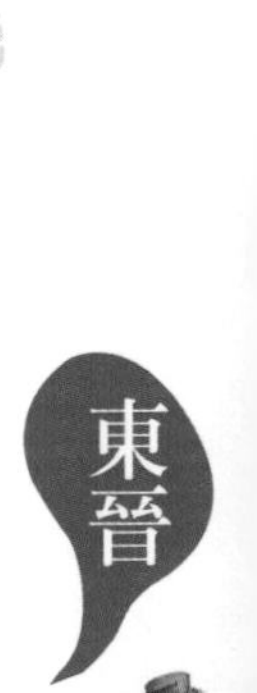

塢壁莊園廣泛出現

從曹魏末年到西晉，土地兼併現象日益嚴重；大地方莊園越來越多，越來越大。到了十六國大亂的混戰年代裡，中原士族及百姓紛紛南遷，留在北方的世族豪強地主為了抵禦胡族鐵騎的侵犯，往往聚族合宗而居，築成很多塢壁，割據方里。族中地位最高、能力最強的人被推舉為宗主，統領整個宗族。這些廣泛出現的北方塢壁莊園，控制的田莊非一般地主莊園可比擬。在莊園中聚居的人多則四、五千家，少則上千家，多是受蔭庇的部曲、佃客，他們的前身則是東漢時一批脫離自己土地而依附於大地主的賓客，後來由於人身依附關係的加強，逐漸淪落為半農奴。

塢壁莊園是一種融政治、軍事、經濟力量於一身的強大實體。莊園內有自己的軍事武裝，以保護自己的田莊。武裝起來的佃客就是部曲，他們接受一定的軍事訓練，戰時參戰，戰爭一結束，部曲就和其他的佃客一起從事生產。莊園主往往帶領自己的部曲投奔某一政治力量，以參與政事，由於北方塢壁莊園有如此雄厚的政治和軍事力量，因此能在動盪的政局中站穩腳跟，為各代政權所依靠和利用。

塢壁莊園是典型的封建性質、自給自足的自然經濟，莊園幾乎能供應自己所需的一切生活必需品。有田莊植桑麻，種莊稼以供衣食，還有生產水果、蔬菜的果園、菜園，有養殖牛羊雞鴨的畜牧場，甚至木材、器械、燃料、脂燭等均能生產。除了食鹽以外，塢壁莊園可以生產幾乎全部日用必需品。

漢族豪強地主所控制的北方塢壁莊園，是從西晉末年一直到北魏的一段時期內，封建政權失去控制，鄉村基層組織陷於崩潰的狀態下，迅速發展、廣泛

⊙十六國時期莊園生活壁畫，描繪了東晉十六國時期吐魯番地區地主莊園的生活場景。

出現的集軍事、政治、經濟三位於一體的社會基層政權。這些塢壁莊園基本是獨立的，在它出現和發展時具有一定積極的歷史意義，它使自己勢力範圍內的人民生活和農業生產免遭戰爭的破壞，鞏固了世族的經濟地位，也就穩定了他們的政治地位，從而保護了整個封建經濟和封建秩序，使當時的北方政局在一定程度上得到穩定。同時，在當時的民族大融合中發揮了漢族文明重要的母體作用。

在社會秩序逐漸安定的情況下，塢壁莊園的出現並無限制的發展，使得國家經濟利益與塢壁莊園經濟利益之間，塢壁莊園內部莊園主與部曲、佃客之間的衝突開始產生，並逐漸擴大。國家須考慮增加編戶齊民的數量，欲從塢壁莊園內挖掘勞力，提高國家收入，並希望以此來緩和階級衝突，於是北魏時期就提出並實施了均田制，自此北方塢壁莊園經濟開始受到抑制。

⊙十六國時期採桑與塢壁壁畫。此幅採桑與塢壁是北壁壁畫第四層的一部分，位於兩馬槽食的左側。下部繪桑樹，樹間立五採桑女，均身著袿衣，繫裙，手提籃，採桑姿態各異。塢旁有雞架、雞窩，雞群或立或臥，神態逼真，富有田園生活氣息。

道安下襄陽弘法譯經

興寧三年（西元三六五年）三月，燕軍攻克洛陽。道安為避戰亂，帶領僧團弟子慧遠等四百餘人，自陸渾山（河南嵩縣東北）南投東晉治下的襄陽。此後到太元四年（西元三七九年）被前秦軍擄送長安，在襄陽居住近十五年，是道安弘法、著述的重要時期。

道安俗姓衛，永嘉六年（西元三一二年）生於常山（今在今河北正定南）扶柳，十二歲出家為僧。後遊學至鄴，拜佛圖澄為師受業。興寧三年率弟子四百餘人到襄陽，先居白馬寺，後建檀溪寺，論經說法，齊講不倦，四方學士競來拜師問學。名儒習鑿齒、名士郗超，均與道安往還。司馬曜（晉孝武帝）崇仰道安風韻，特詔官府，供他以王公俸給待遇。為適應朝野崇玄之風，道安弘法，著意講《般若經》，每年講兩遍，十五年皆然。又博覽經典，參互比照，解難析疑，注《般若》、《道行》諸經。道安撰成《綜理眾經目錄》一卷，後人稱之《道安錄》或《安錄》。此書是第一部佛經目錄學的著作。道安又創始戒規，為僧尼設立軌制，亦道安開其先河。

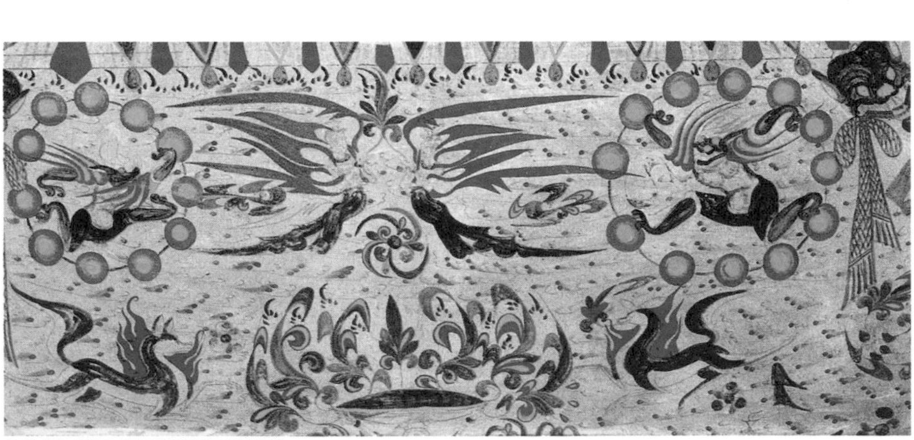

⊙敦煌石窟二八五窟窟頂西坡壁畫

江南大地主莊園經濟形成

三國兩晉南北朝時期，江南大地主莊園經濟逐步形成，並在社會生活中占據了越來越重要的地位。

大地主莊園經濟是同這一時期士族政治緊密相聯的。三國時期，孫吳政權依靠拉攏江南大世族，這些大世族是孫吳政權的擁戴者和協助者，並逐漸成為孫吳政權的支柱。江東大世族本來就有大量的田地，並擁眾多的部曲（私兵、家兵），而且在協助孫吳割據過程中又增加了部曲的數量。皖北世族渡江時亦帶大批財產和部曲佃客，擁有雄厚實力。孫吳政權曾大規模屯田開荒，在政權鞏固後又將大量土地和土地上的農民賞賜給世族功臣，江南大地主莊園經濟初步形成。

西晉永嘉之亂後，晉元帝南逃，這時江南雖已經孫吳政權大力開發，但仍有許多無主的荒地，加上南下人民急需土地生產以維持生活，所以當東晉王朝在江南站穩了腳步後，隨之南下的豪強世族就開始搶占田園，聚集人口，建立起許多跨越州郡、方圓數十甚至數百里的大地主莊園，這些南下的豪強地主與原有的江東、皖北世族一起建立大地主莊園，這些莊園無論是經濟力量、軍事力量、政治力量，都異常強大，可以與國家比肩，成為東晉及以後南朝各政權的支柱。

江南的大地主莊園具有半奴隸制性質，除與北方塢壁莊園一樣擁有大量部曲、佃客外，還有許多稱作門生故吏的人。門生故吏本是東漢以來方面大吏的幕僚，隨時代的變化，地位逐漸下降，演變為接近部曲和佃客階層。除此之外，江南大地主莊園內還有大量的奴隸。在莊園內門生故吏地位在所有依附者當中地位最高，其次是部曲、佃客、

⊙晉代牛耕磚畫。本圖為一男駕牛犁地，再現了當時的農業生產活動。

奴隸婢僕。這些依附者均是大地主莊園內的勞動者、生產者，不同的是前兩種還要服兵役，是莊園的武裝保護者。

在大地主莊園內，門生故吏、部曲、佃客、奴隸婢僕都從事生產勞動，在莊園的田地裡種植莊稼，菜園裡種植各種蔬菜，果園裡種植各種水果，林場則提供所需的木材和藥材，各種牲畜及魚蝦，莊園裡還有女客織各季衣物，另有炭窯、陶窯、磚瓦窯等各種窯場。江南大地主莊園裡所用生活必需品應有盡有，而且自給自足，是最典型的封建性質的自然經濟。

隨北方豪強世族的南下，北方先進的農業技術推廣到南方，為全國經濟重心南移奠定了基礎，也為穩定封建王朝的法律秩序和經濟秩序發揮了重要的作用。隨著江南大地主莊園經濟的發展，與國家利益間的衝突日益加大，隨後國家則有一次次的土斷、戶籍檢括等手段限制莊園的進一步擴大，使莊園與國家、依附者與莊園主之間的衝突趨於平緩。

前秦統一北方

前秦建元十二年（西元三七六年），前秦攻滅前涼、前代，並進占東晉梁、益二州，前秦遂統一北方。

前秦建元六年，前秦攻占鄴城，滅前燕，除掉了北方最大的強敵。建元九年冬，前秦派王統、朱彤率軍二萬由漢川出擊，毛當、徐成率軍三萬由劍門出擊，進攻東晉。十一月，他們分別攻克漢中、成都等地，占取東晉梁、益二州。邛、筰、夜郎等都向前秦稱臣。

建元十二年七月，前秦主苻堅派武衛將軍苟萇、左將軍毛盛、中書令梁熙、步兵校尉姚萇等率步兵、騎兵十三萬，向西攻擊，征討前涼。八月，前秦兵至前涼境內，前涼驍烈將軍梁濟投降。於是，苻堅派出使者赴前涼命令前涼主張天錫到長安。張天錫大怒，殺前秦使者，並親自領兵五萬集結金昌（今甘肅古浪）準備抵禦前秦進犯。秦萇率士兵三千人為前驅發起攻擊，前涼將馬建率萬餘人迎降。於是前秦軍全線出擊，大敗前涼常據，常據也兵敗自殺。前秦軍乘勝追擊，與前涼將趙充哲在赤岸（今甘肅武威南）一帶激戰，斬殺前涼士卒三萬八千人，充哲戰死，前秦大軍進兵至姑臧城（今甘肅武威）。張天錫見此擔驚受怕，親自出城督戰。由於城內前涼兵反叛，遂率數千騎倉惶退守姑臧城。前秦兵乘勢追至城下，張天錫被迫率眾投降。至此，前涼滅亡。前涼共傳九主，歷時七十五年。苻堅封張天錫為歸義侯，任命其為北部尚書，並將其手下豪強七千餘戶遷到關中。不久，苻堅又任命梁熙為涼州刺史，管理地方事務。由於梁熙治理有方，涼州局勢得

以安寧。

前秦滅前涼後，立即著手攻擊代國。在此之前的前秦建元十年，匈奴鐵弗部首領劉衛辰為代王什翼犍所迫，逃至前秦，向秦王苻堅尋求救助。苻堅隨即任命幽州刺史、行唐公苻洛為北討大都督，率領幽州、冀州兵十萬北上討伐代國；同時命令並州刺史俱難、鎮軍將軍鄧羌等率步騎兵二十萬，分東、西兩路向北出擊，與苻洛會師，並以劉衛辰為嚮導。建元十二年（代建國三十九年，西元三七六年）十一月，代王什翼犍讓鮮卑白部、獨孤部抵禦前秦兵，但均遭失敗。於是又讓南部大人劉庫仁率十萬騎兵迎戰前秦兵，也大敗而歸。當時正值代王什翼犍生病，不能親自率兵應戰，只得率部逃往陰山以北。不久，代國部落離散，代王又因高車部落反叛，不得已又退回漠南。十二月，代王什翼犍回到雲中（今山西原平西南），因王位繼承問題，代王室發生內訌，庶長子寔君殺什翼犍及諸弟。前秦軍乘機發動進攻，殺寔君。什翼犍孫拓跋珪與母親賀氏投奔賀蘭部酋長賀野幹之子賀訥，至此代國滅亡。代自建國到為前秦滅亡，歷時六十二年，共七代。代滅亡後，苻堅召代國長史燕鳳探討代國內訌的原因，並採納了燕鳳建議，於建元十二年十二月下令，以黃河為界，將代國版土一分為二，分為東、西兩部，東部屬南部首領劉庫仁，西部屬鐵弗部首領劉衛辰，並給他們封官進爵，讓他們管理原代國百姓。

⊙河北易縣出土「大秦龍興代古聖」瓦當

至此，前秦基本上統一了北方，地廣兵強，與南方的東晉以淮水為界，隔河相對。

晉建北府兵

東晉孝武帝太元二年（西元三七七年）十月，東晉朝廷擔心前秦強盛，遂命謝玄負責籌組新軍。此支新軍在歷史上號稱「北府兵」。

東晉大司馬桓溫認為集中在南徐州、南兗州一帶的北來僑民不僅人多而且勇武，在「土斷」之後，就想把他們編組成一新軍，但計畫尚未實施，桓溫便得病而死。

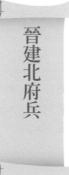

⊙謝玄像

桓溫死後，謝安掌握大權，為充實長江下游的軍事力量，拱衛首都建康和扼制上游桓氏勢力東山再起，抵禦前秦南下等，謝安也打算成立新軍。孝武帝太元二年十月，朝廷任命謝安侄子謝玄為南兗州刺史，負責籌組新軍。謝玄隨即把南兗州的軍事治理機關從京口（今江蘇鎮江市）移到廣陵（今江蘇揚州市），南徐、南兗兩州僑戶紛紛應徵入伍。當時彭城（今江蘇徐州市）劉牢之等數人以驍勇應選。謝玄並任命劉牢之為參軍，率領精銳作為前鋒。因為晉朝百姓稱京口為北京，所以當時人稱這支軍隊為「北府兵」。

太元四年（西元三七九年）五月，前秦兵俱難、彭超部進攻淮南，並包圍三阿。北府兵援救三阿，一戰告捷，逼前秦兵向北退逃。八年淝水之戰，北府兵更是表現神勇，成為擊敗前秦的中堅力量。

北府兵的軍事實力使它成為各政治集團爭奪的對象，北府將領也成為左右東晉政局的重要力量。隆安元年（西元三九七年）兗州刺史王恭統帥北府兵，以誅殺王國寶為名起兵，逼迫司馬道子將王國寶殺死，自此北府兵成為干預朝政的力量備受注目。次年王恭再次帶兵，但因北府將領劉牢之不予合作，並倒向司馬元顯，致使王恭兵敗被殺。元興元年（西元四〇三年），桓玄起兵向東進犯，正因為劉牢之也為其收買，所以桓玄才得以攻入建康。桓玄後來失敗，也是因為北府將領劉裕起兵討伐的緣故。劉裕起兵後任徐州、兗州刺史，盡握北府重兵，為此後執掌東晉政權並取而代之奠定了基礎。在東晉後期，北府兵成為左右東晉政局的決定性力量。

前秦禁老莊圖讖

前秦建元十一年（西元三七五年）十月，苻堅詔令天下尊崇儒學，禁止老莊圖讖之學，有違反者處死。

前秦建元時期，秦主苻堅大力整肅政制，並十分推崇儒學。建元之初，苻堅就詔令全國廣修學宮，徵召郡國學生熟讀一經以上者入宮學習，公卿以下子孫也一併入宮受業，並親臨太學檢查諸生經義研習情況，與博士研討儒學。建元八年三月，苻堅又下詔，命令關東各郡縣對能熟讀一經、有一技之長者以禮相待，並將他們送往長安。同時罷免那些官級在百石以上而不能熟讀一經、又無一技之長者，將他們一律貶為百姓。建元十一年十月，苻堅更下詔尊崇儒學，禁止老莊圖讖之學，如有違反者處死，並令公卿王侯子弟及將士都要誦讀儒學，並為他們配備老師，教讀音句，後宮內也設典學，選宦官、婢女等也拜博士為師學習。當時尚書郎王佩違反詔令誦讀圖讖之書，苻堅也下令處死。於是，無人再敢誦讀老莊圖讖之學，儒學得以為天下尊崇。

謝安執政

東晉太元元年（西元三七六年）正月，謝安被授與中書監、錄尚書事等職，執掌東晉大權。二年七月，東晉朝廷任命尚書僕射謝安為司徒，謝安不願由此而失去實權，因而謙讓而不受。東晉朝廷給謝安另加授侍中、都督揚、豫、徐、兗、青五州諸軍事職，謝安才願意上任。

謝安是名士，有注重大事而忽視小事的缺陷，喜愛音樂，也喜歡登山宴飲，揮清談，舉止風度為人愛慕。參與國家政事後，他為牽制桓溫，保護晉廷立下了汗馬功勞。執掌東晉政權後，又採取措施防止謝氏家族權勢過盛，並妥善安排當時已失勢的桓氏家族，使他們各得其位，保證了東晉政局的相對穩定。謝安在位時還破格提拔人材，放手任用，為東晉在弱勢情況下取得淝水之戰的勝利創造了有利條件。後來謝安受到司馬道子排擠，迫不得已上疏自求北伐，未得同意，不久得病，於太元十年病死。

⊙謝安像。東晉著名宰相謝安與侄子謝玄在淝水之戰中扮演了重要角色。

⊙十六國時期燕居與出遊壁畫

東晉石刻線畫復興

石刻線畫是兩漢畫像石盛極一時的產物，其法是在打磨平整的石面，以單線刀刻劃出各種人、物圖像。石刻線畫有陽刻線和陰刻線兩種，但陰刻線施刀容易，所以完全占據了統治地位，其拓片效果則是黑底上的白線描。

石刻線畫在西漢時較為流行，西漢以後，由於凸雕、圓雕技藝的成熟，石刻線畫逐步被擯棄不用，更多的保留於凸雕上的局部細節刻劃，如人物五官、衣紋褶皺等。但石刻線畫自漢末之後的衰落有更主要的原因，那就是墓葬畫像石的不再流行。

經營石墓葬要求有雄厚的財富，而且每經營一墓，無不費時殫力，所以它實際上只有當社會比較安定繁榮時才能存在。自東漢末至西晉，戰亂迭起，四境不寧，豪宗強族往往破落，可以說整個社會都已經缺乏財力和心緒再經營奢華的石墓葬，作為石墓裝飾的石刻線畫失去了最重要的載體，也就不免逐漸湮滅了。

自東晉建都建康（南京）之後，江南相對穩定了一段時期，經濟逐步恢復發展，加上原西晉的豪門大族紛紛南遷，一時間，昔日的種種繁華景象又在江南重現，工藝美術因此也得到相應的發展，西域文化的傳入亦影響了藝術的技法和題材。當豪奢的磚、石墓葬再度盛行時，石刻線畫也就得以再生了。

剛復興的石刻線畫總體來說力量還比較薄弱，題材除了漢代的神話故事及青龍、白虎、朱雀、玄武四靈圖外，拓展得不多。出現的新作中比較有名的是竹林七賢圖，各種仿刻本極多，顯然是當時比較流行的一種題材。現存的一幅殘石舊拓本上，仍可看出畫中人物形貌高古，線刻精確無失，體現了晉代工匠技藝上的造詣。

當時石刻線畫不僅刻於石上，還刻於磚上。在江蘇出土的《折邊高帽人物

⊙晉代夫人天水趙氏墓碑畫像。墓碑尖首圭形，碑身兩側各刻一供養人。

像磚》上，就以熟練的刀法刻劃了一個形貌猙獰、令人驚懼的胡人像，匠人運用粗獷的線條信手勾勒，筆姿流暢，趣味盎然地反映了當時社會生活的一個小小側面。

東晉是石刻線畫復興的一個開端，隨之而來的南北兩朝的石刻線畫，才標誌著一個時代中線描藝術的高峰。

圍棋空前興盛

三國時期，由於士族貴族喜好博弈，圍棋開始發展，不但湧現了大批優秀棋手，而且建立了相當於今日段制的棋品制，甚至出現了棋法研究的專著。

在這一時期，士族貴族依靠他們特有的政治經濟權利，過著奢侈而又閒適的生活。圍棋得到普遍的鍾愛，成為一種高雅的消遣娛樂活動，因此，上至皇帝，下至王公大臣、文人學士都以此為樂。三國時曹操、南朝宋太祖劉裕、齊明帝蕭鸞、梁武帝蕭衍等都喜好圍棋。齊明帝還建立中國最早的圍棋管理機構。據《南齊書．王湛傳》記載：齊明帝設置圍棋州邑，任命建安王休仁圍棋州都大中正（即負責察訪舉薦各地圍棋名手的官員），王湛和其他四人為小中正，並專請當時有名棋手褚思莊、傅楚之擔任清定訪問（即公正詳問人員）。齊武帝蕭賾曾下令讓當時一品棋手王抗評定棋手的棋品，梁武帝也做過同樣的工作，可見這些棋迷皇帝對奕棋之道喜好之深。在他們影響下，王公將相、士卿大夫更是浸淫此道。三國時蜀將費瑋常以早晨和黃昏處理事務，而其餘時間除接待賓客外，就下棋娛樂。東吳名將陸遜即使在戰事餘暇，也如往常一樣與諸將奕棋。東晉大臣王導父子都善於下棋，尤以其次子王恬技術最精，時人評為第一，可謂圍棋世家。

⊙十六國時期鎏金銅造像

圍棋活動的普遍開展，使當時湧現了許多圍棋高手。據《南齊書．蕭惠基傳》載，南齊永明年間，蕭惠基受命負責評定棋品事務，評出第一品棋手王抗，第二品棋手褚思莊和夏赤松。夏赤松思維敏捷，善於從大處著眼，褚思莊思維遲鈍，但擅長巧鬥。而北朝還出現一個更強的棋手范寧兒，水準勝過王抗。又據《南史．柳惲傳》記載，當時被評選登格獲品的棋手達二七八人。甚至，在少年兒童中也不乏圍棋高手。《南史．陸瓊傳》載陸雲公之子陸瓊年僅八歲，就被譽為圍棋神童。南陳時期，司馬申十四歲便會下圍棋。

這一時期圍棋品評實踐結果產生了棋品制，即按棋手技藝高低分為「九品」。據魏國邯鄲淳的《藝經》記載：「夫圍棋之品有九：一曰入神，二曰坐照，三曰具體，四曰通幽，五曰用智，六曰小巧，七曰鬥力，八曰若愚，九曰守拙。九品之外，今不復云。」其實當時除九品之外，尚有「棋聖」之稱。《抱朴子．辨問》曰：「善圍棋之無比者，則謂之棋聖，故嚴子卿、馬綏明，於今有棋聖之名焉。」此外，《隋書．經籍志》裡有《棋九品序錄》一卷、《棋後九品序》一卷、《圍棋品》一卷等，這些可能都是講述評定棋品的方式、方法的書。這種九品制後來傳入日本，成為日本九段制的根據。

最後一種可以見出當時圍棋發展水準的，是棋譜和棋法研究專著的出現。據《南齊書．蕭惠基傳》記載「宋文帝世，羊玄保為會稽太守，帝遣（褚）思莊入東與玄保戲。因制局圖，還於帝前覆之」，這是關於錄製名手棋譜的記載。至於研究棋法的專著，《隋書．經籍志》就載有《棋勢》四卷、《棋勢》十卷三種，《棋勢》八卷、《棋圖勢》十卷、《棋法》一卷等。

⊙慧遠像

文化小事典

慧遠入廬山

東晉太元八年（西元三八三年），高僧慧遠入廬山，自此居東林寺三十年，傳經佈道，使廬山成為中國南方的佛教中心。

慧遠（西元三三四至四一六年），俗姓賈，雁門樓煩（今山西寧武附近）人，受戒於道安。西元三八三年，慧遠欲往羅浮山（在今廣東博羅境），途經潯陽（今江西九江市），為廬山幽靜秀麗景致吸引，遂定居廬山。初居龍泉精舍及西林寺，後因弟子日漸增多，乃建東林寺居住。

慧遠在廬山聚徒佈道，講授《般若經》、《法華經》和《涅槃經》，並先後撰有論述法性本體、神不滅和因果報應等佛教理論文章，闡述佛教哲學思想。另外，他還撰有力陳沙門不敬王者、沙門所以袒服等衛護、弘揚佛教的著述，最重要的有《沙門不敬王者論》、《明報應論》、《三報論》和《大智論鈔序》等。

慧遠精通儒、道學說，注意用儒、道典籍來會通佛理。其講學以佛為主，儒道為輔，故而吸引了許多文人學士同情、接受或信仰佛教。此外，慧遠又宣導各派佛教學說，組織西來僧人譯經，推動了有毗曇學、禪學和律學典籍在南方的流傳。他本人也因此成為南方佛教的領袖，廬山則與北方長安成為中國的兩大佛教中心。東晉義熙十二年八月，慧遠在廬山去世，享年八十三歲。

秦晉淝水大戰

東晉太元八年（西元三八三年）十一月，前秦、東晉會戰於淝水，前秦大敗。

前秦建元十二年（西元三七六年）底，前秦滅代，基本上統一了北方，與東晉相峙於淮水一線，並準備征伐東晉。建元十八年（西元三八二年）十月，苻堅召集群臣商議，要親率大軍南下，討伐東晉。群臣有的表示贊同，有的則持相反的意見。其弟苻融也表示反對，認為前秦連年作戰，將士已疲憊不堪，且國人又不願與晉結怨，這樣出征，利少弊多。太子苻宏、沙門道安、寵妾張夫人及幼子苻詵也先後勸諫，但苻堅不聽，仍然固執己見。而當冠軍將軍、京兆尹慕容垂別有用心勸苻堅伐晉時，苻堅便大喜過望，認為「與我共定天下者唯有你一人」。於是伐晉之事決定下來。

建元十九年七月，苻堅下詔大舉伐晉，百姓每十丁中抽一人當兵（門弟較高的富家子弟），年二十以下身體強健者都授羽林郎官號，以秦州主簿趙盛之為少年都統。八月初，苻堅派遣陽平公苻融督張蠔、慕容垂等率步騎廿五萬為前鋒，以兗州刺史姚萇為龍驤將軍、監督益梁諸州軍事。苻堅則親自長安出發，率步兵六十餘萬，騎兵廿七萬，旌旗相望，前後千里。東晉聞訊後，任命尚書僕射謝石為征虜將軍、征討大都督，以徐、兗二州刺史謝玄為前鋒都督，與謝安子輔國將軍謝琰、西中郎將桓伊等率兵八萬迎敵，又命龍驤將軍胡彬率水軍五千援救壽陽（今安徽壽縣）。至此秦晉之戰一觸即發。十月，秦軍前鋒渡過淮水，攻下壽陽，生擒晉平虜將軍徐元喜，晉將胡彬聞知後退保硤石（今安徽壽縣西北）。苻融命將軍

⊙後人繪淝水之戰圖

梁成率兵五萬屯駐洛澗（今安徽淮南東淮河支流洛河），截斷淮水水道，使胡彬無法東撤，同時又鞏固了壽陽秦軍防務。謝玄軍主力自東向西推進，因懼怕前秦兵，駐兵於洛澗東廿五里處。苻堅為消滅胡彬部，親率兵八千自項城趕赴壽陽，並派出東晉降將朱序勸降晉軍。朱序私下為謝石出謀，趁秦軍尚未集中之機出擊，或許可擊敗秦軍。謝石接受朱序建議於十一月初命前鋒劉牢之率北府精兵五千渡過洛澗擊敗秦軍，陣斬秦將梁成。秦軍潰退淮水，士卒溺死者一萬五千人。劉牢之縱兵追擊，生擒秦揚州刺史王顯等，秦軍兵敗退逃往壽陽。

東晉洛澗大勝後，乘勢水陸並進，屯軍於淝水東岸，與秦軍隔水相望。十一月二日，謝玄派人前往苻融營中，要求秦兵稍稍向後移轉，使晉兵渡河決戰。苻堅與苻融打算趁晉兵渡河之機，突然以鐵騎出擊以打垮晉軍，便同意謝玄建議。但由漢人及各族被奴役者組成的秦軍不願再戰，聽到命令後，一退不可收拾。這時被秦軍俘獲的晉將朱序乘機在陣後大喊：「秦兵敗了！秦兵敗了！」秦軍陣勢大亂，晉兵乘勢渡河猛攻。苻融欲阻止秦軍退卻，卻於亂軍中落馬被斬。秦軍群龍無首，潰不戰軍，謝玄乘勝追擊，直殺至壽陽城西三十里處。秦軍潰逃時，聽到風聲鶴唳，以為是東晉追兵，自相殘踏而死者無數。苻堅身中流矢，單騎北逃。淝水之戰遂以前秦的慘敗和東晉的大捷而結束。

苻堅回長安不久，於西元三八五年被羌族將領姚萇刺殺，前秦瓦解。

王獻之開拓新書體

東晉中晚期，書風極盛，尤其是王羲之的書法代表了「晉人法度」，名冠當世，直接繼承王羲之書法體勢並同樣對書法發展產生重大影響的是他的第七子王獻之。梁武帝蕭衍《書評》說：「王獻之之書，絕眾超美，無人可擬。」他與父羲之齊名於世，並稱「二王」。

王獻之（西元三四四至三八六年），字子敬，小字官奴，官至中書令。他從七、八歲時開始學習書法，一次王羲之趁他專心寫字時，猛然間從身後抽他的筆，竟沒抽走，心裡暗喜，知獻之在書法方面定會有成就，就著意讓他臨摹自己的字，並專書《樂毅論》作為王獻之學書的範本。接著獻之師法張芝，並精隸、真、行、草諸體，「後改變制度，別創其法」，使自己的書風獨具一格。他作書時常是隨興揮灑，發自情懷，「雖權貴所逼，了不介懷」。曾取掃帚蘸上泥汁在牆壁上飛舞出方丈大的字，引來許多人圍觀。王羲之恰巧看到，很是滿意。

王獻之之行草出於羲之而別有創意，

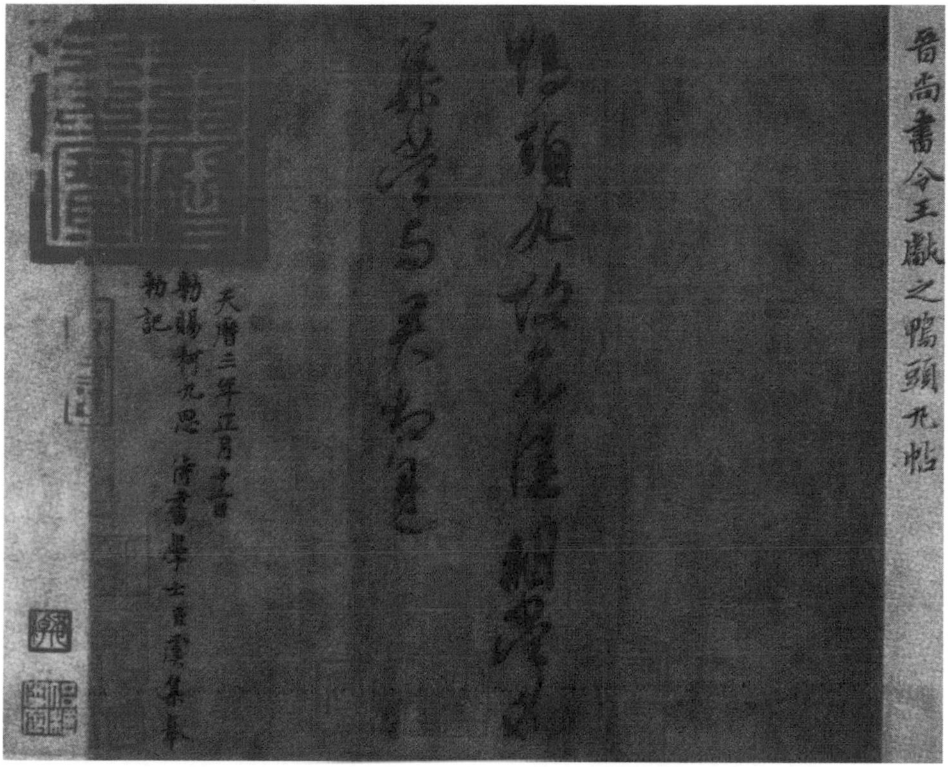

⊙王獻之《鴨頭丸帖》

「興合如孤峰四絕，迴出天外，其峻峭不可量」，「雄秀驚人，得天然妙趣，內中多有飛白，為天上神品」。代表作有《鴨頭丸帖》和《中秋帖》。前者筆絲上下相連，貫通一氣，「筆劃勁利，態致蕭疏，無一點塵土氣，無一分桎梏束縛」，天機流蕩，浸潤著一股逸氣。它不同於其父草書的「破體」之風，頗能體現王獻之氣脈通連、綿延不絕的「一筆書」精神。

《書斷》說獻之「學竟能極，小真書（即楷書）可謂窮微入聖，筋骨緊密，不減於父」。《洛神賦玉版十三行》是他小楷的代表作，最有王氏風範。全帖神韻超逸，上下左右均能顧盼照應，富有節奏，分間布白，錯落有致，而且將《樂毅論》橫勢書體，改成縱勢，深得楷書宗極，可以說今楷書體的衍變過程到獻之最終完成。

王獻之傳世墨跡不多，但在其父的基礎上創意不少，而且所傳墨跡，或為真跡，或在很大程度上保留了真跡面貌，對後學者頗有益處。他與父親的書法各成其道，「子為神駿，父得靈和」，既是舊書體的集大成者，又是新書體的開拓者，在中國書法史上影響最大，被歷代書者奉為楷模。

行書、今草形成

魏晉時期，隨著楷書由隸體的逐步衍變和最終成熟，行書、今草也在此基礎上漸漸形成。

行書介於楷書和草書之間，筆勢簡易流行，靈活多變，既不像篆草書那樣草率難認，也不像楷書那樣工整而費時費力。因此，早在西漢行書已經產生，但它是當時通行書體隸書筆跡和寫法的簡省，還不是現代意義上的行書。

「魏初，有鍾（繇）、胡（昭）二家行書法，俱學之劉德升，而鍾氏小異，然亦各有奇巧，今盛行於世。」（衛恆《四體書勢》）行書真正成為一種書體與楷書的產生、發展有密切關係。鍾繇（西元一五一至二三〇年）是魏初中國書法由隸轉楷的過程中，上承秦漢篆隸下開魏晉楷法的宗師。他學習東漢劉德升的行書法，但有「小異」，說明他已在自己所創楷法的基礎上對行書的發展有所推進。《書史令要》說他的行書如同正書，八分一樣為世推崇，與他齊名的胡昭也繼承東漢行書並將它逐漸推廣於當世，世稱「胡肥鍾瘦」。

今草是草書的一種，由漢隸草寫而成的章書演變而來。傳說東漢張芝創了今草，使字前後相連，時人稱為「草聖」，對魏晉書法影響很大。魏晉是章草和今草的交替時期，雖然還有許多章草大家，如吳時皇象，晉時索靖、衛覬等，但到西晉時已逐漸產生變化，開始向今草轉化。特別是隨著隸書的衰頹、楷書的興起，章草向今草的轉化成為一種必然的趨勢，並在當時的簡牘、紙書中逐步嶄露頭角，如西晉初秦始五年（西元二六九年）十二月簡中，背面「主簿梁鸞」的「鸞」字已有濃厚的今草意味，而新疆樓蘭所出的晉人殘紙中，有很多已屬於今草的範疇。

經魏晉的發展，行書、今草到東晉王氏父子手中發展成熟，成為流行的書體。

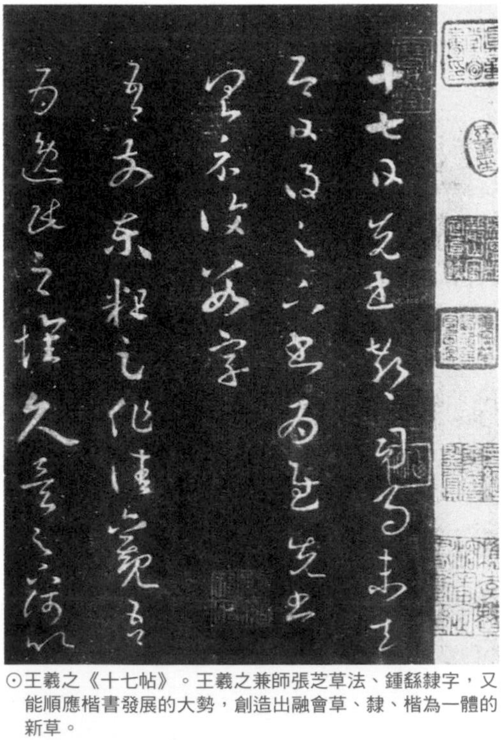

⊙王羲之《十七帖》。王羲之兼師張芝草法、鍾繇隸字，又能順應楷書發展的大勢，創造出融會草、隸、楷為一體的新草。

王羲之（西元三〇三至三六一年）書法先專門後博取，然後「備精諸體，自成一家法」。他在鍾繇楷法的基礎上，更使楷書的用筆法構完全從隸體中脫略出來，把楷書最終獨立成一種新書體，取代隸書成為後代的通行書體。他又在自己楷書新體的基礎上把行書和今草推向書法藝術的高峰。

東晉永和九年（西元三五三年），王羲之在會稽山陰蘭亭雅集盛會上，乘興寫了《蘭亭集序》，成為天下第一行書，為後來歷世的楷模。後充分發揮了行書靈活多變的特點，使行書縱逸放曠，「得其自然，而兼具眾美」。《快雪時晴帖》也是王羲之行書的代表作，是《三希堂法帖》之一。在王羲之所創俊逸、雄健、流美的書風影響下，行書從此成為中國書法藝術中重要的書體之一，並一直流行至今。他的草書《上虞帖》又名《得書帖》，筆勢靈動，遒潤多姿，飄如遊雲，矯若驚龍，信手萬變，歷來被書法家奉為今草範本。從此使今草「大行於世，章草幾將絕矣」。王羲之的行書、草書對後代影響至遠。

王羲之的第七子王獻之，直接繼承王羲之書法體勢，但「後改變制度，別創其法」，自成一格。他在變換羲之楷體風格使今楷書體的衍變過程最終完成的基礎上，使行草別創新意。他的今草筆絲上下相連，貫通一氣，如火筋畫灰，連屬無端末，體現了一筆書草書精神，使今草進一步定型，自此今草脫盡了章草的波磔，在楷書轉折頓挫的筆勢下，自然流動，連綿不絕，達到越來越高的藝術水準。

⊙第七十六號窟正壁右側下部影塑北魏供養人塑像

魏道武帝改革

北魏道武帝在位期間（魏登國元年至魏天賜六年，西元三八六至四〇九年），實行一系列的改革措施，使拓跋部逐漸走向封建化。

⊙第七十四號窟正壁左側北魏塑像脅侍菩薩

⊙北魏佛造像

秦晉淝水之戰後，拓跋圭乘機復國，西元三八六年登代王位，改國號為魏，年號登國。

在後燕支持下他積極擴張勢力，不久便稱雄塞外，並威脅後燕，於登國十年在參合陂（今內蒙古涼城縣西北）大敗後燕軍。第二年，他趁後燕主慕容垂病死之機，推進中原，相繼奪取晉陽、中山、鄴城等重鎮，占據了今山西、河北等地，與東晉隔河對峙。天興元年（西元三九八年），拓跋圭稱帝，定都平城（今山西大同），年號天興。魏道武帝拓跋圭在位期間，尤其是初期，進行了一系列的改革，主要包括：

一、立官制定律令。魏天興元年十一月，拓跋圭命尚書吏部郎中鄧淵建立官制，調協音樂；儀曹郎中董謐制定郊廟、社稷、朝覲、饗食等禮儀；三公郎中王德制定律令；太史令晁崇造渾儀，考天象。由吏部尚書崔宏總領裁奪，然後便作為永式確定下來。

二、仿效漢人禮俗。天興元年（西元三九八年）十二月，拓跋圭即帝位後不久，便命朝野皆束髮加帽循漢人

風俗，又更改魏祭祀舊俗，仿漢人祭禮儀，除祀天時皇帝親行，其餘由有司辦理。他還採納崔宏的建議，自稱是黃帝之後裔，崇尚土德，服色以黃為貴。為了竭力拉攏漢族地主，拓跋圭實施宗主督護制度，逐步恢復了九品中正制。

三、推崇儒學。自遷都平城以來，道武帝多方學習漢族文化，實行封建化的統治方法，官制、律令、禮樂等沿襲秦漢以來的制度，又置五經博士，增加國子太學生員至三千人。天興二年（西元三九九年）三月，他又下令向天下徵索書籍，送到平城。道武帝自征後燕以後，大量接觸中原文化，開始崇尚儒學，對日後穩定其在北方的統治，有重要的作用。

四、以法馭臣。道武帝看到後燕慕容垂因分封諸子，權力分散，導致骨肉相攻，以致敗亡，深以為鑒，博士公孫表也用《韓非子》向道武帝說明當以法制天下之理。左將軍李粟性格傲慢，對道武帝多有不恭。天興三年十二月，道武帝下令處死李粟，令群臣震懼，對加強中央集權產生到了震懾作用。

五、分土定居，計口授田，勸民農桑。登國九年（西元三九四年），道武帝開始施行「分土定居」的政策，離散各部落，不准隨意遷徙，各個氏族以部落形式定居，促成拓跋部由部落組織向地域組織轉化。皇始三年（西元三九八年）正月，他又將山東六州的百姓和一些少數民族部眾卅六萬及百工伎巧十多人遷移到平城附近。二月，道武帝率領眾人來到繁峙（今山西應縣東），送給新遷入的居民耕牛，實行按人口分配耕地，鼓勵農耕，促進了農業的發展，亦加速了拓跋部由遊牧向農業生活的轉化。

道武帝的改革有利於拓跋部向封建化轉化及代北地區的開發，對促進北方民族的融合發揮到了積極的作用。

⊙北魏騎馬樂俑

法顯赴北印度取經求佛法

東晉隆安三年（西元三九九年）三月，法顯和尚因深感「經律舛缺」，從長安出發，赴北印度取經求佛法。

法顯（約西元三三七至四二二年）俗姓龔，山西平陽（今山西臨汾西南）人。西元三九九年，他偕僧人慧景、道整等從長安出發西行求法，經河西走廊、敦煌以西的廣闊沙漠，到達焉夷（今新疆焉耆附近），穿過今塔克拉瑪干大沙漠抵于闐（今新疆和田），南越蔥嶺，取道今印度河流域，經今巴基斯坦入阿富汗，再返巴基斯坦境內，東入恆河流域，到達天竺（印度）境；再橫穿尼泊爾南部，至東天竺，在摩揭提國（即摩揭陀）首都巴達弗邑（今巴特那）留住三年，學習梵書佛律；再由海路單身回國，與其同行者或死或留天竺。他從東天竺當時著名的海港多摩梨帝（今加爾各答西南之德姆盧克）起程，乘商船到師子國（今斯里蘭卡），停留二年，又得經本。復乘船東歸，途經耶婆提（今蘇門答臘島或爪哇島），換船北航。在青州長廣郡牢山（今山東青島嶗山）登陸，

⊙北魏陶牛俑。趕車俑為漢人形象，牛車也與中原地區常見的牛車形制相似，這反映了中原地區與北部少數民族地區的交往。

文化小事典　北魏的改革

東晉太元八年（西元三八三年），高僧慧遠拓跋氏原是一個處在落後的家長奴隸制社會的遊牧部落。道武帝拓跋珪建北魏後，解散了原來的氏族組織，使氏族成員們分土定居下來，成為國家的編戶齊民，從此血緣關係的氏族變成地緣關係的編戶。他還設置了八部帥監督戶民，勸課農桑，使奴隸制社會迅速向封建制社會轉化。

為了推進拓跋氏的漢化過程，拓跋珪重用漢人河北清河大族崔宏幫助制定各項制度。建置百官，封拜官爵，分置尚書三十六曹，並令全國研讀五經諸書，置博士、國子學生三十人，為國家培養人才。遷都平城，營建都城，建宗廟、社稷，正封畿，制郊甸，標道里。根據官吏的品位、級別，製作不同的朝服、冠冕，使禮樂、等級制度逐步建立起來。仿漢族六卿之制，設立六謁官；在昭陽殿引見文武朝臣，親自考選，隨才授任，將爵位定為王、公、侯、子四等。皇子及異姓功勳卓著者封王，宗室及藩屬王降為公，以此類推。官品共九等，王、公、侯、子為前四品，以下散官共五等，文武百官中才能優異者予以擢拔。北魏的職官從中央到地方都完全按照漢制的九品中正制執行。

道武帝拓跋珪一生持續改革，對北魏的建立和強大至關重要，並為北魏孝文帝拓跋弘進行大規模漢化改革產生了鳴鑼開道的作用。

改走陸路，於義熙九年（西元四一三年）到達建康（今南京）。

法顯歷經十五年，取回了中土舊日所無的大小乘三藏中的基本梵本要籍十餘部，回國後在南京道場寺與佛馱跋陀羅合譯《摩訶僧律》、《大般泥洹經》等經律論六部、廿四卷。其譯文樸素而傳真。法顯為佛法流通貢獻了巨大力量，其勇猛精進、為法忘身的精神為後人取法。

義熙十二年，法顯撰成《佛國記》（又名《法顯傳》、《佛遊天竺記》、《歷遊天竺記傳》），詳述了西行求法經，為中國古代以親身經歷介紹中亞、印度、南洋三十餘國的地理、交通、宗教文化、物產、風俗、社會、經濟等情況的第一部旅行記，對於後來赴印度求法的人產生了很大的指導作用，並且是古代最早記錄中國和印度間陸、海交通的著作。

法顯開創了中國僧人到天竺留學的先例。他的《佛國記》為研究南亞次大陸各國古代史地提供了不可多得的重要資料，在航海史上也占有重要地位。

⊙法顯像

⊙十六國時期金銅佛坐像。佛像高肉髻，穿通肩大衣，雙手做禪定印相，雙膝左右伸張為結跏趺坐。高肉髻，是釋迦牟尼三十二好相之一，為佛像主要特徵。

魏晉軼事小說《西京雜記》

《西京雜記》是魏晉軼事小說的代表作之一，成書於東晉，作者不詳。新、舊《唐書．藝文志》、《宋史．藝文志》均題晉葛洪撰。《四庫全書總目》兼題劉歆、葛洪撰。近代考證者多認為是葛洪依託之作。

《西京雜記》共一二九篇，是一部歷史小說集，主要描寫發生在「西京」（東漢人對西漢都城長安的稱謂）的西漢統治階級與文人名士的傳聞軼事，也收錄了一些怪誕的故事，既有史料價值，又有文學價值。書中所寫的故事，如「畫工棄市」，即著名的王昭君為畫工所欺遠嫁匈奴；司馬相如與卓文君千古傳頌的愛情以及趙飛燕、合德姊妹的驕橫奢侈、荒淫無度等，對後世影響極大，成為小說、戲曲永不衰竭的題材。「秋胡戲妻」的故事，則是該故事的最早記錄。此外，書中還記載了許多西漢的民俗，如「漢采女常以七月七日穿七孔針於開襟樓，俱以習之」；「九月九日，佩茱萸，食蓬餌，飲菊華酒，令人長壽」等，對研究七月七日、九月九日等節日的流傳和演變，有一定的參考價值。唐代李善的《文選注》與徐堅的《初學記》都大量地引用此書，由此可見它在用典方面對後世有很大的影響。全書文筆簡潔、流暢而有文采。雖記事繁雜，但作為小說，《西京雜記》不僅在思想上有許多可取之處，在藝術上，也是「在古小說文，固亦意緒秀異，文筆可觀者也」。

⊙晉屯墾磚畫。畫面反映了魏晉時期軍隊屯田的情況上，上面兩排手拿戟盾的士兵在操練，兩排兵士之間有騎兵似在行進，騎兵之前有一持刀兵士前導。在牛耕畫面中，一耕者披髮跣足，身穿窄袖衫和肥大短褲，似為少數民族。

般若學掀起高潮

⊙魏晉磚畫獵兔圖

魏晉時期，以《般若經》為中心的印度大乘空宗學說傳入中國，它要論證的是物質世界存在的虛幻性。般若是佛教六度之一，指透過智慧達到涅槃的彼岸。這裡的智慧具有神秘意義，不是指用來認識客觀世界的知識，而是專門用來體會佛教最高精神本體的特殊智慧。佛教中的「般若婆羅密」是一種極高的境界，要領在於拋棄凡間世人的智慧，用般若來了悟現實世界的虛幻、不真實性。《般若經》通篇內容就在於誘導人們認識一個空字，但是，在如何解釋空上，僧眾中卻有很大分歧，另外，受當時玄學的影響，佛教僧侶所宣傳的般若空宗學說，基本上是以玄學理論為出發點的，因玄學中存在不同觀點，導致般若空宗產生不同流派，因此，在早期般若學中有所謂「六家七宗」之學的爭論，各家從不同角度解釋般若空觀，形成玄學化的佛學。

⊙北涼時期優婆塞戒經殘片

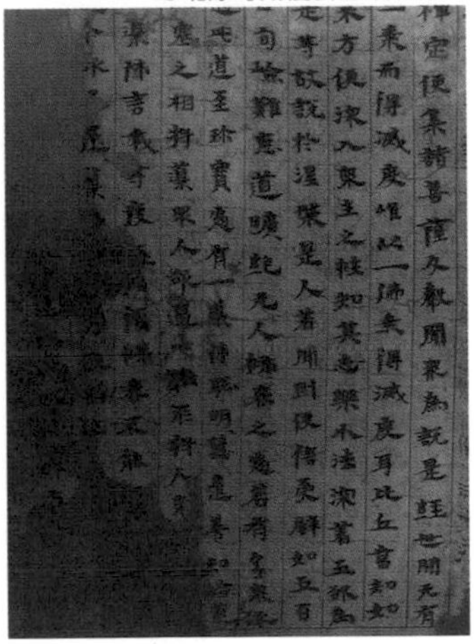

據南朝宋曇濟《六家七宗論》，六家分別是本無、即色、識含、幻化、心天、緣會、七宗加上「本天異」一派，這些湧現於兩晉之際的學派爭論的中心問題仍然是魏晉玄學爭議的本末、有無的關係問題。六家七宗中影響較大的是本無、即色、心天三派，本無宗認為「無」與「空」為萬物的根源，一切諸法，本性空寂。本無宗的觀點帶有宇宙生成論傾向，認為有從無生，無為一切之本。即色宗提出現象界是不真實的，現象只是假有，但沒有進一步論證這種「假有」也是空的，仍然不是印度的大乘中觀派理論，只是玄學理論的一種。心天宗強調內心的修養，其核心觀點是「無心於萬物，萬物未嘗無」。不否認物質世界的存在，但要不於外境起心。

⊙北石窟寺北魏時期佛傳故事浮雕像

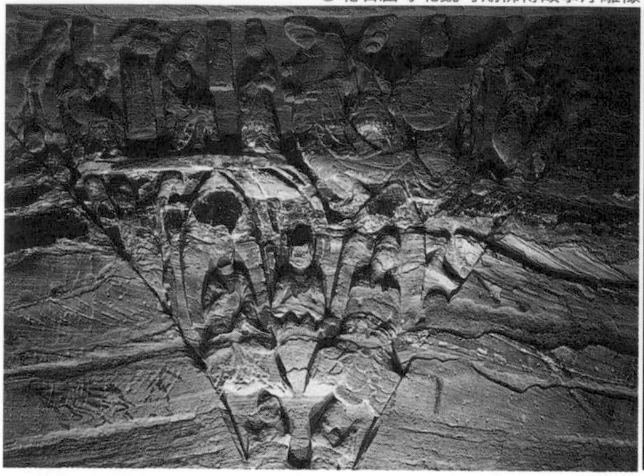

⊙北魏佛造像

按佛教唯心主義觀點看來，這是一種邪說，故心無論遭到了江南僧眾的批駁。識含宗觀點正與心無宗相反，否定物質世界的真實性，肯定精神的真實性，空境不空心，認為三界如同夢幻，都起源於心識。幻化宗主張「世諦之法皆如幻化」，也主心有色無，明確提出神不能空，緣會宗一派講空，認為緣會是有，緣散即是無。就其以因緣和合理解諸法性空來說，是符合《般若經》本意的，不過其理論只證明了世界「不有」的一面，而未注意「不無」的一面，仍是不完善的。

六家七宗之說立論的關鍵全都在於解釋真俗二諦，基本上均是以真諦為無、為本；以俗諦為有、為末，教人識破俗諦的虛空，息情滅欲，但是，它們都未真正體會《般若經》中的「中觀」思想，實質上仍屬於魏晉玄學範疇。後來，姚秦時期，鳩摩羅什來華，在長安譯經，系統地譯出印度佛學大師龍樹、提婆的中觀學說，對般若宗旨做了系統介紹，中國僧人這才有所認識，般若學達到了一個高峰。另一方面，「般若學的研究透過與玄學的合流，影響逐漸擴大，它以玄學作為橋樑，很快進入了一個獨立的發展階段，如鳩摩羅什及其弟子僧肇等就在關中形成了一個般若學的研究中心。

般若學的傳播至僧肇集大成。僧肇以更為徹底的唯心主義觀點，對魏晉以來的玄學和般若學的名派理論進行了批判性總結，建立了他自己的般若空宗的哲學體系。他是東晉南北朝時期最著名的佛學理論家、中國化的佛教哲學體系的奠基人。

僧肇集前代般若學之大成而建立的哲學系，雖然在理論上最後歸於宗教神秘主義，但它在中國學術思想史上，促進中國哲學理論思維的發展，功不可沒。般若學之後，社會上廣泛傳播的就是涅槃了。

麥積山雕鑿石窟

麥積山石窟（在今甘肅天水東南四十五里）始鑿於後秦姚興時（西元三九四至四一六年），當時「千崖萬象，轉崖為閣，乃秦州勝境」。後經涼州各割據政權不斷續鑿，至北魏初期已具相當規模。北魏重視石窟的建築藝術，使麥積山石窟的開鑿進入一個新時期。北魏景明三年（西元五〇二年）九月十五日，有施主張元伯於此鑿石窟一區，並製長篇發原文（張元伯新鑿編號為第一一五窟，所製發原文為麥積山存世最早的有紀年銘記）。該窟平面作方形，平頂。正壁的方形高座上塑一結跏趺坐佛，著偏衫式袈沙，做施無畏印，兩側壁有脅侍菩薩立像。壁畫中壁為坐佛，兩側以婆羅門建築動物等為內容。與張元伯同期開鑿的石窟尚有很多，建築風格並不完全相同，如方形、平頂、左右側壁各一圓拱大龕；或正壁和左右側壁各鑿一大龕，四壁上方加鑿小型列龕；或平面做馬蹄形、穹窿頂等等。壁畫內容亦爭奇鬥勝，包含有年代最早、面積最大的西方淨土變。麥積山存窟龕一九四個，敷彩泥塑及石雕七千餘軀，壁畫一千多平方公尺，大部分是北魏時期創製的（少部分為十六國時期及西魏至明時期創製的），在麥積山石窟藝術中占有極為重要的地位。

⊙甘肅天水麥積山石窟外貌

佛寺壁畫開始在中國興起

西元一世紀前後，即東漢初，佛教從印度傳入中國內地，用來供奉佛像、居住僧侶和舉行佛教禮儀的宗教建築——佛寺也就隨之出現並漸漸大興。魏晉南北朝佛教和佛寺發展很快，北魏正充（西元五二〇至五二五年）以後有佛寺

⊙麥積山第七十八窟正壁主佛

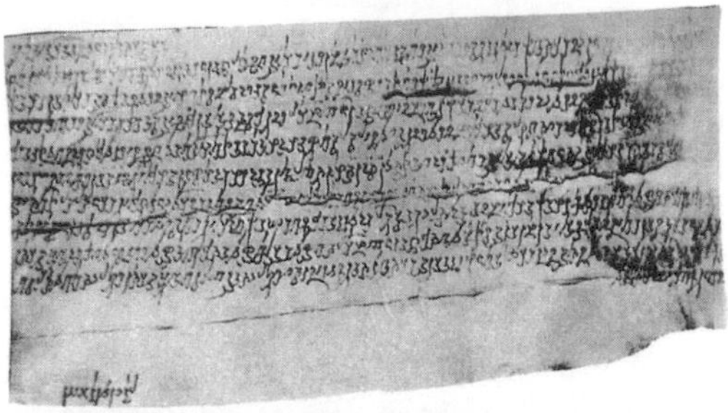

⊙鄯善國佉盧文文書。佉盧文全稱佉盧虱吒文，從印度經貴霜人傳來，西元二至四世紀，流行於西域城邦國家鄯善（今新疆若羌）和于闐（今新疆和田）。這大概是中國少數民族的先民使用漢文以外文字的最初嘗試。這種文字由音節字母組成，由左橫書，字母不連字，字與字之間無間隔，亦無標點符號。圖為新疆和田地區採集的佉盧文文書。

⊙西域高昌故城遺址

三萬多所，南朝僅建康就有五百多所。伴隨著佛教的逐步深入傳播和佛寺的廣建，雕造佛像、圖繪壁畫開始興起，魏晉的佛寺壁畫是佛寺壁畫在中國興起的代表。

在南方建業一帶，從康僧會建建初寺之後，不僅寺院開始興建，造像壁畫也隨之開始，建初寺為中心的江南寺院就有了壁畫製作。東晉不僅大修佛寺，在佛寺繪製壁畫更是十分普遍，當時許多著名畫家都參與了寺院壁畫製作，他們不僅注重人物形體動作描繪，更強調人物神情與心理畫。魏晉時期流傳下來的寺觀壁畫不多，但敦煌、克孜爾等地石窟寺中同時期壁畫，顯示了佛寺壁畫的大體規模、水準和內容。中原內地磚木結構的佛寺殿堂中，壁畫從屬於雕像，面積小於沙漠地區石窟寺。當時壁畫題材多是《定充佛像》、《釋迦十弟子圖》、《行道天王圖》、《阿難》等高僧像，還有大型經變，即多情節組合一處的大型構圖，中心表現主題內容，四周表現相關情節，使全圖合起來看是一個完整畫面，細看每一個局部又是獨立成圖的。

魏晉時期，西域的于闐、鄯善、高昌、龜茲和敦煌都是佛教勝地，在石窟寺壁畫方面也有輝煌成就。從古代鄯善寺廟遺址發現的壁畫，可使人們瞭解佛教藝術傳播的途徑；龜茲佛教藝術的典型代表——克孜爾石窟壁畫有著獨特風格，人物有凹凸分明的立體效果，被稱為「龜茲畫風」，對南北朝繪畫有很大影響。

魏晉時期的曹不興、顧愷之、陸探微等著名畫家都擅長佛畫，並多留有畫跡在佛寺。中亞僧人康僧會剛到建業時，曹不興根據「西國佛畫」，然後「儀範寫之」，被譽為「佛畫之祖」。

⊙新疆若羌縣米蘭第三號寺院遺址壁畫占夢。此塊殘壁所繪內容選自佛傳故事，描繪的是悉達多的母親摩耶夫人夜晚感夢，其父淨飯王召相師占夢的情節。壁畫中部的淨飯王坐在一個佈滿薔薇圖案的深色台座上。他右手平舉，目光炯炯，面部充滿莊重的神情。

東晉

顧愷之代表魏晉繪畫的藝術高峰

顧愷之（西元三四四至四〇五年）是東晉繪畫的卓越代表人物，也是中國歷史上著名的大畫家、早期的繪畫理論家。他出身士族高門，字長康，小名虎頭，少年時便當上了大將軍恆溫的參軍，後任散騎常侍。顧愷之多才多藝，名聲很大，當時有「畫絕、才絕、癡絕」的「三絕」稱號。在繪畫上，他總結了漢魏以來民間的和士大夫的繪畫經驗，把傳統繪畫向前推進了一大步。

顧愷之善畫肖像，亦工山水，他認為繪畫妙在傳神，要以形寫神，有「傳神寫照，盡在阿睹中」的妙語。青年時代，他為江寧瓦官寺做維摩詰壁畫，當眾為畫像點睛，三日間便為寺院募得百萬錢，此事轟動一時。他為裴楷畫像，

⊙炳靈寺石窟禪定圖．說法圖壁畫

⊙新疆克孜爾石窟壁畫

顧愷之在興寧年中認施百萬錢捐修瓦宮寺，然後在寺內一壁面上畫維摩詰像，因為這幅畫寺內得施百萬錢。他所畫的維摩詰「有清羸示病之容，隱幾忘言之狀態」，影響很大。陸探微擅長道釋畫，所畫人物大多「秀骨清像」，讓人有「懍懍若對神明」的感覺，他的畫跡在後世仍保存在甘露寺壁。這些名畫家的佛畫是佛寺壁畫在當時的代表，由於他們的參與，佛寺壁畫藝術水準得以提高。

魏晉時期開始在中國興起的佛寺壁畫，為壁畫藝術在南北朝的極盛奠定了基礎。

在頰上添上三毫，就使畫像神采奕奕；畫謝鯤則以岩壑為背景，因為謝鯤好遊山玩水，故借此以表現其志趣風度。唐代書畫評論家張懷瓘的《畫斷》說：「像人之美，張（僧繇）得其肉，陸（探微）得其骨，顧（愷之）得其神，以顧為最。」一語奠定顧愷之在繪畫史上的地位。顧愷之本人在其畫論裡也說畫「手揮五弦」固然不易，但畫「目送飛鴻」更難。此語正體現了他對神形兼具的追求，對後來的中國畫創作和繪畫美學思想的發展有很大的影響。

顧愷之的繪畫題材涉及道釋、人物、山水、禽鳥，無所不包，有文獻記載的不下六、七十件，但真跡均已失傳。從流傳至今的被認為是顧愷之原作摹本的《女史箴圖》、《洛神賦圖》、《列女仁智圖》中，可以看出顧愷之藝術的風格和神韻。

《女史箴圖》（唐摹本）是依據西晉張華的文學作品《女史箴》而畫，從「班婕有辭，割歡同輦」起至「女史司箴，敢告庶姬」止，共分九段。內容是教育宮中婦女如何為人的一些封建道德規範，但圖卷中出現的是一系列動人的婦女形象，有馮婕妤奮起驅熊的矯健，有班婕婉言辭輦的端莊，有宮女日常梳妝的嫵媚。畫中的人物「筆彩生動，髭髮秀潤」，衣帶迎風飄舉，儀容典雅自然；其創造繪畫形象的主要特徵是注重用線造型，線條以連綿不斷、悠緩舒展的形式體現出節奏感，用線的力度不大，如「春蠶吐絲」一樣。顧愷之已將戰國以來的「高古遊絲描」發展到了完美無缺的境地。

⊙上圖為東晉顧愷之《列女仁智圖卷》宋摹本　⊙下兩圖為東晉顧愷之《洛神賦圖卷》宋摹本（局部）

《列女仁智圖》（宋摹本）同樣表現了傳統題材，全卷原分十五段，現存「楚武鄧曼」、「衛靈公妻」、「孫叔敖母」等八段，畫後題贊。畫卷布局方式與形象特徵與《女史箴圖》相近。雖沿用自漢以來的傳統題材，但在情節的表現上則注意到以人物的動態來處理相互之間的關係。

《洛神賦圖》（宋摹本）是依據詩人曹植的文學創作而畫成的，反映了顧愷之創作題材的擴大。繪畫以故事的發展為線索，分段將人物及情節置於自然山川的環境中展開描繪。畫中的洛神含情脈脈，若往若還，表達出一種可望而不可及的惆悵情意，體現了顧愷之概括為「悟對通神」的藝術主張。

後人對顧愷之的畫法和風格論述頗多。唐人張彥遠在《歷代名畫記》中說：「顧愷之之跡，緊勁連綿，循環超忽，調格逸易，風趨電疾」，元人湯垕在《畫鑒》中形容顧愷之之用筆「如春雲浮空，流水行地」、「傳染人物容貌，以濃色微加點綴，不求薄飾」。他在畫法上師承衛協精細一體，開創後世「密體」一派，表現了魏晉繪畫藝術的時代特徵。顧愷之的繪畫理論和創作實踐，代表了此時繪畫藝術的最高成就。

⊙東晉顧愷之《女史箴圖卷》

東晉

麵食開始占主要地位

中國是個農業大國，農業文明的發展歷史悠久，是世界上最早培植水稻、稷、黍等作物的國家。上古時，人們最重要的糧食食物是稷，黍則被認為是一種好吃的糧食，常用於年節或待客。後來麥也成了主要的糧食作物之一，但極少用來磨製成麵食，只是做成乾飯食用。古時五穀（稻、黍、稷、麥、菽）皆可作飯，如黍飯、菽飯等，古人以吃米飯和麥飯為多。直到漢代古籍中才有了關於餅食的記載，魏晉以後逐漸增多。這說明漢代以後，主食有一個顯著變化，就是麵、點、糕、餅類的食物有了很大發展，到魏晉時開始占主要地位。

古代以麵粉調水拌合而製成的麵食，如點、糕、餅都通稱為餅，如現代的饅頭古名「蒸餅」；凡是水煮或油炸的麵食，如麵條、餛飩、水餃、元宵、油糕之類稱「湯餅」。《御覽》引《續後漢書》載：「靈帝好胡餅，京師皆食胡餅。」《齊民要術．水引．法》條，對餛飩、麵條的做法都做了詳細說明。古時不單饅頭稱「蒸餅」，把所有用蒸籠蒸的各式花饃、包子、糕點、蒸餃等都統稱為「蒸餅」。起初不發酵，有「牢執」之稱；後來才有了發酵技術，名為「起膠」，這就有了「起麵餅」。據《南齊書》載，西晉元康九年（西元二九九年），規定太廟祭祀用「起麵餅」，實則饅頭。蒸餅的形狀不斷改進，由扁平逐漸變成圓形，這就成了饅頭。相傳饅頭一詞，是諸葛亮發明的，《事物紀原》說諸葛亮南征時，見當地土族殺人取首去祭神，就讓他們用面做成人頭狀的餅來代替，起名「饅頭」。當時的饅頭類似於今天的包子，是有餡的，後來才改成無餡的。

魏晉時期餅類食品的烹飪水準已非常高，晉人《餅賦》中曾對蒸餅的做法、色澤、形狀、氣味做過細緻而生動的描繪，從製餅的麵粉到揉和成麵團、用的餡料、所施調料、蒸時掌握的火候等等細枝末節都有詳述，可見當時餅類食品也已很普遍。

⊙北燕玻璃碗，遼寧北票馮素弗墓出土。

鳩摩羅什入華傳播大乘空宗

弘始四年（西元四〇二年），鳩摩羅什應後秦主姚興之請，住長安逍遙園開始主持譯經，僧肇等八百餘人受命助譯。

鳩摩羅什（西元三四四至四一三年）是中國佛教四大譯經家之一，其父在印度棄相位出家，遠投龜慈（今新疆庫車一代），被逼與龜慈五妹結婚，生鳩摩羅什。鳩摩羅什七歲隨母出家，學習小乘佛教毗曇學，後又學《阿含》等經，因聆聽《阿耨達經》開悟，隨即改學大乘。鳩摩羅什學識淵博，二十多年間在西域講經說法，享有盛譽。建元十八年（西元三八二年），前秦王苻堅遣呂光等出兵西域，攻陷龜慈得鳩摩羅什，其隨呂光住涼州。弘始三年，後秦主姚興遣將攻涼州，鳩摩羅什被迎入關，次年入住長安主持譯經。八年間譯出《坐禪三昧經》、《阿彌陀經》、《大品般若經》、《法華經》、《維摩詰經》、《金剛經》、《大智度論》、《成實論》以及最著名的「三論」——《中論》、《百論》和《十二門論》等經論。

鳩摩羅什在長安專力翻譯，譯籍以般若經類為主，著述不多。他的翻譯，在內容的準確性和文體、技法方面，較前人都有很大提高。後人將鳩摩羅什的翻譯稱為「新譯」，在他以前的統稱「舊譯」，開闢了中國譯經史上的新紀元。

鳩摩羅什譯出的經論推動了佛教在中國的傳播和發展。他譯的「三論」後來成為三論宗立宗的依據，鳩摩羅什因此被稱為三論宗的始祖。《成實論》開創成實宗，《阿彌陀經》為淨土宗所依的主要經典，《法華經》開天台宗的端緒，《金剛經》啟發慧能禪宗。可見鳩摩羅什的譯籍，為中國佛教各教派的發展奠定了理論基礎，他在中國佛學史上有非常重要的地位，他的翻譯風格和治學態度給後學者樹立了典範，極大地促進了中國佛教和佛學的發展。

鳩摩羅什不僅是一位卓越的佛教翻譯家，也是一位重要的佛教理論家，在理論上他主要是介紹印度龍樹、提婆的中

⊙陝西戶縣草堂寺鳩摩羅什舍利塔

文化小事典

秦奉鳩摩羅什為國師

後秦弘始七年（西元四〇五年）一月，後秦王姚興奉佛教大師鳩摩羅什為國師。鳩摩羅什，本天竺人（印度），生於西域，成為西域的名僧。前秦苻堅時，鳩摩羅什與常山釋道安彼此通致問候。道安死後二十年，鳩摩羅什到長安，見到道安所譯經卷，與自己的譯本、義理相同。後來，後涼王呂光平定西域，攜鳩摩羅什到涼州，姚興擊敗呂隆，又派人迎鳩摩羅什到長安，尊以國師。姚興十分重視佛教，對鳩摩羅什也很尊重，常帶領眾沙門去澄玄堂聽鳩摩羅什講經解佛。鳩摩羅什通達東西方語言，姚興便命鳩摩羅什帶領僧略、僧遷、道樹、道坦、僧肇、曇順等八百餘僧，對舊有佛經詳加考校，並用意譯方法，譯出《摩訶盤若》、《法華》、《維摩》、《金剛》等經，共七十四部三八四卷，系統地介紹了大乘空宗的佛教學說。

觀學說。中觀學說是印度大乘佛教主要派別之一，中國傳統稱為空宗。鳩摩羅什透過研究，首先指出大小乘佛教理論的根本差異，他認為，小乘佛教主張「眾生空」，又稱「人空」，將人身分解成「五蘊」、「四大」，指出其無實。而大乘理論認為這是不夠的，還必須看到「法空」。大乘學者的理論思維已達到本體論程度，不滿足於小乘學者對解脫個人苦難的宣傳，而主張從世界觀來觀察世界，探討宇宙本原。中觀學說則發揮了大乘佛教中空的思想，認為世界上的萬物、人的認識甚至佛法都是一種相對的、依存的關係，只是一種假借的概念，只有排除了各種因緣關係，破除執著的偏見，才能悟出最高真理——空。在破除人們執著空有的兩種偏見中提出「八不」學說，即「不生亦不滅，不常亦不斷，不一亦不異，不來亦不出」。這「八不」是一切存在的基本範疇，也是人們認識之所以成立的根據，否定它們，也就否定了主觀認識和客觀世界，顯示了空性真理。空宗的「中觀」思想經鳩摩羅什傳譯後，在中國佛學史上產生了重要影響，不僅在漢族地區形成了三論宗，並成為天台宗、華嚴宗、禪宗的立論依據。中觀法門因此成為對中國佛教影響最深的印度佛教思想。

在靈魂有無的問題上，鳩摩羅什與南方的慧遠有重大分歧。從漢代以來，中國僧人執靈魂不滅論，認為人有一個不死的靈魂，是承受輪迴業報的主體，一旦成佛就可解脫。從大乘空宗的角度看，人的靈魂自然也是一個空，生死、苦樂都是非常的表現，並通過一系列二律背反，否定不死靈魂的存在。鳩摩羅什從西域帶

⊙北涼神馬壁畫。繪於甘肅省酒泉市丁家閘五號墓前室西壁第二層，神馬倒懸龍首之下，白身赤鬣，做昂首揚蹄騰空飛馳狀。兩側繪流雲，下部繪崑崙山。

來的大乘空宇思想對中國佛學界產生了巨大影響。在傳播般若空觀思想的過程中，其弟子僧肇發揮了關鍵性作用。僧肇本是關中名僧，投以羅什門下，協助譯經，寫了些闡述大乘空觀的著作，成為後世「三論宗」的始祖之一。

《黃庭經》之風盛行

《黃庭經》為上清派重要經典，分為《黃庭內景玉經》和《黃庭外景玉經》兩種，黃是中央之色，主身中脾土之色；庭，為階前空地，引伸為空。黃庭之景，就是指道教靜功修煉中導致玄關出現時的中空景象。《外景經》始見於東晉葛洪《抱朴子．遐覽》，當成書於魏晉間；《內景經》由《外景經》衍化而來，約成書於南北朝；後世習慣上都以《黃庭經》呼《外景經》，兩書均以七言歌訣敘述養生修煉原理，從問世以來便受到道教內外人士的歡迎，被譽為「壽世長生之妙典」。

東晉以來，研習《黃庭經》之風就極為盛行，傳說晉王羲之「寫經換鵝」曾寫就《黃庭經》，為世所珍視；唐宋間黃庭之學更加昌盛。蘇軾曾手書《黃庭內經》，還仿照其文體做了贊詞。歷代對《黃庭經》詮釋者不乏其人，通行的是收入《正統道藏》的梁丘子與務成子的注本。

作為一部健身長生之作，本書對於人體結構提出了「八景二十四真」之說。它把人體分為上、中、下三部，每一部分都鎮守有八景神，這些神各有名稱服色，與鎮守的器官性質相呼應。

《黃庭經》又提出了三黃庭和三丹田說，並由此而得名。黃庭與丹田只不過是對同一部位、不同角度的稱謂而已。上黃庭即上丹田在腦中，兩眉間入三寸處，又稱泥丸，是精根，乃百神之主。中黃庭即中丹田，一說為心，一說為脾，為生之本、神之處、臟腑之元，能夠適寒熱、調解血脈。下黃庭即下丹田，在臍下三寸，又稱下關元，尤其為道教所注重，此處是男子藏精、女子藏胎之

⊙大夏石馬。西元四〇七年，匈奴族酋長赫連勃勃自稱大夏，建都統萬城（今陝西橫山縣西），後為魏屬國吐谷渾所滅，歷二十五年。

所，是人生命的根本，陰陽相交的門戶。煉精結氣，沉入下丹田中，就將長生不老。

在對人體生理結構研究的基礎上，《黃庭經》提出了主要包括積精、累氣和存神致虛在內的一套完整的內養修煉方法。積精乃是初級階段。《黃庭經》認為，津液是人體的精華，修煉者要用升降吐納之功、乾漱之法，使唾液不斷產生，滋潤五臟，這樣就能去病延年。另外，作為人體下部津液來源的腎臟，與下丹田相連共為藏精之所，它能夠生精，而精不可洩漏，故要節欲。同時還要累氣，主要指調節呼吸、斷穀服氣，最終達到胎息而仙的極致。累氣主要以肺為主，配合以鼻腔來調息補氣，而氣又最忌諱五穀臭腥，所以修煉累氣必須「辟穀」，修煉到了一定水準，可以不用鼻肺而做到氣通全身，一如母腹中的胎兒，這就是「胎息」成仙了。煉形要積精累氣，煉神就要「存神致虛」了。要求修道者將心身思想集中於體內臟腑諸真神身上，排除雜念，返觀內照，使精神進入虛靜狀態。《黃庭經》認為黃庭包含了元精、元氣、元神，是人的根本，只有恬淡無為、內觀於心，才可能做到精至黃庭、氣歸黃庭、神入黃庭，病邪自然退去。

《小品方》影響深遠

在魏晉南北朝近二百種臨床醫方書中，形式獨特、內容豐富，對後世及國內外影響最大的，首推陳延之所著的《小品方》。

陳延之（生卒年不詳），據傳是東晉時期一位學養深厚的民間專業醫生，所著《小品方》大約成書於西元四百年前後，宋元時期就已散佚失傳。西元一九八五年在日本發現了《經方小品》殘卷。從這個殘卷中可以看出，這部分是陳延之參考了十八種、三百多卷前人著作編撰而成的，其醫學思想和成就，在一定程度上反映了魏晉時期的臨床醫學水準。

首先，在分卷方法上，它比較完整地體現了內、外、婦、兒、針灸等分科論治的基本框架，反映了當時臨床醫學的豐富內容和發展。其二，《小品方》十分重視用藥的法度，對病人的體質強弱、病情輕重、病程長短等因素與用藥劑量的關係，做了重要論述，認為不同情況的病人，應採用不同劑量的藥物。現代科學實驗結果證明了其科學性。其三，《小品方》對一些常見病的治療及專科知識有精當、實用的論述。書中對癭病（地方性甲狀腺腫大）的病因認識、症狀描述、含碘藥物用法的論述與現代醫學的認識基本相似，使人不能不驚嘆一千五百年前中國醫生對此病就認識得如此深入。在婦產科方面，陳延之較早地提出了晚婚晚育的思想。對待產期、產褥期保健，產後護理與調養，對妊娠病、難產病及產後病的治療都做了論述，很多觀點和方法至今仍有指導意義和實用價值。此外，《小品方》記載了多種兒科常見病的治療方藥，其中治療小兒腹股溝斜疝的方法具有較高的科學價值。

《小品方》之所以廣泛流傳，影響巨大，除了本身內容豐富、詳實、科學以外，還有一個更重要的原因，就是它以普及為目的的創作態度。在該書的序言中，陳延之明確地說，他較全面地記載各科常見病的治療方法和方藥的目的，是讓那些不願做職業醫生但卻想學一點醫術以防病救危的人提供入門書，掌握了這些內容，可以在危急時刻有辦法處理。應急和普及入門是其創作宗旨，正因它發揮了這兩方面的作用，才得以影響深遠。

唐代太醫署將《小品方》明確定為必須講授的教材，日本的《大寶律令》、《廷喜式》等也將其定為教科書，並規定了長達三百天的教學時間。南朝陶弘景增補《肘後救卒方》、隋代巢元方的《諸病源候論》、唐代孫思邈的《千金方》、王燾的《外台秘要》，甚至日本丹波康賴的《醫心方》、朝鮮禮蒙的《醫方類聚》等重要醫書，都引錄了《小品方》的內容。《小品方》在國內外產生了十分廣泛的影響，促進了醫學的傳播和發展；同時，其普及醫學知識的方式對後世乃至今天正確處理普及和提高的關係仍有一定的啟示。

中國陶器流行於世界

三世紀中後期以來，隨著晉代移民不斷遷居到朝鮮半島的大同江流域，中國的製陶技術開始傳入朝鮮，並在長時期左右著朝鮮陶業的發展。

平壤附近高句麗國都故址土城里及其鄰近地方，發現數以千計的磚槨和木槨古墳，與同時期朝鮮本土流行的石墳和土墳文化面貌不同。特別是古墳中的許多磚瓦紋飾，明顯具有漢魏六朝風格。墓中發現的文字磚共有十多種，據其中年代可考的研究，這些陶磚起自西元一八二年至四〇四年，即東漢光和五年至東晉元興三年，而且有年代的多數標的是東晉年號。南北朝時期，朝鮮半島的百濟和新羅建築陵墓、寺院和寶塔等所用的瓦當，以及日用缶甕等陶器等，無論燒製技術和波紋裝，都與中國境內同期的陶製品一般。中國陶工和製陶技術在朝鮮的傳導和影響，從中可見一斑。

西元四六三年，中國的製陶技術輾轉到達日本，這一年日本雄略天皇派吉備弟君從百濟移植陶部，在國內製造出灰質硬陶，而原來由本國土師部製作的

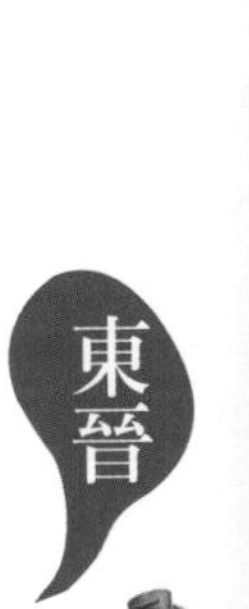

⊙將軍墳。將軍墳在吉林省集安縣城東七公里的龍山上，是古高句麗王的陵墓，因早年盜失已無一物，經考證約建於五世紀初期。墳全用巨石壘砌，平面正方形，邊長三十一點五公尺，高十二點四公尺，呈層層遞減的七級方台，狀如金字塔，故被譽為「東方金字塔」。

⊙東晉青釉褐斑羊頭壺。西晉盛行的帶狀印紋已消失，被畫於肩部的雙弦線代替。

紅褐色瓦器完全退出了日常生活，僅用在祭祀喪葬等儀式中。

在東南亞各地，中國的陶器從漢代開始便已傳入。東晉南朝時期，越南北部陶器有甕、壺、鼎、甑、灶、碗、杯、盤、匙、燭台、香爐等種類，色澤有赤、灰、白黃數種，並有釉陶，與中國中原陶器完全一樣。而且他們還把學習漢人製陶技術後製作的各種粗精陶器傳播到馬來半島、蘇門答臘島、爪哇島等地，使中國的陶業流布到東南亞各地。

三世紀以後，中國陶器和製陶技術也曾流行到非洲東部地區，東蘇丹境內的麥洛埃，製作部分非埃及式樣的陶器中，有許多受到漢晉陶器式樣的影響。隨後這種式樣的陶罐又隨麥洛埃陶器繼續南傳，流布到東非和中非地區，成為尚比亞的鄧布韋和辛巴威等地的一種陶器樣品。

中國陶器以其質地優良，製造技術精湛，品種繁多，造型獨特美觀等特殊的魅力，傳往海外，在東亞、東南亞、非洲等地的製陶業開闢新的天地，對當地的陶業發展產生了不可估計的促進作用。

師子國贈玉佛像

東晉時，對外交往頗為頻繁，與東邊的高麗、倭，南邊的林邑、扶南，西南的天竺、師子國，西邊的大秦、波斯等都有使者或商業往來。

⊙北魏佛造像

東晉安帝義熙初（西元四〇五年），師子國（今斯里蘭卡）遣使向東晉贈送玉佛像一座。佛像高四尺二寸，玉色潔潤，形制特殊。途經十年才運到建康。入晉後供奉在建康「瓦棺寺」內，與顧愷之所畫的《維摩畫圖》、戴逵手製的佛像五軀並稱瓦棺寺三絕。可惜，這件凝聚著中師人民之間友誼的稀世珍品後來毀於南齊東昏侯，被截斷作了潘貴妃的釵釧。

夏築統萬城

赫連勃勃建立的夏，以不設都城而著稱。然而，在獲得後秦的大片土地，國力逐漸強盛後，為了對付主要敵人、世仇魏拓跋氏的進攻，赫連勃勃於鳳翔元年（西元四一三年）三月，命叱干阿利為將作大匠，徵發嶺北胡、漢各族十萬人在朔方水山、黑水之南（內蒙古烏審旗南白城子）築城作為臨時都城。

阿利雖精於設計，但脾氣暴燥，性情殘忍。他命令築城工匠用蒸熟的土築城，築完後檢查，如果用錐子能刺入一寸，就殺掉築城者，並把屍體也築到城牆中去。因此，城牆築得非常堅固，硬得可以磨礪刀劍。城築好後，赫連勃勃自稱「朕方統一天下，君臨萬邦」，故取名為「統萬」。統萬城高十仞，基厚三十步，上廣十步，宮牆五仞。城內

⊙統萬城遺址，俗稱白城子，十六國時期大夏的都城。

台榭高大，飛閣相連。城開四門，東為「招魏」，南為「朝宋」，西為「服涼」，北為「平朔」。如此取名，表明赫連勃勃有統一天下的野心。可惜，統萬城在赫連勃勃死後的第二年，也就是宋元嘉二年（西元四二五年），即被北魏拓跋燾攻占。

僧肇推動中國佛學

僧肇是東晉時的僧人，本姓張，京兆長安（今陝西西安）人。大約生於西元三七四年（一說是三八四年），死於西元四一四年。僧肇幼年因為家境貧寒，靠代人抄書為生，得以閱讀大量的經史典藉。他非常喜歡《莊子》、《老子》，後來，他讀到了舊譯的《維摩經》，終於悟道出家。

鳩摩羅什從西域來到長安，僧肇投到羅什門下，跟從受學，協助譯經。他寫了一些闡述大乘空觀的經注、經序，深得鳩摩羅什賞識，被譽為「秦人解空第一」。僧肇的主要著作是梁陳年間編集的《肇論》一書，包括《不真空論》、《物不遷論》、《般若無知論》、《涅槃無名論》四篇論文。

在《不真空論》中，僧肇闡述了佛教宇宙觀，對六家七宗進行了批判性總結。他認為心無宗沒有真正否定客觀世界，不能達到大乘物我兩空的境界。而即色宗將世界分為本質和現象兩部分，是不符合中觀因緣和合思想的。他在此文中主張將有與無統一起來，萬物非有非無，本無自性，假有不真，不真則空，是謂「不真空」。《物不遷論》則宣傳真如佛體動靜一如，即體即用，人應該在斷滅無常、變動不居的現實世界中去把握真如本體。《般若無知論》叫人們放棄世俗「惑智」，學會超情遣知、洞照性空的般若智慧，從而達到大徹大悟的涅槃境界。

⊙程段兒石塔

僧肇以中國的語言文字介紹了佛教般若學空宗的思想及方法，使大乘空宗在中國佛學界得以確立。僧肇及其學說深受後代佛教學者的推崇，隋代形成「三論宗」後，以僧肇之學為正系，將他和鳩摩羅什並稱為「什肇山門」。

中國佛學學派興起

兩晉時期，中國本土的學者以老莊玄學比附從印度傳入中國的般若學，對大乘佛教般若空宗的旨義產生不同理解，形成與玄學三派相對應的幾個中國化的般若學派，歷史上稱為「六家七宗」。它標誌著中國佛學學派的興起。從此，佛學取代玄學，成為中國思想文化的主流，在隋唐時期達到鼎盛。

佛教在東漢時期傳入中國時，翻譯的經典以般若類為主，重點在介紹大乘般若空宗的理論。大乘般若學的主旨是從客體的緣起性空和主體智慧能觀照性空兩方面，闡述大乘「空觀」理論。這種理論與魏晉玄學本體論接近，又因為當時的學者大都諳熟老莊玄學，他們很自然地以玄學概念比附佛學，形成佛、玄匯合的思潮。佛、玄融合經歷了三個階段：佛學初入漢土之際，玄學為顯學與思想主流，佛學依附於玄學發展；到西晉興起般若思潮，翻譯家一方面以玄解佛，另一方面已不滿足於名詞概念之爭，不再拘泥於文字，力圖從思想實質把握佛學，他們從不同角度理解般若學，形成「六家七宗」，中國佛學學派在這一期興起；兩晉以後佛學取代玄學在思想領域占據主

⊙光相橋。位於紹興西北角，始建於東晉，是紹興現存較早的一座古橋。橋拱上有蓮花座圖案和「南無阿彌陀佛」。

導地位，玄學依附於佛學。

中國佛學學派的興起，與玄學內部三派之爭有密切關係。「六家七宗」的出現，是玄學三派理論爭辯的進一步展開。魏晉玄學重點討論「有無」、「本末」、「體用」等本體論問題，這些爭論在現實中表為名教與自然的關係問題。這場本體論上的爭辯使玄學分化為「貴無」、「崇有」和「獨化」三派。「貴無」派以何晏、王弼為代表，主張「無」為萬物之本，「有」為末，提出「以無為本」的本體論原則，崇尚自然，認為自然可以統馭名教；「崇有」派以裴頠為代表，認為「有」不從「無」產生，而是萬有「自生」，萬有的整體是道，萬有化生的規律是理，道與理都只能體現在「有」中，重視禮法名教的作用；「獨化」派以郭象為代表，主張萬物獨化，不從「無」中產生，也不受造物主支配，獨自生成變化，提出名教即自然的理論。

⊙北涼造像塔

魏晉玄學的本體論與印度佛教般若學的性空說在理論上有相通之處，一個探討本體，一個研究自性，兩者可以會通。玄學家帶著玄學的理論背景理解般若學，發源於印度的般若空宗經玄學家的不同解釋，遂分化為不同學派，形成「六家七宗」的局面。「六家」指本無、心無、即色、識含、幻化、緣會六個學派，「七宗」是在「六家」的基礎上，加上由「本無」派發展出來的「本無異」派。「本無」宗以道安為代表，主張各種現象與事物本性是無，實際上用玄學「貴無」派以無為本體的觀點解釋般若空觀，偏重從客體方面論證性空；「本無異」宗認為「有」從「無」中產生，仍帶有生成論色彩，與魏晉玄學本體論有異，不久消失；「心無」宗最著名的代表人物是支湣度，這一派側重從主體的空觀論證萬物不真，為假相，但不否認物的存在，與玄學「崇有」論的思路接近；「即色」宗以支道林為代表，認為物質現象由於緣起而存在，沒有自性，只從緣起的角度論證性空，不辨「有無」、「本末」問題，與玄學「獨化」說的思路一脈相承。「識含」、「幻化」、「緣會」三宗與「即色」宗觀點大同小異，所以「六家七宗」按其哲學思想可以歸納為「本無」、「心無」、「即色」三家，分別與玄學的「貴無」、「崇有」、「獨化」三派相應。「本無」、「心無」、「即色」三家分別從客體、主體和緣起的角度理解般若空宗，在理論上都不夠圓融，它們的思想是般若學與玄學匯合的產物，是中國化的佛學。

兩晉之際興起的般若學思潮，是印度佛學中國化的開端，「六家七宗」的出現，標誌著中國化佛學學派形成。「六家七宗」的思想與印度般若空宗相比，不夠深刻、圓融，但它畢竟是中國僧人、學者以本土思想消化、融合外來思想的一次大膽嘗試，它表明中國本土的學者已不再滿足於傳譯印度佛教典籍的章句之學，而要求結合中國本土思想研究外來佛教，以圖有所創新。實際上兩晉時期的般若學研究並沒有停留在以玄解佛的階段，而是透過玄學的仲介，很快進入獨立發展階段。中國佛學學派的興起是中國文化史上的一個轉捩點，從此，佛學研究取代玄學爭辯，在思想領域中占主導地位，影響了中國文學、藝術和哲學的發展。

私學流爲三派

魏晉時期，政局動盪，政治統治鬆懈，兩漢蓬勃的官學在漢末屢遭戰亂而淪為廢墟，魏晉南北朝平寧時少而喪亂彌多，雖做過復興官學的努力，但已無法達到昔日的繁榮，在這種情形下，地方私學呈現出繁榮的局面，形成了三大流派，學術文化賴此得以保存和延續。

私人講學在先秦已經出現，兩漢臻於鼎盛。在動亂頻仍的魏晉時代，飽學之士不再迷戀仕途，抱經自守，隱逸之習蔚然成風，有的聚徒講學，學生人數上百人或幾千人的屢見不鮮，南朝齊國劉瓛就是冠蓋當時的鴻儒。居家講學者更是不可勝數，使私學成為風行一時的最重要的教育形式，甚至在一定程度上取代了官學的地位。

梁武帝天監四年（西元五〇五年）開辦了五個學館，成為當時私學發展的典型。尤其潮州嚴植的學館最聞名遐邇，每當他設壇講學時，五學館的學生都趕來聽課，常常多達千餘人。而北方私學盛於南方，徐遵明是北方首開宗派的大儒，北朝的儒士大多是他的學生。

永嘉之亂以後，戰亂再起，中州名士大多避於江左或河西，使河西敦煌、酒泉、張掖一帶私學最為鼎盛，而留居中原的儒士，因世道紛亂而拒絕應徵入仕，隱居山林僻鄉，聚徒講學，這

樣就形成了三大學術流派：江左私學、河洛私學和河西私學。

江左私學受到南渡的玄風影響，遷徙而來的中州名士帶來的黃河文化，使學術文化有南北合流的傾向，學風不如河洛、河西兩派精純，而苟且安逸、沉湎於山水風情、恣情逸志、放蕩無倫，私學風範雖稱博雅淹通，但顯然浮蕩得多，經史文章只援為談資、輔翼正理，從而形成了清談博異的風尚。

河洛私學是留居於五胡諸國盤踞的中州，隱居不仕，潛心研究經術，以聚徒講學為業的漢族儒士，秉承漢魏古學風範，往往潛思有得，在經學章句、訓詁考訂等方面多有突破兩漢經學的地方，同時在北朝政權褒獎下，南北學風交流，而且受到玄風的侵襲，加之佛、道盛行，形成了河洛私學以擅長專經為立身之本，兼談百家、佛道及神位方術、陰陽五行諸學的風格。

河西私學，由於兩漢時期與西域交通頻繁，在河西走廊一帶中西文化合璧現象十分明顯。魏晉南北朝時期，河西私學分為兩大支脈，一是漢魏經學的師傳，二是佛教學說的流布。西晉時期在涼州一帶聚集了許多從中州遷徙而來的講經授徒的經學大師，如敦煌宋纖專治經緯之學，隱居酒泉南山，弟子三千多人。郭瑀遊學張掖，得到略陰經學大師郭荷的真傳，名顯於世，在臨松薤谷，鑿石窟穴居，聚徒講學，弟子千餘人；著作弘富，有《春秋墨說》等傳世。西晉永甯初（西元三〇一年），張軌出任涼州刺史，創辦學校，進一步振興了私學。永嘉亂後，避居於此的儒士如江瓊帶來了大量文獻；太延五年（西元四三九年），其六世孫江式將經史諸子文章千餘卷獻給北魏，聚此講學的儒士眾多。

這時私學最明顯的特徵還有教學內容多元化，天文、算學、醫學、藥物學等都納入講學的範疇，教學方法也有革新，考察和實證成為新的教學手段。此外還有婦女授徒的現象，苻堅的太常官韋逞的母親宋氏設立的講堂，生徒一二〇人，她隔絳紗幔講學，號宣文君。南朝已有婦女被任為博士，如齊武帝博士韓蘭英，被尊稱為「韓公」。

總之，魏晉南北朝時期，私學流為三派並各自形成獨特的學術風範，使學術文化在長期戰亂中得以延續並有所創新，避免了中華文明史的斷層。

⊙東晉男侍俑

520A.D.

·二月，梁遣使冊高麗世子安為高麗王，中途為魏所執。

522A.D.

·龍門山佛龕部分完成。

·梁人司馬達等往日本，司馬達等以制鞍為業，在日本大和（今奈良縣）阪田原設立草堂崇奉佛教，是為日本僧尼之始。

529A.D.

·開中國首次無遮大會。

534A.D.

·七月，高歡入洛陽，大殺魏之大臣。十月，高歡立魏清河王世子善見為帝，改元天平，是為孝靜帝，旋遷於鄴，自是魏分東西。

537A.D.

·高歡部多鮮卑人，「漢人」、「漢民」稱呼開始出現。

550A.D.

·正月，梁邵陵王綸為都督中外諸軍事、假黃鉞、承制。西魏陷梁安陸，盡有漢東之地。五月，高洋稱皇帝，改元天保，是為北齊顯祖文宣皇帝，以東魏帝為中山王，尋殺之，東魏亡。

551A.D.

·十一月，侯景稱帝，國號漢。

555A.D.

·正月，梁王詧稱帝於江陵，改元大定，稱藩於西魏，史稱後梁。

570A.D. 580A.D.

556A.D.

·西魏恭帝「禪位 」於宇文覺。

557A.D.

·陳霸先稱帝，是為高祖武皇帝。

·《玉台新詠》編成。

564A.D.

·齊律成，為隋唐律之藍本。

568A.D.

·周取突厥女為皇后，龜茲音樂家隨之入華。

·北響堂山開刻佛經。

574年

·五月，周禁佛道，毀經像，勒僧道還俗。

575A.D.

·白瓷開始生產。

·齊畫家曹仲達以「曹衣出水」聞名。

·張子信發現太陽視運動的不均勻性。

576A.D.

·齊亡。

580A.D.

·周楊堅為相國總百揆，進爵為隨王。堅大殺周宗諸王。

南北朝

南北朝年表420A.D.～580A.D.

421A.D.

‧三月，沮渠蒙遜破敦煌，西涼亡，西域諸國皆附於蒙遜。

423A.D.

‧十二月，魏崇奉道士寇謙之，道教大盛。

430A.D.

‧宋鑄四銖錢，為一個半世紀以來中國首次鑄錢。

431A.D.

‧夏赫連定擊降乞伏暮末，西秦亡。

‧九月，魏以沮渠蒙遜為涼州牧、涼王；史稱北涼。

438A.D.

‧北燕馮弘遣使請迎於宋，高句麗殺弘，北燕亡。

‧四月，倭國王珍遣使獻於宋，以為安東將軍。

439A.D.

‧六月，魏發兵攻北涼 。九月，北涼亡。

463A.D.

‧六月，柔然、高麗遣使獻於宋。

465A.D.

‧宋聽民鑄錢，於是錢質益劣，有鵝眼、綖環之目，物價踴貴，斗米萬錢。

467A.D.

‧陸修靜至建康整理道經，成《道藏》基礎。

420A.D. —— 500A.D.

469A.D.

‧魏用沙門統曇曜言，以民及奴分別為僧祇戶及佛圖戶。

479A.D.

‧蕭道成稱皇帝，改元建元，是為齊太祖高皇帝。以宋帝為汝陰王，繼殺之，追諡順帝，宋亡。

483A.D.

‧十二月，魏始禁同姓為婚。魏秦州刺史酷暴，州民紛起反抗，魏斬刺史以謝州民。

492A.D.

‧齊令太子家令沈約撰《宋書》。

493A.D

‧永明新詩體出現。

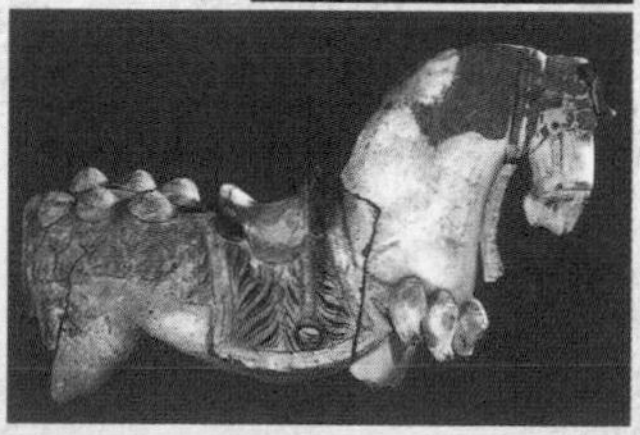

496A.D.

‧魏定族姓，清流品。魏改漢姓，禁講鮮卑語。

502A.D.

‧四月，蕭衍稱皇帝，是為梁高祖武皇帝，齊亡。

509A.D.

‧十一月，魏帝為諸僧及朝臣講佛經，於是佛教大盛。

511A.D.

‧五月，魏禁天文學。

518A.D.

‧十月，魏遣宋雲與惠生赴西域求佛經。

「五胡亂華」‧十六國的形成消長

從西元三〇四年劉淵建立漢國到西元五八一年楊堅建立隋朝，幾乎兩個半世紀，中國北方陷入分裂戰亂狀態，黃河流域廣大地區處於少數民族統治。二百多年的民族大激盪，內遷各族和沿邊各族紛紛登上歷史舞台，建立政權，使這一時期的民族關係呈現出錯綜複雜的局面。

五胡於西晉惠帝末期開始大規模的叛亂，十餘年後便占有整個北方。從惠帝永興元年（西元三〇四年）匈奴劉淵稱王起，下至南朝宋文帝元嘉十六年（西元四三九年）北魏拓跋氏統一北方止，一百三十六年間陸續在北方建立了十幾個國家，與南方的漢族傳統政權東晉相對峙，其間漢人也曾在北方先後建立了幾個小國。史家把這段時間內，在中國境內漢族傳統政權版圖以外地區建立的國家，統稱為「十六國」。這種說法是因襲北魏時崔鴻撰寫《十六國春秋》而來。

十六國的名稱是匈奴族所建的前趙（劉氏）、北涼（沮渠氏）、夏（赫連氏）；羯族所建的後趙（石氏）；鮮卑族所建的前燕、後燕、南燕（以上三國均慕容氏所建）、西秦（乞伏氏）、南涼（禿髮氏）；羌族所建的後秦（姚氏）；氐族所建的前秦（苻氏）、後涼（呂氏）、成漢（李氏）；漢人所建的前涼（張氏）、西涼（段氏）、北燕（馮氏）。在同一時期，常有兩個以上的國家並立，但從無十六國並立的事。

永嘉亂後胡族在荒圮的帝國廢墟上競行建國。他們的興衰約可分為五期：第一是趙、蜀和東晉三國鼎立時期。中原迭為匈奴劉氏的前趙與羯族石氏的後趙所據，氐族李氏所建的成漢則僻據巴蜀，與偏安江南的東晉政權相對抗。第二是前燕、前秦與東晉鼎立時期。鮮卑慕容氏的前燕與氐族苻氏的前秦分據北方，南方仍為東晉。第三是前秦與東晉對峙期。前秦苻堅滅前燕，統一北方，號稱極盛，與東晉南北對峙。第四是後秦、後燕與東晉鼎立時期。苻堅發動南侵，敗於淝水，北方再度分裂為諸國並立狀態，其中以鮮卑慕容氏的後燕及羌族姚氏的後秦最強。第五是北魏、夏、涼與東晉並立時期。北方諸胡混戰，東晉劉裕發動北伐，滅南燕、後秦等，旋即退兵。北方復陷於分裂局勢，匈奴赫連氏屢據關中，鮮卑禿髮氏的南涼與匈奴沮渠氏的北涼迭據西北。同此時期，鮮卑拓跋氏厲行復國運動，建立北魏，漸有統一列國，結束五胡亂華之勢。

漢、前趙、後趙

劉聰滅西晉後，匈奴族的漢國控制了黃河中下游的廣大地區。西元三一八

年，劉聰病死，外戚靳准殺新繼位的劉粲及劉氏家族，坐鎮長安的劉曜遣兵族滅靳氏，遷都長安，改國號為趙，史稱前趙。次年，割據河北的石勒稱趙王，都襄國，史稱後趙。羯人石勒（西元二七四至三三三年）在投靠劉淵後逐漸控制了河北廣大地區。後趙建國前後，石勒利用衝突各個擊破，逐步削平了敵對的幽州王浚、並州劉琨、青州曹嶷等勢力，西元三二八年洛西一戰擒獲因酗酒而酩酊大醉的劉曜，次年攻入關中滅前趙。西元三三〇年，石勒稱帝，遷都鄴城。除河西前涼張氏外，基本上統一了北方。石勒在政治上很注意拉攏漢族失意士人，石勒還恢復九品中正制度，並透過察舉、考經等辦法，為士人參政廣開門路；並設太學，使「胡」族貴族子弟入學，學習漢族文化。西元三三三年石勒死，他的侄子石虎殺太子石弘自立為帝。石虎是一個嗜殺成性、荒淫無恥的暴君，愁怖病死。

冉魏

石虎死後，諸子爭位，漢人冉閔掌握了後趙兵權，乘機奪得政權。石虎之子石只在襄國稱帝，「六夷」紛紛響應，東晉政權坐視不救，冉閔無日不戰，西元三五二年被從遼西南下的鮮卑慕容部滅。

前涼

從「八王之亂」到「五胡亂華」，西晉涼州刺史張軌及其子張寔守土保境，中原人民紛紛前來避亂，張氏子孫世守涼州，人民生活比較安定。漢族士人在那裡傳授儒學，保存了中原失傳的一些經籍和學說。

⊙胡人俑。北魏時代文物。「胡人」是古代中原人對北方草原遊牧民族的泛稱。

前燕

建立前燕的鮮卑慕容部又稱「白部」，居住在遼河流域。晉末中原大亂，一批漢族官僚地主帶著宗族、部曲以及大批流民避亂遷居遼西。廆死，子皝於西元三三七年稱燕王，建立了前燕，都龍城（遼寧朝陽）。定居農業使鮮卑慕容部開始走上漢化的道路。西元三四八年，慕容皝死，子慕容儁繼位，他趁石虎死後冉閔代趙時的混亂局面輕而易舉地擊滅了冉魏，於西元三五二年稱帝，遷都鄴，控制了中原，與關中的

⊙佛像。炳靈寺西秦時期作品。

前秦東西相峙。慕容儁死後，由年僅十一歲的兒子慕容暐繼位，政治局面開始逆轉。統治集團日益腐化，前燕國勢日益衰敗，西元三七〇年為前秦所滅。

前秦

前秦政權由氐族建立。當冉閔屠殺胡羯時，關隴氐羌流民相率西返，居於枋頭（河南浚縣西南）的羌酋苻洪乘機收羅、聚眾十多萬，自稱三秦王。苻洪死，子健繼立，西元三五一年自稱天王，國號秦，都長安，建立了前秦。苻健死，繼位的苻生極其荒淫殘暴，苻健的侄子苻堅在宗室大臣和宿衛將士支持下，殺苻生，做了大秦天王。苻堅重用漢族寒門士人王猛，進行了一系列改革。廣立學校，提倡儒學，把注意力放在恢復和發展生產方面。西元三七〇年滅前燕，西元三七六年發兵滅前涼。同年，又出兵滅鮮卑拓跋部在代北建立的代國，統一了北方。西元三八三年，苻堅發兵九十萬，企圖一舉攻滅東晉，在淝水戰場上，晉軍獲得了巨大勝利。前秦統治迅速土崩瓦解。前秦瓦解後，原苻堅控制下的各族尊酋領紛紛建立自己的政權，北方重現了嚴重的分裂局面，出現了十三個政權。

關東諸燕

在關東地區，前燕貴族慕容垂收羅舊部，集眾二十萬，於西元三八四年自稱燕王復國，定都中山（河北定縣），史稱後燕。次年，前燕帝裔慕容沖在關中稱帝，西元三八六年率鮮卑三十餘萬眾進入山西，建都長子（長治），史稱西燕。同年鮮卑拓跋珪在代北復國，都盛樂（內蒙古和林格爾），後改國號魏，史稱北魏。西元三九五年拓跋鐵騎長驅直入中原，後燕被截為南北兩部，一部由慕容德率領南下定都廣固（山東益都），史稱南燕，至西元四一〇年被晉劉裕北伐軍所滅；另一部退還龍城，由於政治昏亂，政權被漢人馮跋取代，史稱北燕。北燕在遼西割據二十餘年，於西元四三六年為北魏所滅。

關中秦、夏

關中地區羌酋姚萇於西元三八四年起兵渭北，西元三八六年姚萇進入長安稱帝，國號大秦，史稱後秦。姚萇任用漢族士人，整飭吏治，使前秦末年的混亂局面有所改觀。姚萇死後，姚興（西元三六六至四一六年）繼位。西元四一七年被東晉劉裕北伐軍所滅。

赫連勃勃是匈奴左賢王劉衛辰之子，西元四〇七年，他自稱大夏天王，國號夏，都統萬（陝西橫山）。鐵弗部受漢文化影響較少，長期遊牧統治一直不穩，西元四二七年被北魏所滅。

隴右諸國

在隴右河西走廊一帶，先後建立過五個短期小王國。鮮卑乞伏部乞伏國仁建立西秦（西元三八五至四三一年），都苑川（甘肅榆中）；氐人呂光自西域退回河西，建立後涼（西元三八五至四〇三年），都姑臧（甘肅武威）；鮮卑禿髮部禿髮烏孤建立南涼（西元三九七至四一四年），都廉川堡（青海東都）；盧水胡沮渠蒙遜建立北涼（西元三九七至四三九年），都張掖；漢人李嵩建立西涼（西元四〇〇至四二一年），都敦煌。由於這一地區經濟水準較低，民族關係複雜，沒有一個民族能夠在這裡發揮主導作用。

⊙佛頭部。北魏時期敦煌彩塑。

⊙說法圖。北涼時期敦煌壁畫。

寇謙之起天師道場‧弘揚道教

北魏泰常八年（西元四二三年），魏道士寇謙之起天師道場。

寇謙之，字輔貞，原籍上谷，後居馮翊萬年。其家世代信奉天師道，因而寇謙之從小就修習張魯之術，服食餌藥，如此多年，卻無效果，便轉而研習西方天算醫藥之學，始通養生延年之道，於是決心改革天師道，提出「清整道教，除去三張（張修、張衡、張魯）偽法」的口號。他革除原天師道中收租米的舊規，取消房中術，提倡服氣導引修煉之術。同時他模仿佛教的戒律軌儀，制定了一套道教的戒律，使道眾行為受到約束。寇謙之的這些改革淨化、規範了天師道，從而有利於獲得更多的徒眾。

北魏太武帝拓跋燾就是個篤信道教的人，他的大臣崔浩也是一個道教信徒。魏始光元年（西元四二四年）正月，寇謙之便來到魏都平城，自稱有老子玄孫李譜文授予的《籙圖真經》和劾召鬼神的法術，並受神囑前來輔佐北方的「太平真君」，為此，作為「太平真君」的魏帝應該弘揚道教。拓跋燾和崔浩都深信其說，遂隆重迎接寇謙之及其弟子到平城，封寇為道教天師，並聽從寇謙之的建議在平城東南起天師道場，內築五層重壇，又詔令天下信奉寇謙之的天師道。太平真君元年（西元四四〇年），拓跋燾改元「太平真君」，以應天命。自此，道教在北魏盛行開來，並受到北魏各代皇帝的崇奉。

⊙北魏彌勒佛像

⊙炳靈寺北魏釋迦、多寶二佛及二菩薩像龕

宋改革制度

晉元熙二年（西元四二〇年）六月，劉宋篡晉稱帝，改元永初，建立劉宋王朝，隨即對政治、經濟進行改革，除去東晉的不少稗政，如嚴格法制、策試官吏、禁止豪強隱藏戶口、封占山澤、赦免「亡叛」、精簡府吏等等。這些措施對當時社會的穩定和發展無疑發揮了積極作用。

宋文帝劉義隆於景平二年（西元四二四年）即位後，在劉裕改革的基礎上，繼續進行了一系列改革。一是整頓吏制。文帝常派使者巡行州郡，考察守宰的好壞，同時讓郡、縣官吏各自上書闡述政治得失，以考其績能。二是嚴明訴訟。文帝常於延賢堂聽訟，以求刑獄平允，又規定每年聽取訴訟三次，廣泛採納嘉謀、徵集讜言。三是提倡文教。文帝下詔各地從速修復學舍，召集生徒，研習學問，並曾親自到國子學策試學生、獎掖教師；同時修理孔墓，以表明朝廷重文之意。四是下詔求賢。令各地官吏推舉能人才士，為國效力。五是勸課農桑。文帝曾多次下詔督民務農，獎勵開荒種地，並貸給農民糧種，使農民能及時耕種，又令各地修復陂塘，以保水利。六是減免賦稅。元嘉十七年（西元四四〇年），文帝下詔減免諸州逋租，除掉估稅、市調之害民者，不准封禁山澤等。七是開爐鑄錢，一改自東晉以來歷代政府不曾鑄錢的狀況，解決了因經濟發展而導致貨幣短缺的問題。

⊙南朝越窯蓮蓬紋托盤面

⊙南朝青瓷蓮瓣紋托碗

宋立國初期兩代皇帝的改革，維持了社會的安全，促進了經濟的發展，使劉宋國內人口不斷增加，生產持續發展，人民安居樂業，從而形成了元嘉年間的小康局面，史稱「元嘉之治」。

炳靈寺石窟開建

東晉十六國時，割據甘肅西南一帶的鮮卑西秦（西元三八五至四三一年）政權，於西秦建弘元年（西元四二〇年）開建了炳靈寺石窟，成為當時與麥積山石窟齊名的佛教勝地，續至唐代，明以後逐漸湮沒。

炳靈寺石窟位於甘肅省永靖縣西南卅五公里的小積石山中，原稱唐述窟，唐稱靈岩寺，宋改稱炳靈寺，是藏語音譯，取十萬彌勒佛洲之意。從西秦開建以來，到明代為止歷有續建、修復活動。現存窟龕共一九六個，主要集中在下寺溝西側南北長三五〇公尺、高三〇公尺的壁面上，其餘的零星分佈在附近的上寺、洞溝、佛爺台等地，方圓約七公里。

⊙禪定圖局部，菩薩、飛天、供養人。炳靈寺石窟時期作品。

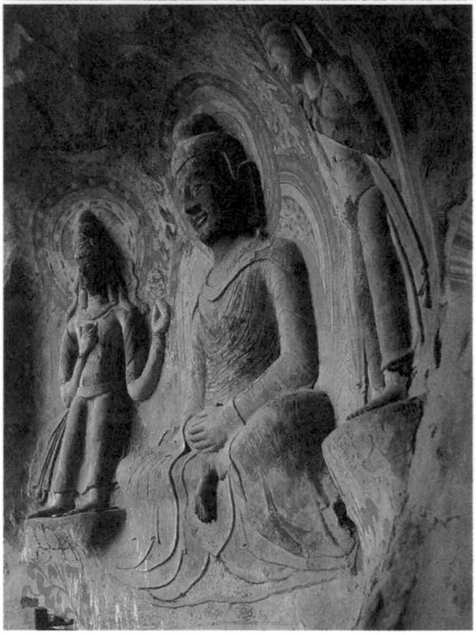
⊙禪定圖局部，菩薩、飛天、供養人。炳靈寺石窟時期作品。

建弘元年（西元四二〇年）建造的第一六九窟第六號龕，側面有墨書題記「建弘元年歲在玄枵三月廿四日造」，是迄今所發現的中國石窟建築的最早紀年題記。它為東晉十六國晚期的石窟斷代提供了重要標準。此窟是西秦時代的代表窟，位於窟群的北端，距地面約四十五公尺，是個進深十九公尺、高十四公尺、深廿七公尺的自然洞穴。第六號龕是一個高一點七公尺、深〇點七六公尺、寬一點五公尺的摩崖小龕，塑有無量壽佛和觀世音、大勢至二菩薩。佛體端莊健碩、剛毅，佛背光上有伎樂飛天。其他龕的年代較第六龕的或稍有早晚，還間有北魏至隋代的作品。最早的龕像都是單身佛像，風格古樸，代表了中國石窟造像最早水準。它們的佈局因地制宜，沒有統一的格局。窟內的壁畫，是現存最早有確切年代的壁畫，是僅存的西秦壁畫。屬於西秦時期的還有第一龕，稱摩崖大龕，在窟群南端，曾經明代妝鑾、重塑。北魏延昌（西元五一二至五一五年）年間前後，炳靈寺石窟群中段又有大規模開窟活動。

北周洞窟的遺存數量較少，洞窟形制和北魏的較相近，造像風格卻趨於寫實。隋代的部分壁畫保存較好，展現了由魏晉南北朝向唐轉變的特點。唐代窟龕的數量占總數的三分之二以上，保存有一三四處，多是露天的摩崖小龕，在造像組合和雕塑風格上都具有明顯的時代特色。宋代以後，建設不足，破壞有餘，一些洞窟中的若干密宗題材壁畫只在元代得以重繪。

⊙炳靈寺佛龕。西秦時期作品。

僧慧琳做「黑衣宰相」

魏晉南北朝時期，佛教的東進，自然引起了儒佛、佛道之爭。而另一方面，儒、佛、道的相互吸收、相互滲透也較為普遍。玄學的興起和風盛，更使許多僧徒高談玄理，出入朱門。當時官僚士人視僧徒如老莊道教之流，而僧徒也以談玄論道來迎合士大夫，藉以宣傳佛教。這一特點，在劉宋初期，竟表現為僧人參政。

⊙禮佛圖

宋初，江南有一位高僧名叫慧琳，善談論，尤擅長於用玄學語言解釋佛經，並摻入不少儒家觀念和治國之道，他還寫了《均善論》一書，比較儒、佛、道三家的優劣，得出三家均善、可同為世用的獨特見解，而引起爭論。慧僧的這些才能得到了既是佛教徒又是統治者的宋文帝的賞識。而這位宋文帝是在大臣把持朝政、隨意廢立皇帝的局面中登上帝位的，因此即位後便大削臣權，不設專門宰相，凡與皇帝一起議事並被委以機密者都可算作宰相，慧琳後來也成為了這種宰相之一。

宋元嘉三年（西元四二六年）三月，宋文帝剷除了以徐羨之為首的幾位專擅朝政的大臣後，親自選擇人才加以任用，慧琳便在這時候受文帝提拔，進入朝廷，擁有宰相之權。此後，慧琳住處總是賓客如雲，門前常常停有數十輛車。慧琳披貂裘，穿高屐，儼然風流宰相打扮。因僧人都穿黑衣，所以當時人都稱慧琳為「黑衣宰相」。

中國繪畫進入繁榮時期

⊙北魏屏風漆畫列女古賢圖

⊙儀仗畫像磚

魏晉南北朝時期，由於漢末以來儒學禮教地位的動搖，人們獲得了一定程度的思想解放，加上名士出現、清談之風盛行、玄學興起、佛教對社會生活產生影響，在這樣的文化背景下，各類藝術都取得了輝煌的成就，文學蓬勃發展，繪畫也逐漸形成獨具特色的中國風格，產生了歷史上第一批繪畫大宗師、第一批有摹本流傳的名畫和第一批論畫的著作。

此時，創作隊伍一經形成，便產生了許多對後代影響深遠的名畫家，如曹不興、衛協、顧愷之、陸探微、張僧繇等，都在繪畫史上占據重要地位。歷代論畫著作記載了許多這時的畫家及作品，南齊謝赫所著的《古畫品錄》中收畫家廿七人，陳朝姚最的《續畫品錄》收畫家二十人，唐朝人張彥遠所著的《歷代名畫記》中更是收錄魏晉時代畫家一二八人。可見當時畫家之多，畫風之盛。

魏晉時期民間美術活動也十分興盛，創作技巧日益提高，出現了像嘉峪關墓室磚畫、司馬金龍墓漆屏風畫、鄧縣彩色畫像磚、孝子棺石刻畫等有著成熟技巧的作品。繪畫藝術依靠民間活動和專業創作的相互促進而不斷發展。尤其不同於漢代的是，美術作品不再是經史的附庸，而是作為藝術創作獲得了獨立的地位，成為可以給人美感享受的藝術品。

在繪畫題材方面，這一時期已不局限於圖解經史，而是呈現出多樣化的局面，出現了以文學作品和佛教聖賢為對象的作品，前者以晉明帝司馬紹的《洛神賦圖》為代表，後者以由魏入晉的荀勗的《維摩詰像》為代表。還出現了大量描寫現實生活的作品，這類作品尤其以肖像畫最受到重視，人們要求畫像要有「悟對通神」、「覽之若面」的效果。同時也出現了以描繪少數民族風俗為題材的畫。歷史題材的畫也繼續發展，晉明帝的《殷湯伐桀圖》是此類題材的代表作。

在藝術表現手法上，此時的繪畫形式以長卷式為主，這不僅表現在顧愷之的《女史箴圖》、《洛神賦圖》等傳世作品中，而且在孝子棺石刻畫、竹林七賢圖，甚至鄧縣彩色畫像磚中也採用了這類形式。這時期的構圖技巧有了提昇，繪畫風格也呈現出多樣化。在表現人物面貌、精神氣質上有著「張（僧繇）得其肉、陸（探微）得其骨、顧（愷之）得其神」的區別。技法上更是各有千秋：顧愷之、陸探微採用筆跡周密的密體；張僧繇採用「筆才一二，像已應焉」的疏體；圖畫中有用線如春蠶吐絲的傳統表現方法，也有其體稠疊、衣服緊窄的「曹衣出水」式。在人物形象創作上，陸探微創造的以「秀骨清像」概括同時代社會名流的類型是十分成功的。當時擴大與西方交往促進了中原文化與少數民族及國外文化的交流，也大大豐富了傳統的表現技法。

繪畫理論著作的出現是當時繪畫全面繁榮的必然產物。當時的繪畫理論以顧愷之、謝赫的畫論為代表，其精髓是重氣韻、重人物風貌、氣質、重人物的傳神寫照，這對後來的畫家產生了很深的影響。

魏晉南北朝還是山水畫和花鳥畫的萌芽時期。花鳥畫當時只處於孕育階段，發展得比山水畫晚。山水畫的發展不僅因江南秀麗的山水給人自然美的感受，也跟當時玄學思想的盛行、玄學之士標榜隱逸有關。顧愷之的《畫雲台山記》記錄了作畫的完整構思；劉宋時著名的山水畫家宗炳的《畫山水序》敘述了他的山水畫理論，他的畫代表著早期山水畫的面貌；與他同時的王微寫了《敘畫》，這些文字都是探討山水畫起源的重要資料。

魏晉南北朝時期畫壇高手活躍於南北各地，其中不僅有嵇康、謝靈運等名

⊙北魏漆棺彩畫

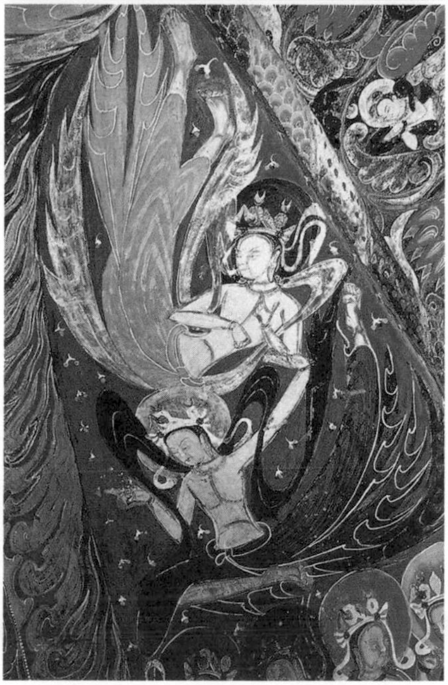

⊙飛天，在佛教藝術中被稱為香音之神，是能奏樂、善飛舞、滿身香馥的菩薩。飛天是敦煌壁畫中的一大主題，圖為北魏時期龕壁上的雙人飛天。

士，甚至魏少帝曹髦、晉明帝司馬紹、梁元帝蕭繹等一代帝王也熱中繪事，呈現出全面繁榮的景象，創造了劃時代的成就。

中國文化進入佛教影響時代

魏晉南北朝時期，自印度傳入的佛教在中國大為興盛，影響波及各個階層。隨著中國佛教不斷吸收和消化印度佛教，並不斷與傳統文化衝突與調和，中國文化開始進入佛教影響時代。

東晉十六國時期佛教已廣泛普及，不僅有專供僧人居住的僧坊、寺院，士大夫中還有捨宅為寺的風氣；南北朝時期佛教更是發展至鼎盛，單佛寺建築就有壯觀場面。北魏興定元年至太和元年（西元四五四至四七七年），平城建寺一百，全境有寺六四七八所，遷都洛陽至宣武帝延昌年間，寺院達一三七二七所，僅洛陽城就有一三六七所；當時的高僧都受到君王的恩寵和禮遇，佛教組織也迅速發展，北魏末全國僧人達二百萬之眾；而隨著佛教信徒西行求法運動的發展，大規模和有系統地翻譯介紹佛教學說及經典成為必然，北魏譯經高潮時有一千九百多卷；南北朝的君王帝后都尊崇佛教，除了禮遇高僧，廣修佛寺、開窟雕像外，還有自己捨道歸佛的；如梁武帝蕭衍曾數次捨身寺院，稱自己是「三寶（佛、法、僧）之奴」，然後讓朝廷用重金贖回，以充實寺院經濟。此外他還講經說法，著書批判范縝的《神滅論》，佛教在南方的普及離不開他的功勞。

⊙佛足。佛教傳入中國後，在中國各地留下了很多關於佛陀的傳說和遺跡。這是存於西藏瑪拉寺的石腳印，據傳是釋迦牟尼的足印。

⊙傳戒圖。釋迦牟尼創教後，廣傳弟子，佛教得以迅速發展，此後傳經受戒成為佛教徒的主要活動。清任熊繪的《傳戒圖》，生動地反映出受戒時的情形。畫中戒師端坐於蓮座之上，座下分站受戒僧眾，皆為中華人物形象。

隨著佛教的興盛與發展，作為一種外來文化，它開始以一種融和的姿態進入中國文化主體，對中國的政治、經濟、文學、建築、繪畫、雕塑、音樂、民俗等方面產生深遠的影響。

佛教迅速傳播的魏晉南北朝，卻是以道德倫理、經世致用見長的傳統儒

⊙炳靈寺西秦佛頭像

⊙北魏廣元千佛崖大佛窟南壁脅侍菩薩

學衰落的時期。在當時特殊的社會環境裡，士大夫們感到傳統的讀書報國觀受「九品中正制」的貶斥，清談玄風開始盛行，而玄學的以道注儒，提高了士子哲學思辯能力，為佛教哲學奠定了思想基礎。另外，統治者要填補精神恐慌，勞動人民要從現實苦難中求解脫希望，這些都使佛教思想因迎合了不同階級的心理需要而迅速興起，再加上它自身精深的思辯理論、形象生動的傳教方式和縝密的宗教組織，使它急劇發展，並漸漸深入人心。

佛教從「外來方術」變成一支很有影響的意識形態和社會力量，引起了儒、道兩教的關注。因為在價值觀、人生觀、倫理觀等方面存在著分歧，儒、釋、道三教在歷史上有過幾次大的理論衝突，在政治上則表現為相應的限佛、滅佛和興佛運動。儒、釋、道三教的理論衝突主要發生在南方。就沙門是否應該跪拜敬王、有無因果報應、佛教有無在中國傳播的合理性以及神滅神不滅而展開討論。東晉時期出現第一次理論衝突，儒佛兩家各自的代表人物庾冰與何充、桓玄與慧遠就沙門是否該跪拜王者討論了兩回；劉宋時期出現了第二次理論衝突，佛教的因果報應說受到儒家批判；宋末出現了第三次大的理論衝突，道士顧歡借「夷夏之防」論反對佛教在中國的傳播，受到佛教徒反擊；梁代則出現第四次大理論衝突，唯物主義思想家范縝著《神滅論》批判佛教的「神不滅論」，受到信佛的梁武帝所組織的高僧名士著文圍攻。矛盾衝突在政治上的表現更為激烈，如北魏太武帝太平真君七年（西元四四六年）和北周武帝建德三年（西元五七四年）先後發動滅佛事件。南方主要表現為限制佛教發展規模。事實上佛教學者在改造、創新後，使佛教更迅速發展，社會上又有了興佛運動。

在不斷的衝突中，三教相互滲透吸收；衝突過程同時也是它們融合的過程，融合依據了本末內外論、均善均聖論、殊途同歸論等理論。如佛教般若學派依玄學而流行；慧遠迎合儒家名教，調和儒佛衝突；道安說「不依國主，法事難立」。可以說三教的衝突與合同塑造著中國文化心理。另外，在文學上，佛教的傳入導致音韻學「四聲」的發明和詩詞格律「八病」的制定；佛教的宇宙觀給了文人新的意境和創作題材；佛教也給了中國文學超越時空的浪漫，為創作提供了新思維、新語彙。

佛教使印度繪畫技術傳入中國，在傳統繪畫技巧與印度佛教繪畫技術結合後，中國繪畫藝術得到高速發展。南北朝時佛畫是繪畫藝術的主要題材。歷代畫家著名者大多精於佛畫，如三國吳的曹不興、晉顧愷之和衛協被稱為漢地最早的三大佛畫家，北齊曹仲達的畫後世稱為「曹衣出水」。在雕塑方面，由於佛教宣傳的需要，使得佛教豐富多彩的宗教想像推動了中國雕塑藝術，在內容上從表現人和動物為主變為佛和眾神為主，藝術形式則由簡樸明直發展為精巧渾熟。敦煌、龍門、雲崗三大名窟是傳世珍寶。在音樂方面，佛教「唄」的音樂融和宮廷音樂、民間音樂，有著極大的感染力，對中國音樂頗有影響。此外，佛事活動與節日影響了中國人的社會生活，如懺法活動從晉代道安和慧遠後歷代相沿；佛陀的誕辰、成道、涅槃日成為重要節日，觀音與地藏菩薩在漢地民間頗受信崇，逢其誕辰，都有重大佛事活動。自此佛教成為中國文化重要組成部分，中國成為了佛教國家。

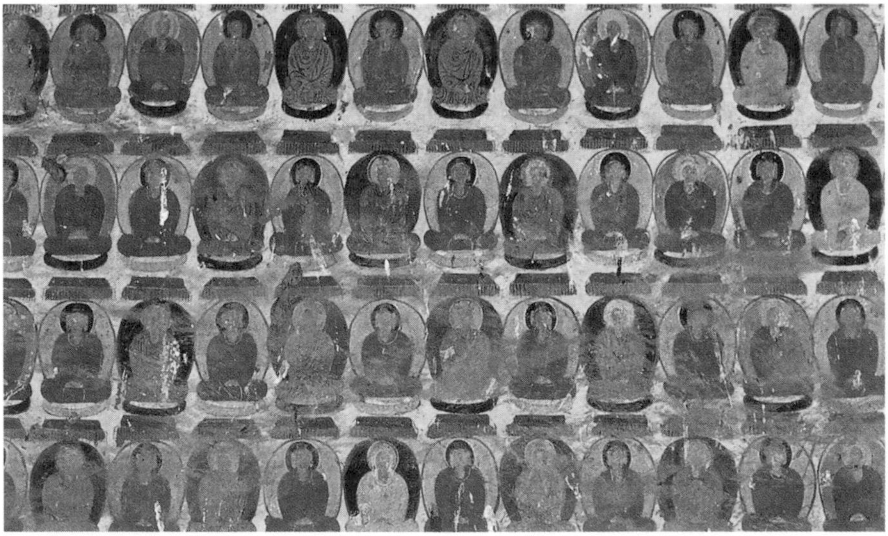

⊙炳靈寺石窟西秦千佛圖局部

胡人婦女風情入主中原

魏晉南北朝時期，是中國歷史出現的第一次民族大融合。北方的遊牧民族開始進入中原，漢族和少數民族混雜而居，互相通婚，和睦相處，精神風貌大異於以往，突出的一點是：胡人婦女風情入主中原，故魏晉南北朝時婦女的社會地位與其前代時代相比較高，她們的精神生活相對豐富而充實。

入主中原的北方遊牧民族脫離原始社會階段的時間大多較遲，在他們的社會裡，母系氏族社會的風俗濃重，如在烏桓族，婦女倍受尊寵，氏族內的事務，除戰爭以外，幾乎都由婦女主持和安排；鮮卑族拓跋部也是一個明顯的例子，而且它對中原漢族社會影響最大。在建立北魏王朝以前，拓跋部的社會剛剛脫離母系氏族社會不久，母權制的影響還非常明顯，婦女經常干預部落聯盟議事，部落的最高權力也通常為女子執掌，一直到北魏建立時，仍有開國皇帝道武帝拓跋珪的母親賀氏干預部落聯盟議事的現象。

拓跋部入主中原後，母權制的遺風仍舊存在，並且影響了整個北朝的政治。文明太后馮氏是文成帝的皇后，她曾兩次臨朝聽政，並在北魏王朝的太和改制中發揮了關鍵性的作用；宣武帝元恪的皇后靈太后胡氏，也曾控制北魏朝政十多年。更有太武帝的保母惠太后、文成帝的乳母昭太后干預北魏朝政的歷史，於此也可說明在北魏王朝的政治生活中，婦女是不容忽視的。

進入中原的遊牧民族婦女不單在政治生活中，而且在社會以及家庭生活中也都占有比較高的地位，從魏晉到北齊、北周一直如此。經常出現婦女主持家庭，出面打官司，代兒子求官，為丈夫訴屈，甚至拉關係、走後門等現象。這種作風不可避免地影響到漢族的士大夫家庭，致使漢族士大夫之家也是陰盛陽衰者居多，漢族婦女在家庭生活中地位明顯提高。

因遊牧民族風俗的影響，差不多從三國時代（其時已出現民族大融合的趨勢）開始，漢族婦女風情發生了巨大變

⊙北魏屏風漆畫列女古賢圖（局部）

⊙東晉顧愷之所繪《女史箴圖卷》中的好女形象

⊙河南鄧縣出土貴婦出遊畫像磚

化，頗有「胡風」。雖然她們在漢族王朝中登上政治舞台的為數不多，但在社交界中表現得卻十分活躍。曹魏陳留太守夏侯惇舉薦衛臻為計吏時就曾讓婦人出席宴會，是漢族婦女參加社交活動的較早的例子。西晉之際，士族婦女交遊之風逐漸盛行，她們往往一群一夥地出遊，一路喧嘩，無所顧忌地招搖過市；她們不僅在許多公開場合拋頭露面，在男女間的交際中也可達到交杯咫尺、促膝狹坐的地步。《世說新語》記載有眾女調戲潘安的事，是魏晉南北朝婦女無拘無束進行社交的表證。

社交方面的活躍，促使婦女們在愛情和婚姻上也表現得比較放達，熱情奔放地追求愛情與婚姻自由的婦女不乏其人。如西晉賈充的女兒賈午，在宴席上相中了儀態瀟灑、眉清目秀的韓壽，就坦率追求；其父對她的行動表示出開通和贊許。同一時代徐邈的女兒也是主動追求意中人而終成眷屬。這是和當時達觀的愛情婚姻觀念分不開的。

魏晉南北朝時期不僅不以少女追求愛情為非，也不以寡婦再嫁為恥。當時帝王如曹丕、劉備、孫權等娶的皇后都是寡婦。東晉范寧上疏給孝武帝稱：「鰥寡不敢妻娶，豈不怨給人鬼、感傷和氣。」可見，當時不僅不反對寡婦再嫁，甚至有些人是抱鼓勵態度的。

胡人婦女風情入主中原不僅體現在社交、愛情、婚姻與家庭生活上，更集中體現在當時婦女的精神面貌和文化生活中。東晉顧愷之的名畫《女史箴圖》為後世留下了當時婦女自然、瀟灑、追求理想的風姿。當時知識女性的代表衛鑠，也為後代留下了珍貴的書法作品。

胡人婦女風情中，也包括豪放、堅強的尚武精神。婦女習武在魏晉之前，史籍不多見，而在魏晉之時已成一個普遍的社會現象，流傳至今的木蘭代父從軍的故事便是最好佐證。而且，此時期婦女習武活動不僅是空前的，而且綿延不絕。隋唐之時，婦女仍然尚武以及參加球類、棋類、雜技等體育活動，說明魏晉尚武之俗對後世是有相當影響的。

文化小事典

北魏馮太后殺子

北魏承明元年（西元四七六年）六月十三日，北魏馮太后鴆殺太上皇拓跋弘（獻文帝），臨朝稱制。北魏延興元年（西元四七一年），魏獻文帝拓跋弘把帝位傳給五歲的兒子拓跋宏，是為孝文帝。政令多從獻文帝。獻文帝之母馮太后為文成帝的皇后，魏和平六年（西元四六五年）文成帝卒，子拓跋弘十二歲即位，尊為皇太后。天安元年（西元四六六年）丞相乙渾謀逆，太后密定大計，誅渾，遂第一次臨朝稱制。次年，皇孫拓跋宏生，太后親自撫養，宣佈不聽朝政。第一次臨朝稱制時間僅一年還政。馮太后獨居寂寞，與李奕私通，頗有醜聞。獻文帝不滿，因事誅殺李奕。太后怒，遂有害獻文帝之心。延興六年（西元四七六年）六月，馮太后暗使鴆毒，獻文帝暴卒，年僅廿三歲。馮太后遂再次臨朝稱制，大赦天下，改元承明，時孝文帝年幼（十歲），尊太后為太皇太后。

馮太后為長樂信都（今河北棗強縣西北）人。父馮朗，北燕末主馮弘之子，母樂浪王氏，均為漢族。太后由於出身及家教關係，自幼崇尚漢文化，性聰慧，知書計，通曉政事，但為人猜疑，多權數。孝文帝又孝順，處處順從祖母心意，事無大小，都由太后決定，太后也自由了斷，不與孝文帝商量。馮太后寵信王琚、張佑、王遇、苻承祖、王質等，皆恃寵用事。張佑官至尚書左僕射，爵新平王；王琚官至征南將軍，爵高平王；其餘之人也官至侍中、吏部尚書、刺史，爵為公、侯，賞賜巨萬，賜鐵券，許以不死。外臣如秘書令李沖，雖是賃才能當官，亦由馮太后私寵，賞賜不可勝計。

馮太后執政時，威福兼作，無人敢違，主持班祿，決定推行三長制、均田制、新租庸調制等改革，對北魏一代政治影響甚大。拓跋宏後來大革胡俗，推進漢化，與受太后教育頗有關係。魏太和十四年（西元四九〇年）馮太后死，魏孝文帝開始親政。

⊙山西大同馮太后永固陵「童子棒蕾圖」浮雕。

謝靈運推動山水詩發展

謝靈運（西元三八五至四三三年），小字客兒，陳郡陽夏（今河南太康）人，東晉名將謝玄之孫，晉時襲封康樂公，世稱謝康樂。謝靈運仕劉宋時為永嘉太守，歷任秘書監、侍中、臨川內史。他自小好學，博通經史，且胸懷大志。武帝劉裕在位時，靈運與皇子劉義真交往甚密，深得劉義真賞識，劉義真揚言，若自己得志，必以謝靈運為相。所以劉義真被殺、文帝劉義隆即位後，謝靈運自然得不到重用。但他自恃門第高貴，才氣過人，對自己未能參預朝政一直憤憤不平，經常稱病不上朝，有時出門遊山玩水，十幾天不歸。文帝愛惜他的才能，不想深究，索性賜謝靈運長假，讓他回家。其後擔任臨川內史時，因事得罪執政彭城王劉義康，以謀反罪發配廣州，不久被下令就地正法。

謝靈運詩大都描寫山水名勝，善於刻劃自然景物，為山水詩派的創始人。能賦，《山居賦》較有名。與鮑照、顏延之並稱為「元嘉三大家」。明人輯有《謝康樂集》。

⊙北魏山水畫像兩幅。「魏晉以降，畫山水或水不容泛，或人大於山。」（張彥遠語）。

山水詩的興盛與玄言詩有因革關係。魏晉以來，士大夫清談玄學、隱居山水，詩歌中山水描寫隨之增加，並表現出清逸超俗的意趣，如嵇康的《贈秀才入軍》、左思的《招隱》等詩。晉政權南渡以後，士族名士修建園林別墅、遊賞江南風景，有更多的機會接近自然山水。如玄言詩人許詢、孫綽都好遊山水，王羲之有蘭亭之遊。這時流行的玄言詩，以玄學的意趣來觀照山水，又借山水來寄寓玄理，詩中往往出現若干寫山水的佳句。一些記遊、登覽詩逐漸接近山水詩。劉宋初期，謝靈運大量創作山水詩，並豐富了描寫山水的技巧，使山水描寫由附庸玄言詩到蔚為大觀，演變成山水詩，開拓了中國詩歌史上一個新的題材領域。

謝靈運的山水詩鮮麗清新。鮑照說：「謝五言如初發芙蓉，自然可愛。」這一特點主要表現在對山水形象捕捉的準確。「春晚綠野秀」（《入彭蠡湖口》），「青翠杳深沉」（《晚出西射堂》），同樣是綠色，卻是兩幅完全不同的畫面，前者是暮春，後者為深秋，意象的選擇是非常妥貼的。代表作《登池上樓》描述詩人病癒後突然見到窗外景物：「池塘生春草，園柳變鳴禽。」這一聯如脫口而出，清新可愛。由於寫作的對象是過去的文學作品中少有的，因此，沒有多少可資借鑒的技巧，要成功地把奇山異水反映在詩篇裡，作家必須自鑄新辭，精心刻鏤。謝靈運的山水詩之所以超越前人，成一代宗師，關鍵之處還在於他在山水詩領域的刻意追求，為了準確地捕捉形象，詩人確乎是「經營慘澹，鉤深索隱」（沈德潛《古詩源》），調動了多方面的藝術技巧。如他的名句「白雲抱幽石，綠筱媚清漣」（《過始寧墅》），利用色彩的深淺、明暗對比顯示了自然景物的層次感、豐富性。「鳥鳴識夜棲，木落知風發」（《石門岩上宿》），以有聲襯無聲，由動而見靜，傳神地寫出了山中夜景的特點。

謝靈運詩中時時可見佳句，但結構成神完氣足的整篇山水詩卻是他始終都沒能達到的。由於致力於追新求奇，一些詩作也流於艱澀險怪。同時，謝靈運的詩作中仍殘留著玄言詩的痕跡。謝靈運的山水詩多採用這種結構，即先敘述遊歷之事，再寫寓目所見的景物，最後借山水證悟玄理。因為玄理部分不能和描摹的景物相融合，也容易形成有句無篇的特點。

總體而言，謝靈運的山水詩已經矯正了理過其辭、淡乎寡味的玄言詩風，確立了山水詩在詩壇的優勢地位。

⊙北齊周榮祖造像石刻畫

玄言詩與山水詩代興

魏晉時期，由於社會動盪不安，政治黑暗，文人為避免殺身之禍，開始遠離政治，崇尚清談，此時玄學興盛。安居江南的東晉世族文人無心進取，沉湎於遊山玩水，及時行樂，談玄論道，蔚然成風。與此相關，玄言詩、山水詩逐漸發展起來。

玄言詩以闡釋老莊和佛教哲理為主要內容。當時的玄言詩主要有兩種類型，一種是以闡釋玄言為主，抽象空泛、缺乏詩味，如孫綽的《答許詢》：「仰觀大造，俯覽時物。機過患生，吉凶相拂。智以利昏，識由情屈。」全篇盡是闡述老莊的玄理，根本沒有一點形象性可言，與其說它是詩，倒不如說是哲學。隨著佛教的傳播，佛理又滲入這類玄言詩，幾乎變為佛教的偈語。

另一種類型的玄言詩是借山水來寄寓玄語，以玄理來觀照山水。如王羲之在《蘭亭》中寫道：「仰望碧天際，俯瞰淥水濱。寥闃無涯觀，寓目理自陳。大奚造化工，萬殊莫不均。群籟雖參差，適我無非親。」作者透過對自然界「碧天」、「淥水」的觀照，感悟到了造化的玄理。玄言詩的另一變體是遊仙詩，表現了逍遙隱逸的人生意趣，同時包含著議論玄言的內容。

隨著玄言詩中寫景狀物的成分逐漸增多，玄言的比例就減少了，玄言詩逐漸向山水詩演進，出現了一大批吟詠山水的優秀詩人。山水詩的興起，是有其深刻的現實原因的。魏末西晉，文人大多集於洛下，北方平原缺少像會稽、永嘉般的美景，所以山水詩就不發達。一到東晉，文人雲集江南，山川的秀美必然會在他們的詩作中反映出來，何況遊牧山水、親近自然原本和他們的道家思想相契合。與其說山水詩是玄言詩的改

⊙北魏柱礎

⊙金塔寺東窟北涼時期飛天、菩薩像。飛天是古代印度神話中的香音神（干達婆）和音樂天（緊那羅）。後來被佛教利用和改造後，成了佛的天龍八部護法之一，也是佛教藝術中最受人們喜愛的題材。圖中的飛天，有的張臂跳躍，有的奔騰浮遊，表現得剛柔起伏，和諧統一。古代的工匠們採用了「懸塑」的技藝，更有凌空飛舞之勢，具有十分獨特的風貌。

⊙金銅佛坐像。是像刻有元嘉十四年（西元四三七年）五月一日佛弟子韓謙為父母妻子兄弟造像之銘文。

變，不如說是玄言詩的繼續，因為這時期的山水詩中依然要闡發玄理。

最著名的山水詩人是謝靈運和謝朓。謝靈運可以說是中國第一個大量創作山水詩的詩人。他的創作促使了玄言詩向山水詩轉變。他的山水詩觀察細密，刻劃入微，語言精巧，給人清新的感受。例如他的詩中有「白雲抱幽石，綠筱媚清漣」（《始寧墅》）、「崖傾光難留，林深響易奔」（《石門新營所住》），寫得相當精彩。

謝朓是謝靈運的同族，與謝靈運並稱「二謝」，謝靈運為「大謝」，謝朓為「小謝」。謝朓長於五言，以山水風景詩最為出色，已擺脫了玄言詩的影響，風格清新俊逸，李白曾寫過這樣的句子：「解道澄江靜如練，令人長憶謝玄暉。」對他推崇備至。

從中國詩歌史上看，以闡釋、體悟玄理為主的玄言詩和以描寫自然之美為主的山水詩都是中國詩歌發展中的重要階段，對後來的詩歌創作和詩歌發展有著極其深遠的影響。

竺道生宣傳涅槃說

道生（西元三五五至四三四年），俗姓魏，巨鹿（今河北平鄉）人。幼年時從沙門竺法汰出家，改姓竺。早年師事僧迦提婆，稍後從鳩摩羅什譯經，成為鳩摩羅什著名弟子之一。

當時名僧宣佛，僧迦提婆重「毗曇」，鳩摩羅什重「般若」，曇無讖重「涅槃」，道生則不囿於一說，而是並通並重。他對《涅槃經》研究尤精，曾在廬山精舍開講。

竺道生的學說主要是闡發關於涅槃性思想，這種佛教學說的主要特點是不單純地停留在對世界精神本體的概念分析上，而是進一步論證世界精神本體實相就是佛的法身，把佛的法身和眾生所具有的佛性統一起來，著重闡述了眾生成佛的原因、根據等問題，道生認為佛性存在於每一個人的本性之中，人人都有佛性，因此只要一旦返歸本性，就可以見性成佛，由此他提出作惡多端的人也可以成佛。即「一闡提人皆得成佛」。道生還提出「頓悟成佛論」，討論成佛的方法問題。他提倡大頓悟說，認為修行必須到「十住」的最後一念生「金剛道心」，把一切妄惑斷盡，悟解佛理，當即成佛。從般若學的角度看，實相無相，無生無滅，玄妙一體不可分割，不是證悟，就是未證悟，沒有中間狀態可言，不能與其逐步合一。從涅槃佛性的角度看，眾生都有佛性，覺悟就是反歸本性，見性成佛，這也是一個真性自然發顯、真理頓悟的過程。但道生並不反對「七住」以內的漸悟過程。

道生的佛學理論，把般若學與涅槃學結合在一起，把宗教哲理和信仰結合在一起，把佛教和以儒家為核心的傳統文化結合在一起，使佛學擺脫了玄學框架，走上了獨立發展的道路，成為中國佛教史上的一大轉折。他一生著作很多，但多已散失，現存文章僅有《妙法蓮花疏經》和《答王衛軍書》。

中唐以後，道生的佛性論直接啟迪了禪宗這個純粹中國化的佛教流派產生，並間接地影響了宋明理學，尤其是陸王心學，其影響十分深遠。

高麗音樂傳入中國

魏晉南北朝時期，高麗（即今朝鮮半島）分為三個國家：高句麗、百濟、新羅。這三個國家同中國的南北政權都

⊙高句麗吹角壁畫

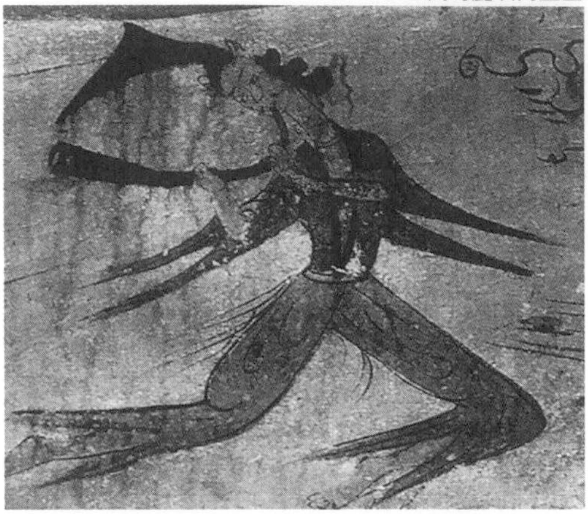

保持著來往，因而經濟文化交流不斷，高麗音樂就是這個時候傳入中國的。

高麗音樂主要指高句麗樂和百濟樂，它們分別從高句麗（今朝鮮北部及中國遼寧、吉林一帶）、百濟（今朝鮮西南部）傳入當時的北燕，並很快盛行開來。北魏太武帝太延二年（西元四三六年），北魏滅燕，得到了兩國的音樂。後來北周武帝滅北齊，使兩

⊙高句麗歌舞壁畫。畫面反映了高句麗民族的能歌善舞，畫風樸拙，是高句麗壁畫的佳作。

國音樂繼續源源不斷地輸入中國，並漸趨完備。高麗樂中《箜篌引》一曲傳入後，由中國文人按調作辭，曾成為風靡一時的名曲。高麗樂中樂器有彈箏、臥箜篌、豎箜篌、琵琶、五弦、笛、笙、簫、小篳篥、桃皮篳篥、腰鼓、齊鼓、擔鼓、貝等十四種，為一部。這些大都在中國流傳下來。新羅的伽倻琴也在這時傳入中國。

《孫子算經》提出剩餘定理

《孫子算經》共三卷，大約作於四、五世紀，此書以整整一卷的篇幅介紹各種入門知識，敘述了算籌記數法和籌算的乘、除、開方以及分數等計算的步驟和法則，其餘的全是收入的一些典型問題，對後世有極大的影響。

《孫子算經》最著名的問題是下卷第廿六題，即著名的「物不知數」，通常被稱為「孫子問題」，也是求解一次同餘式的問題。原題及答案如下：

「今有物，不知其數。三三數之，剩二；五五數之，剩三；七七數之，剩二。問物幾何。」答曰：「二十三。」求曰：「三三數之剩二，置一百四十；五五數之剩三，置六十三；七七數之剩二，置三十。並之，得二百三十三，以二百一十減之，即得。凡三三數之剩一，則置七十；五五數之剩一，則置二十一；七七數之剩一，置十五。一百六十以上，以一百五減之，即得。」

用現代數學符號可表示為求下列同餘方程的整數解：

$$N \equiv R_1 \pmod{3}$$
$$\equiv R_2 \pmod{5}$$
$$\equiv R_3 \pmod{7}$$

其中$R_1=2$，$R_2=3$，$R_3=2$。

書中給出此問最小整數解廿三即N等於廿三。在解答時的上半部分，詳細給出N等於三的解法，即N等於七〇乘以二加廿一乘以三加十五乘二減一〇五乘以二等於廿三；後半解答部分則給出這個同餘方程的一般解，即：N等於七〇R_1加廿一R_2加十五R_2減一〇五P，式中一〇五為三、五、七的最小公倍數，P為適當選取的整數，使得〇小於N小於等於一〇五，這裡取P等於二。

中國的數學家在四、五世紀就提出「物不知數」問題，並給出一般解，而歐洲到十九世紀初才由德國數學家C．F．高斯計算出它的一般性定理。因而《孫子算經》中提出的問題，在國際上被稱作孫子剩餘定理。

⊙北魏鎮墓陶俑

私學溝通南北

進入南北朝後，社會出現了一段相對穩定的時間，為私學發展帶來了新的

⊙北魏彩繪騎馬吹角俑。北朝陶俑多表現中國當時北方兄弟民族的形象和習俗。這件陶俑再現了當時北方民族騎戰馬、高吹號角的雄姿，有鮮明的民族特色。

契機，南北私學溝通的局面初步形成。

從東漢末年至兩晉時期，經歷了長期戰亂，尤其兩晉五胡入侵中原，造成了士儒的大規模遷徙，形成了以江左、河洛、河西為中心的三大私學流派，在各自地域文化等因素的影響下，呈現出具有一定差異的學術風格。而南北朝政權統治的暫時穩定，使得南方在戰亂中潰散的門閥士族重新會集，在保持原來南朝私學博雅風格的前提下，轉而漸求專精，儒士各以專經、專學標榜門戶，尤其出現了一批精治禮學的名家，一些名家以其所學專長啟蒙後學，又兼備朝廷顧問禮儀、喪服之制，學人所宗加上朝禮遇，私學成為被世人所崇敬的高尚職業，隱避山林的私學大師以講學為務，被認為志向高遠。而且南朝學者博而有專，範圍又不限於經學，唯其興致所至，使得書、畫、音律、醫學、陰陽術數等獲得全面發展。梁時庾承先晚年於穎川土台山講學，還赴荊州專講《老子》，吸引了遠近名僧，論難紛起，荊陝學徒多出其門。宋、齊、梁、陳政府都宣導儒學，士大夫多批評魏晉浮誕清談之弊，促使了南朝學風向務實、專精轉化，使南朝學風融通了北方學術的某些思想。

西元四三九年，北魏太武帝拓跋燾平定西涼，迫使涼州名士遷至平城（今大同），使河西私學的中心地位迅速喪失，隨著孝文帝遷都洛陽，大批學者又回來中州，與中州、燕趙等地的舊學相唱和，北魏學業經過大融合以後十分繁榮。同時遊學、追師的風氣在這一帶十分盛行，佛、道學說的傳播和遊僧習氣的普遍存在，北齊政治的寬簡疏闊，遊手浮惰之風普遍，構成了北朝遊學風氣盛行的社會背景。一些學有所成的學者，為求專精，求拜名門。而且廣遊師門，博採眾長，不拘一家一派之學。勃海李鉉十幾歲起就廣遊天下，先後師從浮陽李周仁、章武劉子猛、常山房虯、漁陽鮮于靈馥，後又追拜華陰大儒徐遵明，經五年潛研精讀，學業大成，成為燕趙間一代名儒。此外，北朝學者多訪問求學。遊學作為一種高級的研修形式，以經學師傳為主，規模和範圍很大，顯示出性質廣泛的學術交流。標誌著學術大融合局面的開始。

南北朝南北對峙的政治格局下社會的相對穩定，造成的私學南北溝通的局面，直接促進了南北文化大融合。

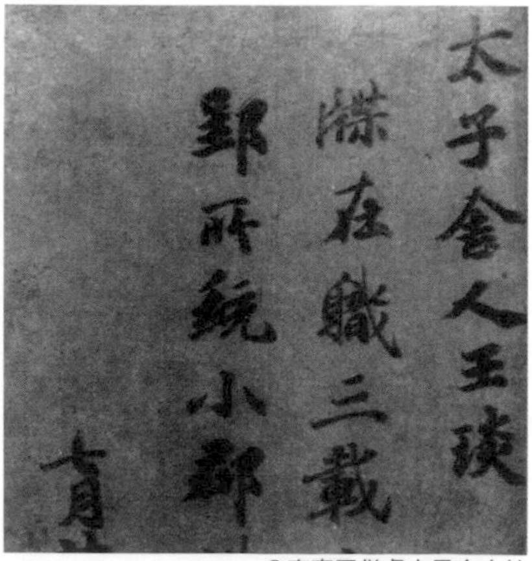

⊙南齊王僧虔太子舍人帖

山水園林大量湧現

魏晉南北朝是中國園林發展的轉折階段，也是山水園林的奠基時期。

晉室南遷，中原人士大量逃亡江南，他們於離亂顛簸之際，在風清物麗的環境之中過著安逸閒適的生活，他們盡情享受大自然的美，以文學藝術謳歌，以園林藝術再現。建康、會稽、吳郡等士族聚居之地，私家宅園和郊區別墅相繼興起，都城建康興建苑園之風最甚。帝苑以華林、樂遊兩園最為著名，大臣私園多靠近秦淮、青溪二水。東晉時，紀瞻在烏衣巷的宅園、謝安的園林都以樓館林竹而著稱；而吳郡顧辟疆的園林則因王獻之的遨遊而聞名於世。南朝園墅也很興盛，名士戴顒在吳下聚石引水，植林開澗築園；齊劉勔在鐘山南麓建園以邀友人聚會。與此同時，開始出現園林小型化的傾向。梁徐勉在東田自建小園，並認為「占往今來，……不存廣大，唯功德處，小以為好」。北周庾信也建小園，並以《小園賦》聞名後世。自兩人始建小園，隨之而來便形成一股建小園、小池、小山之風。北朝造園活動不亞於南朝，《洛陽伽藍記》中就記載了北魏都城洛陽許多貴族官僚的園林，突出的有司農張倫園、清河王元懌園、侍中張釗園、河間王元滌園等。政局的變亂曾使洛陽一些王公貴族的住宅成為佛寺，宅園也成為寺中園林，因此在風格上並無區別。

帝王苑囿受當時思潮影響，欣賞趣味也向自然美轉移。東晉簡文帝、齊衡陽王蕭鈞都喜愛自然風格的園林，梁昭明太子蕭統更是性愛山水，在泛舟元圃後池時曾詠左思詩「何必絲與竹，山水有清音」以拒絕女樂。可見這時帝王宗室對山水的愛好和欣賞與一般士大夫是一致的，皇帝苑囿風格也追求山水自然之美。

這時期的另一個新發展，就是出現了具有公共遊覽性質的城郊風景點。南朝劉宋的南兗州刺史徐湛之，在廣陵城北結合原有水面建造風亭、月觀、吹台、琴室，栽種花木，使其成為文人雅士遊玩聚會的場所。這種風景點的遊人可能只限於士大夫階層，但畢竟不同於一般私人園林和皇家苑囿，具有眾人共用的特點，不能不說是一種進步，可謂今日公園的前身。一些城市利用城垣和風景優美的高地建造樓閣，作為眺望遊憩之用，既可暢覽遠山平川之美，又能豐富城市風景，是繼承台榭發展而來的風景觀賞建築物。著名的有東晉武昌南樓，是官吏登臨賞月之處；南朝建康瓦棺閣，是眺望長江壯麗景色的地方；浙東浦陽江桐亭樓，建在山水奇麗的浦陽江曲。

名士高逸和佛徒僧侶為逃避塵世而尋找清靜的安身之地，也促進了山區

⊙屏風人物（部分）。兩幅皆以兩株槐樹和兩組假山做背景，是較早的人造園林繪畫。

景點的開發。東晉時以王謝為首的士族聚居建康、會稽，往往選擇山水佳妙之處構築園墅。如謝靈運在始寧立別業，依山傍水，盡幽居之美，和一批隱士放縱遊娛。慧遠在廬山北麓下創建名剎東林寺，面向香爐峰，前臨虎溪水，對廬山的開發發揮了促進作用。蘇州郊外的虎丘，自東晉王珣、王珉兄弟捨宅為寺後，也逐漸成為著名的風景點。

作為山水園林主題的人工堆山，到了前所未有的興盛。除摹寫神仙海島的方法仍被帝王苑囿採用外，更多的則採用概括、再現山林意境的寫意堆山法。堆山的目的是為了陶冶性情，追求「有若自然」的意趣。南齊宗室蕭映宅內土山取名「棲靜」，便是這種意趣追求的例子，園林造山已從漢代的企待神仙和宴遊玩樂轉變為對自然景色的欣賞。

隨著園林小型化、欣賞景物深化入微，松、竹、梅、石成為士大夫喜愛的對象。南朝陶弘景特愛松風，大量種植，欣賞風過之聲；晉代嵇康、阮籍、山濤、向秀、劉伶、阮咸、王戎七人好為竹林之遊，世稱「竹林七賢」；南朝好梅者漸多，鮑照有《梅花落》詩；對奇石的欣賞尋求也成為時尚。

中國園林山水是凝聚了中國文化特質的一種獨到藝術，在南北朝時期已形成穩定的創作思想和方法，多向、普遍、小型、精緻、高雅和人工山水寫意化，是本時期園林發展的主要趨勢，並且作為一種基本風格影響著後世園林藝術的發展。

何承天考古・創新律

宋文帝元嘉十九年（西元四四二年），宋立國子學，以著作佐郎何承天領國子博士。當時宋都城建康（今江蘇南京）開挖玄武湖，遇到古墓，墓上發現一隻帶柄銅斗。文帝讓朝士考察銅斗年代及墓主人姓名，何承天鑒定為新莽時期的銅斗，指出王莽時三公去世，都要賜以這種銅斗，埋葬時一置塚外，一置塚內。當時三公只有大司徒甄邯是江左人，因此必定是甄邯墓。果然，再往下挖，又發現一隻銅斗，並有一塊墓誌銘，上刻「大司徒甄邯之墓」。這次考古事件後，何承天的名望更著了。

何承天（西元三七〇至四四七年），南北朝劉宋時律學家、天文學家、文學家、無神論者。東海郯（今山東省郯城縣）人。精於曆算，在晉朝歷任參軍、瀏陽令、太學博士，至御史中丞，到南朝宋又歷任衡陽內史等職。他精通經史，精於曆算，曾創《元嘉曆》，廢除平朔，創用定塑。此曆於元嘉二十二年（西元四四五年）啟用，施行六十五年。他又通音律，創立新律，以解決「黃鐘不能還原」問題。對於「黃鐘不能還原」問題，西漢京房曾提出「六十律」的律制，何承天對之提出異議。何氏新律的計算方法如下：假設黃鐘長九寸，採用三分損益法依次求出十一律至仲呂，得六點六五九一寸，再用三分益一法，得八點八七八八寸，不能回到黃鐘，短〇點一二一二寸，即聲音略偏高，何承天將差數〇點一二一二寸除以十二，得〇點〇一〇一寸。然後將〇點〇一〇一寸之一倍到十二倍數，依相生次序補到各律上，從而調整了各律，使仲呂所生之律回到黃鐘九寸，或折其半，即高八度的清黃鐘四點五寸。何承天新律所得資料雖是等差數，還不是按等比數的真正平均律；但效果已相當接近後來明代朱載堉的「十二平均律」，是對中國律學史和世界律學史的一個貢獻。

⊙北魏石棺床（局部）

⊙北魏鎏金銅造像

魏太武帝滅佛

中國佛教史上曾有北魏太武帝、北周武帝、唐武宗與後周世宗下詔剷除佛教，史稱「三武一宗滅法」。魏太武帝是始作俑者。

魏太武帝拓跋燾滅北涼後，曾徙其國佛教信徒（包括沮渠氏宗族及吏民）數萬戶到當時魏的都城平城，於是佛教在北魏境內的影響迅速擴大。但拓拔燾和大臣崔浩都崇奉道教，厭惡佛教，因而崔浩便力主滅佛，拓拔燾也有這樣的意圖。太平真君五年（西元四四四年）正月十二日，拓拔燾曾下詔禁止王公庶民私養沙門、巫覡，違者斬殺沙門、巫覡及主人全家。太平真君七年三月拓拔燾率軍親征盧水胡蓋吳時，攻入長安，入佛寺觀馬，見室內有兵器，認為此物非沙門所用，定是與蓋吳通謀，企圖作亂，拓拔燾便命有司誅殺全寺沙門。在清理其財產時，又見寺內有很多釀酒之器及州郡官民財物，密室內還藏有婦女，對佛教就更為厭惡。崔浩乘機再進滅佛之言，拓拔燾遂於本月下詔滅佛。規定：「浮屠形象及胡經，皆擊破焚燒，沙門無少長皆坑之。」「自今以後，敢有事胡神及造形象泥人、銅人者門誅。」因太子晃素好佛法，故意延遲發佈詔令，遠近沙門多聞風逃匿，佛像經卷也多秘藏，只有寺塔遭毀無遺。

拓跋燾晚年，佛禁稍鬆。至拓拔浚（文成帝）即位，於興安元年（西元四五二年）十二月十一日，正式解除佛禁。此後，佛教在北魏又長足發展起來。

⊙北魏鎏金銅造像。造像做結跏趺坐，頭有高髻，眼俯視，神態安詳，身著圓領廣袖通肩大衣，衣紋處理別具一格，自兩肩向中間下垂而相連，形成一重複向外擴展的垂鱗紋，兩袖而下衣紋緊密而有規律。身體略作前傾，雙手合於胸前。此造像的造形特點顯示了鮮明的北魏風格。

文化小事典

魏佛禁稍弛

魏太武帝即位之初，支持嵩山道士寇謙之革新天師道，並在平城立天師道場，親受符籙，表示受天命有權做中國皇帝。西元四四六年，儒士崔浩利用天師道來反佛教，支持魏太武帝大殺境內僧人，以示北魏政權親漢不親胡。魏太武帝晚年對佛教禁令已有所放鬆，民間往往私下信奉。魏文成帝登位之後，許多大臣多次請求解除佛禁，恢復佛教，使人民的希望有所寄託，以鞏固北魏政權。西元四五二年十二月十一日，魏文成帝下詔各州郡縣眾居之所，允許各建一所寺院。人民願望遁入沙門者，可以出家，但須限制人數，大州為五十人，小州為四十人。由於北魏政權稍弛佛教之禁，於是各鄉將以前所毀壞的寺院逐步修復起來。魏文成帝還親自為沙門師賢等五人削髮，以師為道人統（總攝）。至魏孝文帝時，佛教興盛起來，中國著名的佛教藝術寶庫——敦煌千佛洞、大同雲岡、洛陽龍門三大石窟也初具規模。

⊙柱礎（局部）。整個柱礎雕刻精細，形象生動，高浮雕淺浮雕兩種手法間用，造型方圓結合，使它於各種變化中，顯現出生命的飾奏。

《世說新語》

劉義慶（西元四〇三至四四四年），鼓城（今江蘇徐州）人，南朝宋小說家。劉宋王朝宗室，襲封臨川王，曾任荊州刺史、江州刺史等職。《宋書．宗室傳》說他「愛好文義」，「招聚文學之士，近遠必至」。著有《徐州先賢傳贊》、《典敘》及志怪小說《幽明錄》等。他所編著的《世說新語》是魏晉軼事小說的集大成之作，有較高的認識價值和藝術成就，對後代文學的影響極大。《世說新語》通行本六卷，卅六篇，主要記載了漢至晉宋間一些名士的言行軼事。按內容分德行、語言、政事、文學、方正、雅量、識鑑等卅六門。所記人物均為歷史上所實有，但他們的言行則有些出於傳聞，不全為史實，其中不少篇幅係雜眾書而成。從書中的某些分篇中，不難看出劉義慶編著此書時的傾向性。如對《德行》、《政事》、《方正》、《雅量》等篇中的人和事多持肯定態度；對《任誕》、《簡傲》、《惑溺》等篇中的人和事則多持否定態度。大體說來，作者是以士族的道德標準來評價人物的。書中對漢末的一些名士做了讚頌；對魏晉清談家，如樂廣等人雖尚清談卻不違背名教而加以讚賞，而對阮籍等則因其蔑視名教而斥之為「狂誕」；對一些歷史人物，他雖不贊成，但對他們某些言行又持欣賞態度，比如對西晉末年「清談誤國」的王衍，作者對他不與人計較的「雅量」是欣賞的。

《世說新語》內容豐富，價值極高，從中可見到魏晉名士的種種形態；暴露出豪門士族的窮奢極欲和兇惡殘忍，對司馬氏的黑暗恐怖統治也有所揭露。書中也記載了一些愛國故事及不畏權貴的人物。《世說新語》的藝術成就很高。其特點之一，是在短小的篇幅中，透過人物的片言隻語和一二行為，生動地勾勒出人物的個性特徵。如《忿狷》篇寫王藍田性急，吃雞蛋時用筷子刺不破蛋殼發起火來，把雞蛋扔在地上用腳踩仍然弄不破它，便惱怒地放在口中咬破後吐掉。透過幾個小動作，寥寥數語把人物性急暴躁的特徵表現出來，十分傳神。其次是善於運用對比手法，突出人物性格。如《德行》篇寫管寧割席的故事，透過管寧、華歆對待金錢、權貴的不同態度，揭示兩人品格的優劣。篇幅不長，卻有情節、動作，緊湊精采。在語言方面往往直接使用當時的口語，不加雕飾；注意人物語言的個性化。如《尤悔》篇寫桓溫的臥語：「作此寂寂，將為文、景所笑」，「既不能流芳後世，亦不足復遺臭萬載耶？」完全是野心家的語言心態。《世說新語》的語言簡約含蓄，雋永傳神，耐人尋味。胡應麟說：「讀其語言，晉人面目氣韻恍然生動，而簡約玄淡，真致不窮。」

⊙北魏畫像牛車圖

⊙北魏畫像出行圖

《世說新語》是記載軼聞雋語的筆記小說的先驅，後世陸續出現了模仿之作。其中許多故事或成為後代文人騷客愛用的典故，或成為後代一些戲劇小說的創作素材，後來一些成語也出自此書。可見《世說新語》一書在中國文學史上地位之重要，影響之深遠。

外國玻璃大量輸入

魏晉南北朝時，隨著與西域諸國友好往來的發展，國外先進的手工業技術逐漸傳入中國。各割據政權的統治者們熱中於美麗的玻璃製品，於是，大約在西元二世紀到五世紀，外國玻璃及其製造技術大量輸入，使中國南、北方玻璃製造業的工藝水準有了突破。

羅馬玻璃在當時的世界上獨樹一幟，產品遠銷各國，也大量輸往中國。當時玻璃又有琉璃、玉晶、夜光、水精等名稱。從羅馬有兩條路線將玻璃運往中國。一條是從印度洋東運的海上運輸線，經大秦（羅馬）、斯調（斯里蘭卡）、黃支（印度康契普臘姆）和扶南（柬埔寨）等國；另一條是經紅海、阿拉伯海和新疆聯繫的玻璃路，通過五河流域的塔克西拉古城和阿富汗喀布爾以北的古城帕格曼。從羅馬運到塔克西拉的玻璃製品有指環、手鐲、器皿和燒珠，玻璃珠有彩色、淺藍色、釉彩等六種式樣。那一時期的羅馬玻璃珠和玻璃碗、玻璃瓶在新疆、洛陽、長沙、江蘇邗江等地都有出土。

羅馬玻璃在中國南北流行，對中國南方的玻璃製造業產生過巨大的推動作用。南方的廣州和交州在三世紀和羅馬往來較多，首先開始仿效埃及技術、使用羅馬配方製作出造型新穎的鈉鈣玻璃。煉丹家、化學家葛洪就曾介紹過三、四世紀時南方人學習外國方法，用五種灰做原料製造水晶碗，也就是羅馬式樣的透明玻璃碗。這種技術持續了大約一世紀，隨羅馬對華海上貿易的衰退中斷了。廣州玻璃工業的這個成就，使南方玻璃業的工藝水準一度大大超過北方同行。然而由於規模不大，銷路不廣，很快就被人們遺忘了。

⊙北魏玻璃缽

⊙北魏玻璃瓶

北魏太武帝拓跋燾時（西元四二四至四五二年），京師平城（今山西大同）的大月氏商人會製五色琉璃。他們在平城附近山中採礦冶煉，製成的琉璃光澤比西方輸入的還要美，從此中國自製玻璃漸多，不再被視為珍寶。

中國畫論興起

魏晉南北朝時期，繪畫藝術高度發展並呈現出全面繁榮的景象，與此同時總結和探索繪畫藝術的理論——畫論興起並得以迅速發展，高度發達的畫論成了魏晉南北朝時期藝術進入自覺時代的標誌。

據畫史文獻記載，這一時期繪畫創作活動十分興盛，畫家人數很多，並有一大批影響很大的畫家活動於藝術舞台，最著名的如顧愷之、陸探微、張僧繇等，許多帝王也潛心創作，如南朝宋明帝、南梁文帝等，這些創作實踐無疑是畫論興起的一大重要因素。

魏晉玄學的流行，佛、道二教的迅速繁盛，促使人們的思維方式發生變化，並進而深入地探索藝術本體，佛寺壁畫和塑像帶來的域外藝術的某些氣息，也引發了人們對藝術創作技巧的深入思考。

東晉顧愷之是位傑出的人物畫畫家，在創作上他擅長傳寫人物的神情和氣質風度，其流傳下來的畫論著作有《魏晉名臣畫贊》、《論畫》、《畫雲台山記》三篇，核心思想就是以形寫神。他認為描繪人物，不僅要求形象真實，而且要能傳達人物的性格神態和內心活動，強調透過對人物的關鍵部位，如眼睛等的描繪取神、寫神，人物的神情特徵才能令人妙賞。顧愷之特別重視主體與客體之間的悟對交融，認為「悟對通神」才能「遷想妙得」，只有透徹地瞭解熟悉客體的性情心理，才能把握瞬間精神和心理的微妙變化。顧愷之強調的是人物形神論，而劉宋時的宗炳和王微則著重討論山水畫中的形神問題。

宗炳（西元三七五至四四三年），字少文，河南南陽人，一生未仕，善書畫，好遊名山大川。《畫山水序》是他流傳下來的畫論著作，他認為山水和聖人都體現「道」，懷道的聖人能適應萬物的變化，透過物象來闡明抽象的道，有質有靈的山水是物象的一種，所以也體現道，大自然能給人暢神的美感享受，山水畫表現的自然美給人的審美感受正在於暢神。在中國美術史上，他還第一次明確提出了山水畫的觀察方式和透視原理，這個創造性的摹寫方法對處理山水畫的空間關係具有劃時代的意義。王微《敘畫》除強調山水有形有靈以外，更重視其「怡悅性情」的作用。

南齊謝赫對前人的理論成就加以總結和綜合，有系統地提出了繪畫的品評原則六法論：將氣韻生動排在六法之首，顯然是由神似原則發展而來，氣韻即為神韻，氣韻生動主旨在於生動地表現對象的氣質品格和精神內蘊。

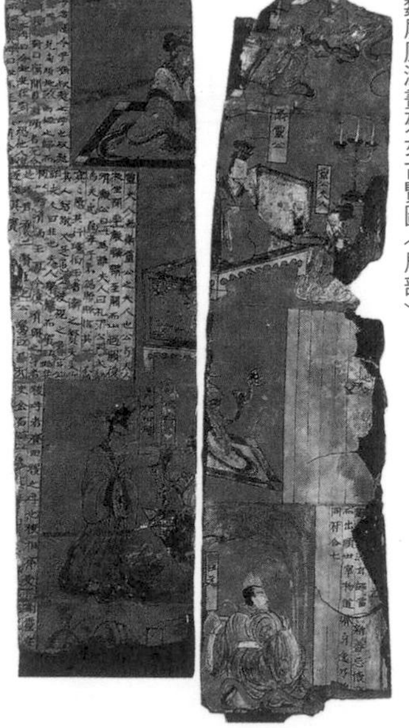
⊙北魏屏風漆畫列女古賢圖（局部）

透過這些畫論可以明顯地看出，魏晉南北朝時期，以神寫形和重視氣韻的理論已成為中國畫的主導精神，在後代的理論及創作中被長期繼承，很顯然地，其理論源頭可追溯至老莊；可以肯定是在魏晉流行的玄學思潮影響下形成的，而「悟對通神」，「遷想妙得」的思想與佛、道二教思想不無相通之處。南朝陳姚最《續畫品錄》中所提出的「心師造化」的思想與佛教理論並無二致，毫無疑問地，畫論的興起和成熟是魏晉南北朝時期的多種因素造就的。

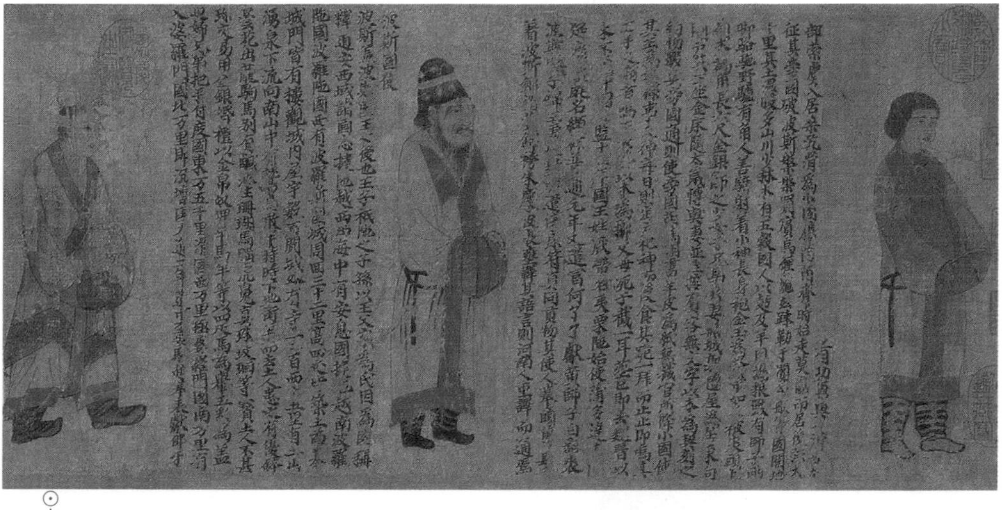

⊙宋摹本梁蕭繹《職貢圖卷》

魏晉南北朝畫論的興起，標誌著中國繪畫理論走向成熟，中國畫的主導精神從此形成，謝赫開啟了中國品評體美術史之先河，所有這些都直接影響著後世中國畫的理論和創作。

《後漢書》

《後漢書》為紀傳體東漢史，原本九十卷，包括紀十卷、傳八十卷，今本一二〇卷中的志三十卷為北宋真宗時合入。《後漢書》紀傳部分為南朝宋范曄所撰，志部分為晉司馬彪所撰，一般稱為《續漢志》。

范曄（西元三九八至四四五年），字蔚宗，南朝宋順陽（今河南淅川東）人，歷任冠軍參軍、兵部員外郎、荊州別駕從事。宋文帝元嘉九年（西元四三二年，一說元嘉元年）因事左遷宣城太守，遂以著述為事，著手撰著《後漢書》，後因陷於宗室權力之爭被殺。司馬彪（西元？至約三〇六年），字紹統，西晉河內溫縣（今河南溫縣西）人，晉朝皇族，曾任秘書丞、散騎侍郎等職。

在范曄撰《後漢書》之前，已有很多後漢史作出現，如東漢官修《東觀漢記》、三國吳謝承《後漢書》、薛瑩《後漢記》、晉司馬彪《續漢書》、華嶠《漢後書》、謝沉《後漢書》、張瑩《後漢南記》、袁山松《後漢書》、張瑩《後漢紀》、袁宏《後漢紀》等。但范曄認為以上之作均不能令人滿意，於是在各家基礎上博採眾書，斟酌去取，自成一家之言，而其中對《東觀漢記》和華嶠《後漢書》吸取尤多。范曄本擬效法《漢書》作「十志」，因被殺而沒有完成。

范曄《後漢書》問世之後，因其記事簡明扼要、結構嚴謹、文筆流暢，深受學者重視和好評。唐代以本書與《史記》、《漢書》並稱「三史」。因此，本書傳世後，除袁宏《後漢紀》外，其他各家後漢史作皆相繼失傳。

范曄《後漢書》紀、傳的編次與《漢書》有所不同。《後漢書》敘事喜歡以類相從，而不計較年代先後。書中仿華嶠《漢後書》列《皇后紀》，又增列新的類傳，有《黨錮傳》、《宦者傳》、《文苑傳》、《獨行傳》、《方術傳》、《逸民傳》和《烈女傳》等，有的類傳為後世紀傳體史書所效法。

《後漢書》彙集一代史事，是研究東漢歷史的重要資料。通行的注釋，紀傳部分有唐章懷太子李賢注，各志有梁代劉昭注；清惠棟作《後漢書補注》，多有創見；後王先謙加以增補，撰成《後漢書集解》，所搜資料較為完備。

⊙南朝陶犀牛。頭部獨角，背上有四束角狀鬃毛，尾下垂，腹腔內空，係模製而成。它的原形應是犀牛。

官營手工業發展為手工業主體

魏晉南北朝時期，戰爭不斷，社會的動盪、混亂和商業的極度衰弱，使得民間手工業的發展受到嚴重影響。

傳統的民間手工業技藝均是家傳，在中原大亂的情況下，大批藝人死於戰爭、災荒，少數成為官營手工業者，少數逃亡江南的也沒有獨立開業的機會。時間一長，各種絕技也就失傳了。再者，由於魏晉南北朝時期是以自給自足的自然經濟占主體的，各莊園主及自耕農都能生產自己所需的生活日用品，商品交換失去意義，手工業者的生產也是為了自己的需要。沒有商品交換，沒有市場，民間手工業也就逐漸衰弱。但這一時期的官營手工業卻在社會動盪中蓬勃發展起來。

官營手工業的服務對象主要是宮廷和官府。這一時期雖然戰亂頻繁，但帝王的窮奢極欲、貪圖眼前享受的迫切需求，卻絲毫未弱。這就造成了大量人力投入手工業生產，在客觀上刺激了宮廷手工業的發展。魏晉南北朝時期戰爭頻繁，軍用品的需求極大，軍用手工業也大大發展起來，軍用手工業都集中在官府。軍用品的數量需求很大，品種也很多，除武器外，還有甲冑、被服、旗幟、車船等，諸如此類軍用品的大批生產也是官營手工業興旺發展的主要原因。除了以上兩大客觀原因外，官營手工業管理機構的完備，管理方法的改進也是官營手工業興旺發展的重要原因。

魏晉南北朝時期官營手工業管理機構大體互相沿襲，主要分為中央和州郡地方政府兩大類。中央的工官大體也分兩類，一稱少府，一稱將作大匠。少府之下，一般設有尚方、左右藏、材官、甄官、平准、掌治等部門。尚方掌管禮樂器、衣服用具及其他奢侈品的製作等；左右藏掌管皇家錢幣；平准主管織物的染色；掌治主管金屬冶煉和兵器弓弩刀鎧等的製造；材官管採伐林木；甄官管燒造磚瓦等。在各部門下面又設有專庫或專局，負責本專業所用原材料的儲備、保管和供應工作。將作大匠並非常設官，有工程時才有，工程結束後常省去。州郡地方政府的官營手工業稱為部。在官營手工業中的工匠有多種來源，主要為應役工匠，這些是世代服役的匠戶；還有官奴婢轉成的，多為女織工；最後的就是掠來的工匠以及從俘虜、囚犯中調來的，由此可見官營工匠的來源是充足的。

魏晉南北朝時期，民間手工業衰弱，官營手工業持續穩定發展，並逐漸發展成為手工業主體。

⊙北燕金冠飾。冠飾上面是六枝形頂花，每枝上繞三個環，環上各穿一金葉，枝幹鉚在一個仰缽形座上，下面穿過一個空體扁球，與十字交叉形的金片相連。金片上有針眼，原當為附於冠上的框架。墓主馮素弗為北燕主要統治者之一，卒於北燕太平七年（西元四一五年）。此墓出土的金銀器代表了北燕地區的最高水準，這批金銀飾品的形制、紋樣及系列的構成都具有強烈的鮮卑文化特徵。

⊙北魏黑石四面造像塔，一佛二思維菩薩；一佛二脅侍菩薩、苦行像、釋迦多寶並坐像。

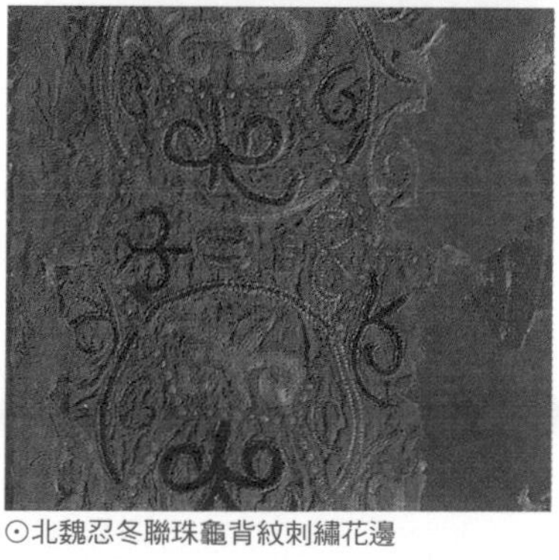

⊙北魏忍冬聯珠龜背紋刺繡花邊

滿地繡出現

三國時期，刺繡工藝得到較大發展，據前秦王子年《拾遺記》記載，東吳孫權夫人能在方帛上繡製「五嶽河海城邑行陣之形」，在當時被人們稱為「針絕」。唐代馮贄在《南部煙花記》中說梁武帝製五色繡裙，以朱繩珍珠來裝飾，可能是後世穿珠繡的先例。

南北朝時，佛教在中國廣泛流行，

佛幡佛像中出現了許多精美的繡品。莫高窟中就有北魏廣陽王元嘉獻於太和十一年（西元四八七年）的刺繡佛像殘片。繡幅正中繡一坐佛，右側為一菩薩，下方正中是發願文，供養人繡在左右，僅存四女一男都穿胡服，身旁各繡名款。繡幅四周飾有忍冬聯珠龜背紋花邊，採用二暈配色的方法繡製。這件繡品除花邊外，均滿地施繡，是現存最早的一件裝飾繪畫性的滿地繡。可見，至遲在南北朝時已出現滿地繡。

⊙北魏刺繡佛像供養人

南朝庶族興起

宋孝建元年（西元四五四年）六月，宋孝武帝劉駿為控制臣下，重用寒人。

寒人是魏、晉、南北朝時期政治特權較少的一般地主。他們有些渡江較晚，有些是南方土豪，與累世做官、享有特權的門閥士族處於對立地位，亦稱「寒門」或「庶族」。魏晉實行門閥政治，寒人的地位遠較高門士族低下，在仕途上官至郡守已是頂峰，在封建政治中毫無前途可言。自東晉末年以劉裕為代表的寒門庶族透過領兵打仗建立劉宋政權後，寒族地方的權勢逐漸上升，但大多數只能以軍功為將帥，或作為皇帝爪牙出任宗室藩鎮的典簽，進入朝廷政治中樞的希望仍然不大。

宋孝武帝劉駿以平亂登帝位，終

非法定接班人，時有不安之感。西元四五四年二月，江州刺史臧質等擁荊州刺史南郡王劉義宣反叛，經百餘日始平定。劉駿對藩鎮強大、宗室權重十分擔心，為了有效地削減宗室藩鎮的地盤和權力，在六月下令從荊、湘、江、豫四州分出八郡，另設置郢州，並果斷裁省去幾百年來一直作為真宰相職銜的錄尚書事，將權力集中到宮掖。他不再信任大臣，而是收羅寒人為心腹，任用山陰寒人戴法興、魯郡「人士之末」巢尚之為中書通事舍人，放手讓他們參與百官升遷、賞罰等機要事務，「凡選授誅賞大處分，上皆與法興、尚之參懷」，以致劉駿死後，太子劉子業尚未親政之際，「凡詔敕施為，悉決法興之手，尚書中書無大小，專斷之」。民間戲稱戴法興為「真天子」。從此，寒人在中央政權中參預機密、出納王命成為制度。宋明帝劉彧當政時，任用寒人阮佃夫、王道隆等為中書通事舍人，權勢比戴法興、巢尚之更為顯赫。齊、梁、陳三朝一脈相承。蕭齊的劉系宗、呂文度、茹法亮，梁代的周舍、朱異等，都沒有一個是出身於高族望門，但他們「權傾天下」，特別是中書通事舍人朱異居要職三十多年，「方鎮改換，朝儀國典，詔誥敕書，並兼掌之」。因此，南朝寒人干政自劉駿時代始。

⊙南朝觀音立像龕

中國絲織技術傳入波斯

到西元五世紀，中國的養蠶繅絲織造技術已有三千年以上的歷史，特別是漢以後陸上和海上絲綢之路的開闢和興盛，更使它成為世界各國欣羡垂涎的秘密，成為中國長期以來聯繫並影響世界的專利。

東漢初期，蔥嶺以東的于闐國王為取得中國養蠶的奧秘，特意向東國（于闐以東的鄯善國，今新疆若羌）求婚，得到應允後，便派密使轉告東國公主，要她在下嫁時將蠶種帶出國境，好在于闐養蠶產絲，製作絲服。當時東國禁止蠶種出境，關卡檢查極其嚴密。東國公主下嫁時將蠶種、桑種藏在帽架裡，靠特殊的身份才逃過查驗，把蠶桑的種子帶到于闐。於是，從一世紀起于闐開始栽桑養蠶，初步建立了自己的絲織業。

至此，中國長期保守的絲織技術終於走出國門。于闐這個佛教在蔥嶺以東的傳導中心，又成了蠶桑的新興培育基地。後來，蔥嶺以東的龜茲、疏勒在四、五世紀也有了當地的絲織業，能自己織造華貴的錦緞。在他們的影響下，至遲在五世紀中葉，波斯也獲得了養蠶絲織技術，能織造華美的錦綺綾紈。《梁書》記載波斯人結婚時，新郎新娘都要穿金線錦袍、師子錦褲，戴天冠。可見南朝梁時，波斯早已是錦繡之國。在獲取中國的養蠶絲織技術的過程中，波斯非常頻繁地派使節與中國通好。西元四五五年波斯和疏勒的使者一起來到平城，西元四六六年又和于闐使者一起抵達北魏首都，西元五一八年和龜茲使節一同來中國，波斯與已發展了養蠶線織技術的于闐、龜茲、疏勒等國過往甚密。可知在中國絲織技術傳入波斯的途中，這些臨近中國西北的小國確實產生了相當的作用。

⊙北朝樹紋錦

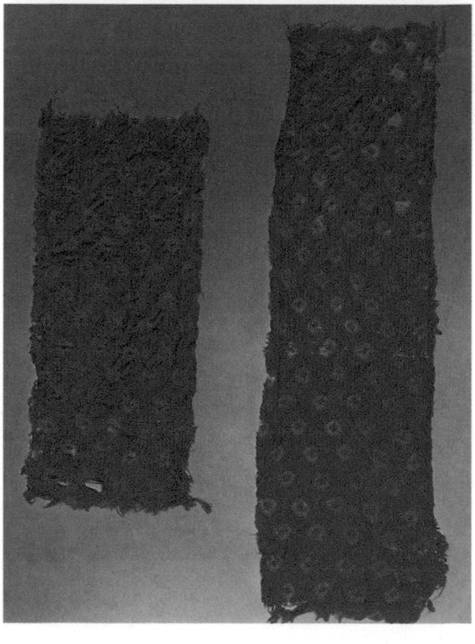
⊙北朝方紋紋纈

中國絲織技術傳入波斯，對於主要占據歐洲的羅馬帝國是個莫大的刺激，拜占廷也決計要擺脫波斯對進口中國絲絹的操縱，重振本國的絲織業。西元五五二年，在兩位印度僧侶的幫助下，從賽林達（新疆）獲得了中國本土的蠶子和桑樹，於是歐洲的土地上第一次出現了中國家蠶和桑樹，使六世紀的拜占廷成了「人務蠶田」的農桑國家。中國的養蠶繅絲絲織技術自此在歐亞大陸上繁盛、發展，這無疑是中國對世界的巨大貢獻。

雲岡石窟開鑿

北魏和平元年（西元四六〇年）起，北魏沙門統曇曜於平城武州塞開鑿石窟。

沙門統曇曜經北魏文成帝同意，始於平城（今山西大同）西面的武州塞即雲岡開鑿石窟。統曇曜開鑿五窟，後世稱為「曇曜五窟」，均為穹隆頂橢圓形平面，仿天竺草廬式。

統曇曜力主開窟造像，除了為皇室祈福、討好君主之外，另一個主要目的，是為了駁斥那些說「胡本無佛」的言論，而宣傳佛教淵源久遠，傳世無窮，從而將教權的利益和王權的利益緊緊相聯。因而統曇曜五窟的主要題材盡是宣揚佛教傳世久長的過去、現在、未來三世佛。另外，當時雲岡石窟所在的靈嚴寺規模巨大，可容數千人，所以，雕造三世佛、釋迦、彌勒和千佛諸像，開鑿巨大的窟室，也可能是為了廣聚沙門同修禪法之用。

到孝文帝即位時（西元四七一年），國內民族衝突和階級鬥爭規模愈來愈大，而皇室貴族的崇佛佞佛風氣也愈演愈烈，常常不惜毀家破產以資給佛事。孝文帝的祖母太皇太后馮氏篤信佛法，她干預政務十餘年，也將佞佛風氣吹遍全國。從此，雲岡石窟再也不限於皇室開鑿，一般的官吏、僧尼、地主皆可出資營建，雲岡石窟成為北魏都城附近佛教徒的重要宗教活動場所。

⊙雲岡石窟飛天

⊙雲岡石窟第二十窟主佛

⊙雲岡石窟第五窟內景

雲岡石窟費心經營數十年，共計開窟五十三個，小窟龕不計其數，造成大小石像五萬一千多軀，成為中國規模最大的石窟群之一。它不僅是一項精思巧構的佛教藝術，同時也是耗工龐大的一項土木工程。開鑿石窟的工匠，主要是歷次戰爭中的俘虜。西元四七一年滅後秦，長安工匠二千戶被掠至平城，西元四三九年滅北涼，三萬戶巧匠民吏被強徙至平城，平定中山等地後，又遷百工伎巧十萬戶到平城。這些人稱為「平齊戶」，地位在半平民半奴婢間，世代服役，不得改從他業。雲岡石窟的藝術風格來自三個源頭：中國原有的雕刻傳統；外國僧人帶來的獅子國（即斯里蘭卡）的影響；西域傳來的犍陀羅（今巴基斯坦和阿富汗西部一帶）藝術的影響。

早期的雲岡石窟，即曇曜五窟，以樣式豐富，各種藝術紛然雜陳為特色。在各尊造像中，有的肩寬體碩，豐臉高鼻，衣料質感厚重、衣紋凸起，反映了犍陀羅藝術的特點；有的眉細眼長，披方格袈裟，狀類炳靈寺、莫高窟的早期造像；有的服飾貼體輕薄，反映了印度恆河流域一帶笈多造像的某種特點。早期石窟表現出一種挺拔勁健、渾厚粗樸的造像風格，尤其二十窟的大佛，其博大、恢宏的氣魄和力度，動人至深。

雲岡石窟的許多重要窟龕都是在中期即孝文帝時期雕鑿的，此時，南方的著名畫家顧愷之、戴逵、陸探微等人宣導了一種「秀骨清像」的畫風，這種畫風也影響到雲岡石窟造像，此時的佛像面像清癯，眉目開朗，神采飄逸，有的服裝直接取自南朝士大夫階級的褒衣博帶式。重要的藝術成就也在這個時期取得：五窟正中的釋迦坐像高達十七公尺，是雲岡石窟最大的佛像；六窟被譽為雲岡石窟第一偉觀，窟中由地面到洞頂高達二十公尺，中央矗立著一個底寬約六十平方公尺的塔柱，整個塔柱和窟壁雕鑿了大小佛龕和多種眩目的裝飾，不留半點空隙，其繁密精緻的程度令人嘆為觀止。

雲岡石窟末期即北魏遷都洛陽之後，其造像藝術更臻老練圓熟，具有鮮明的民族藝術風格，構圖典雅含蓄，線條流暢，在藝術上把形象美與線條美統一體現出來。這一時期的窟形、造像，如三壁三龕式窟、寶帳式龕飾及像容、題材等，多為龍門等石窟所仿效，成為中國石窟藝術民族化過程中一個顯著的轉捩點。

金銅佛像進入全盛時期

迄今發現最早紀年的銘金佛像，是現藏美國三藩市亞洲美術館的後趙石虎建武四年（西元三三八年）雕造的一尊鎏金銅坐佛像，它結跏趺坐，雙手做疊壓禪定式，長長的杏仁眼，方圓臉形以及規整的垂中平行衣飾，高肉髻，在形式上直承漢末四川陶佛像，形體與衣紋的左右對稱，也是西來佛像中國化的具體實例，被認為是中國式佛像的早期形態。

北魏早期，赫連族攻入佛學中心長安，滅佛殺僧，著名高僧鳩摩羅什的高徒白腳禪師來到平城（山西大同）受到魏武帝的禮遇。北魏滅北涼（西元四三九年）後，把涼州具有高超技藝的工匠虜掠到平城，同時也俘獲了大批僧

⊙雲岡石窟飛天

⊙北魏麥積山石窟男供養人壁畫

⊙北魏麥積山石窟女供養人壁畫

⊙銅造像

⊙金銅釋迦立佛像

人，平城成了北方的政治文化及佛教中心，金銅佛像從此被大量製造，今存北魏太平真君二年（西元四四一年）趙通造金銅佛像，太平真君四年金銅佛立像，是太武帝廢佛前的代表製品，形式古樸。出土於河北石家莊的鎏金銅造像，分傘、佛像、座三部分，是十六國以後保持最完整的一座。河北省博物館收藏的另一件金銅坐佛像，造形渾圓，而造於太平真君十一年的金銅坐像，古樸之氣息漸失而趨向寫實，兩手不再拱而置於胸腹間，改為右手施無畏印，左手置於膝上。衣紋下垂做橢圓形線，衣裾下緣下垂到座的上部，這是新的發展。

魏文帝統治時期，一度遭受政治打擊和道教衝擊的佛教得到迅速恢復，曾遇滅頂之災的佛教徒也吸取了教訓，提出皇帝就是如來的觀點，憑藉皇權宏揚佛教。興光元年（西元四五四年）平城五級大寺鑄金銅釋迦立像五軀，以太祖以下五帝相貌為依據，高各一丈六尺，共用銅二萬五千斤。西元四六六年，獻文帝在天宮寺造釋迦立像，高四十三尺，用銅十萬斤，黃金六百斤，金銅佛廣泛製造的風氣盛極一時，而且形制和規模不但擴大，在太和年間形成了金銅佛像製造的全盛時期，如現存太和二年（西元四七八年）銘金銅佛造像、從妻劉造彌勒坐像，河間樂成人張賣造彌勒坐造像、李成造像、王上造像等不下十多件，山東博興縣出土的更多。這時期的金銅佛像，以唇厚、鼻隆、目長、頤豐、挺拔而有丈夫氣為主要特點。

在南方，東晉已開帝王奢競之風，這種時代風尚成為名士奇匠競心展力的外在驅動力，出現了以戴逵、戴顒父子為代表的著名佛像匠人。戴逵曾積三年苦思製成丈六無量佛，「巧凝造化」，成為供大量仿製的中國佛像傑作，這種追求民族化的審美旨趣的創作，開創了中國式佛像的製作範式。所造行像運用脫胎漆器工藝，發明了既壯崇又輕靈的夾苧佛像，適應了當時抬佛巡行習俗的需要，被世人稱為一絕。其子戴顒從小隨父參與塑像，相互切磋技藝，以精思神巧為時人稱許。

劉宋以降，靡費之風大熾，建寺造像所用的銅無以計數，甚至危及國力。孝武帝劉駿一次就為瓦官寺鑄金銅佛像卅二軀。梁武帝出家的同泰寺十方佛為金銀像，而光宅寺造丈八無量壽金銅大像，用銅四萬斤，陳宣帝所鑄銅像多達二萬軀，修治舊像一三〇萬軀。這些足以想見當時金銅佛像鑄造的形制和規模。在風格上，南朝金銅佛像崇尚寬大博敞的天衣裙裾襯托出飄逸俊秀的體勢，是南朝時尚的秀骨清像人物儀範在佛教造像上的具體表現，二戴的藝術技法也被廣泛流傳。整個南朝的造像均顯示出形體輪廓具有整體感並極富裝飾性的特色，與當時競尚奢靡之風一致。

無論在南朝還是北朝，金銅造像規模形制都十分宏大，藝術技巧也日臻完善，從而使金銅造像完全中國化並達到全盛期。

⊙鎏金觀世音銅像

⊙北魏釋迦佛像

祆教傳入魏上層社會

北魏和平二年（西元四六一年）九月十五日，波斯國（今伊朗）遣使至北魏朝貢。從此以後，波斯又多次遣使獻貢，波斯的正宗祆教也由之傳入北魏上層社會。

祆教原是西元前五百至六百年波斯人索羅亞斯德所創。該教認為：世界有善惡二道，善道清淨光明，惡道污濁黑暗，二者不斷相互爭鬥，善道最終必定戰勝惡道。同時又認為，火和光是善道的代表，教徒必須崇拜火，祭祀天上的日月星辰等等。因其拜火，所以稱其為拜火教，又因其祀天，所以又稱其為祆教。

祆教很早就在中原民間流傳。三國時期，佛徒維祇難從天竺來中國傳教，據說他本是祆教徒，後感佛法無邊，便皈依佛門。十六國時期，高昌、鄴城、陳留等地都有名為「胡天」的火祆教祭祀場所（陳留的「胡天」至趙宋仍存，名為祆神廟），還發生過由劉弘、劉光等領導的幾次祆教起事事件，可惜火祆教當時卻不為官方所知，直到和平二年這一天，北魏君臣才從波斯使者那裡瞭解了祆教。從此，火祆教在北魏上層受到重視。（靈）胡太后信奉祆教，曾經「廢諸淫祀，而胡天神不在其列」。北齊、北周時期，火祆教仍受到重視，很多皇帝都信仰火祆教。北魏、北齊時，政府還特設「薩甫」專門管理祆教徒事務。

⊙北魏供養人像

⊙高昌國故城遺址

譜寫家史盛行

從東漢到魏晉南北朝時期，門閥制度對社會政治生活影響越來越大，成為一種特殊的政治現象。世家大族把持國柄，王朝更迭頻繁混亂，皇權卑落，政局腐敗。這個時期的重要官吏選拔制度——九品中正制也逐漸形成忽視才德、只重家世的擇人標準，成為構成門閥制度的重要組成部分。一方面，作為豪強世族顯赫於世的副產品，家史是一種結果；另一方面，家史又進一步強化了門閥制度這一怪胎的存在。

家史是記載一個家庭歷史、世系的書籍，又分為家傳和家譜兩種形式。家傳重在記述家族的歷史沿革和家族人物的某些事蹟及言論；家譜則主要記載家族的血緣關係、承傳狀況和繁衍過程。《隋書・經籍志》雜傳類自《李氏家傳》以下，至《何氏家傳》止，共著錄家史廿九種，多為西晉南北朝人所撰，如《王朗王肅家傳》、《太原王氏家傳》、江祚《江氏家傳》、裴松之《裴氏家傳》、曹毗《曹氏家傳》、范汪《范氏家傳》、紀友《紀氏家傳》、明粲《明氏世錄》、王褒《王氏江左世家傳》等等，可見當時家傳編修之盛。

家譜的撰述與當時譜牒的興盛有密切關係。譜牒帶有群體性，或是全國性的，或是一個皇朝統治範圍內的，或是一個地區的，因而不同於家譜的一門一姓之限；另一方面，譜牒屬官修，又不同於家譜的私門自撰。儘管如此，它卻必須以家譜為基本構成因素，因而家譜備則譜牒成；譜牒興，家譜自然也盛，二者相互聯繫，相互促進。至於譜牒興盛則是由於魏晉時「品藻人物」、「有司選舉」、劃分士庶，都以譜牒為依據。此外，門閥士族之間的聯姻，也往往要互相考察譜牒，以保證門當戶對。這兩個方面結合起來，就是「官有簿狀，家有譜系；官之選舉，必由於簿狀；家之婚姻，必由於譜系」。

家史，是史學發展的一種特殊表現形式。魏晉以來，家史大盛。當時賈弼曾廣集群族十八州一百一十六族譜，共七百一十二卷，但早已佚失。隋唐修家史之風仍舊盛行，今也不傳。宋以來家史均以蘇洵所創體例為本，沿襲至明清，大體由譜系、朝廷思榮、祠寧、家墓、傳志、藝文等幾方面組成。清代和民國時期的許多家史流傳至今，這些家史為史學研究提供了珍貴資料，並對社會學、民俗學、人文地理和遺傳學有重要參考價值。

⊙北魏樂女俑

鮑照發展樂府詩

鮑照（西元四一四？至四六六年），字明遠，東海（今江蘇省漣水縣北）人。他出身貧寒，因為向臨川王劉義慶獻詩而受到賞識，被任命為國侍郎；文帝時又被任命為中書舍人。後來臨海王子頊鎮荊州，鮑照是前軍參軍，所以世稱「鮑參軍」。西元四六六年，王子頊起兵失敗，鮑照為亂軍所殺。在劉宋詩壇中，田園詩和山水詩占據重要的地位，而鮑照以其擬古樂府詩獨步一時，與陶淵明、謝靈運並領風騷，被後人認為是劉宋時期傑出的詩人之一，著有《鮑參軍集》傳世。

鮑照現存的詩有兩百多首，其中八十多首是樂府詩，廣泛地描寫了社會生活。其中最主要的內容是抨擊門閥士族制度下的社會不平現象，表現了寒士階層的強烈不滿和反抗精神，代表作是《擬行路難》十八首。「瀉水置平地，各自東西南北流。人生亦有命，安能行嘆復坐愁！」這些詩句透出一股悲憤不平之氣，表現了詩人不屈的獨立人格。

鮑照詩歌的另一內容是寫邊塞戰爭和征夫戍卒的生活。這些詩既歌頌了出征將士「投軀報明主，身死為國殤」的報國之態，亦對他們沙場征戰的艱辛險惡報以深切同情。鮑照還有一些作品描寫了豐富細膩的感情生活，有遊子、思婦的思鄉思親之情，也有女性對美好愛情的追求。鮑照的樂府詩既有豐富深刻的內容，又有強烈奔放的激情，具浪漫主義色彩，形成了他「文甚道麗」的藝術風格。他在形式上也突破五言詩的局限，「不避險俗」地使用語言。他的七言詩從每句用韻的「柏梁體」中解放出來，恢復了中國詩歌上隔句用韻的自然方式，且可自由換韻，為後來文人七言詩的發展確定了形式，為百餘年後的唐詩之盛開拓了道路。

⊙北魏奴童俑。河南洛陽北魏元邵墓出土的北魏崑崙奴童俑。北魏統一北方，遷都洛陽，形成中國歷史上的南北朝格局。

道教流派出現

魏晉南北朝是中國道教的成熟和定型期，道教的三大主要流派形成，各自建立了獨具特色的理論體系，並出現了大量的理論著作，使中國道教走上了獨立發展的軌道。

東漢末年活躍於漢中地區的五斗米道勢力很大，曹操收編張魯以後，為對其加以限制，將漢中數萬戶居民遷到長安及三輔，使其勢力一度因分散而沒落，但也得到了一次向全國傳播的機會。兩晉時期受到世族的崇奉，身價倍增，由於其組織鬆散，引起了許多複雜的社會問題，並導致了陳瑞天師道起義、流民起義等，對社會影響很大，直接衝擊了東晉政權。在這種背景下，北魏寇謙之開展了「清整道教」的宗教改革活動，他在北魏道武帝和重臣崔浩的支持下，從神瑞二年（西元四一五年）開始，藉助政權的力量整頓了道教組織，歷經二十多年，形成了「北天師教」或「新天師教」，北方道教組織進一步完善。寇謙之的道教理論著作八十餘卷，包括《老君音誦戒經》等，崇奉太上老君，摒棄了可被農民起義所利用的教義和制度，主張

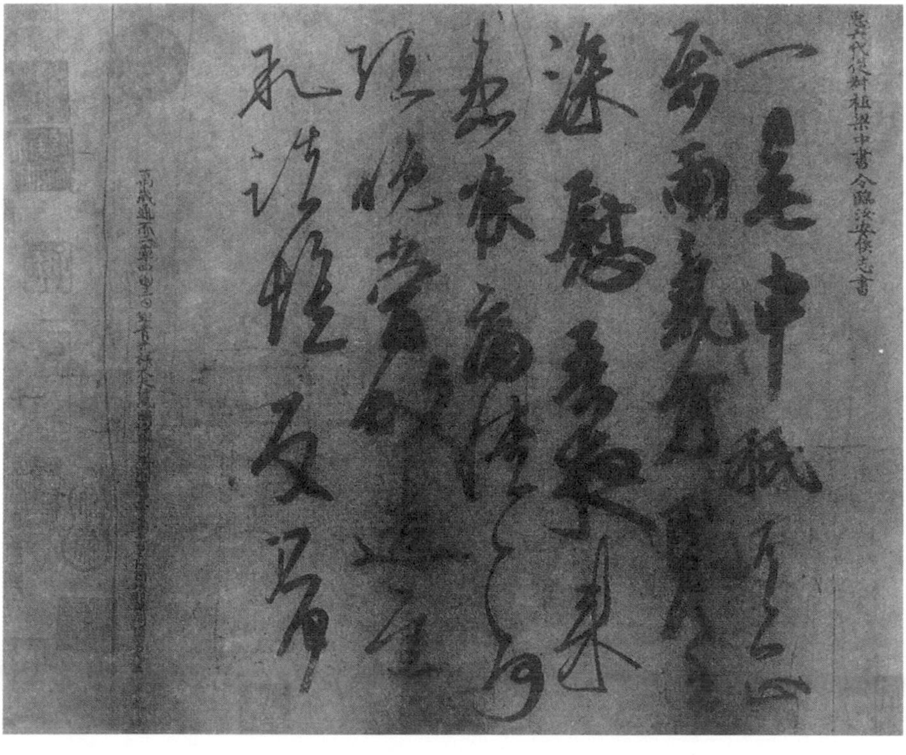

⊙南齊王志《一日無申帖》

⊙北魏透雕銅飾。鋪首下部為一圓目高鼻、雙角上翹的獸面，雙角之上為雙龍對稱交錯。雙龍間有一立佛雙手叉腰，雙臂支撐著龍的頭部及前爪，分腿踏踩於雙龍尾部。整體呈方形，造型生動，形象逼真。

臣忠子孝、夫信婦貞、兄敬弟順、安貧樂賤等倫理綱常，而且引入一些佛教理論，宣揚輪迴，模彷佛教的某些儀式，其維護倫理名教的態度十分鮮明。泰始元年（西元四六五年），南朝宋著名道士陸修靜受到明帝禮遇，為其在建康北郊天印山築崇壺館，他著手改造南朝天師道，搜集、整理經籍達一一二八卷，並撰寫《三洞經書目錄》，這是中國最早的道教經書總目，其理論要點是主張齋戒，為此制定的齋戒科儀達百餘卷，經其整頓的天師道稱「南天師道」。

在天師道改革的同時，楊羲、許謐等人創立了上清派；葛洪的玄孫葛巢甫創立了靈寶派。上清派奉元始天王為最高神，強調個人修煉，特別是存神服氣，輔以誦經修功德，貶斥房中術，對天師道特重的符籙齋醮很輕視，有《上清經》五十卷，是其早期經典。靈寶派的經典是葛巢甫在《抱朴子·內篇》的基礎上創造的，為了自神其說，融入了一些神話傳說，劉宋時著名道士陸修靜整理編定，又增加了齋醮科儀一百卷，他們把上清派的元始天王稱為元始天尊，天師道的太上老君降到第三位，中間加入太上大道君，被後代道教推尊為「三清」，除存神誦經、修功德外，特別重視齋醮科儀和集體修道、輕外丹和房中術。

除天師、上清、靈寶三派外，陝西有樓觀派，演變成元代的全真教，強調道教為中國宗教的正統地位，魏晉和南北朝時期樓觀派的著名道士有王浮、嚴達、王延等。

這個時期道教理論成熟，東晉葛洪《抱朴子》構造了比較完整的理論體系，上清派《黃庭經》代表了內煉術在當時的最高水準，奠定了內丹派的發展方向，陸修靜《三洞經目錄》記了一〇九〇卷，可見其著作繁榮之大貌，道教主要流派的出現和理論著作的繁榮使道教發展進入成熟期，推動了整民族理論思維和文化水準的進步。

道教捏造老子化胡

佛教傳入中國之初，一度被視為黃老神仙術的一種，佛教也自附於黃帝、老子，以圖與中國傳統信仰相結合，得以傳播。「老子入夷狄為浮屠」之說起於東漢後期，借化胡成佛之說宣傳佛道同源論或老子轉生論。漢末三國時，化胡說廣泛流行，一時間社會輿論紛紛。當時佛教在中國已有一定影響，佛教理論著作《牟子理惑論》中開始出現了反對化胡說，甚至認為道不如佛，於是中國歷史上開始出現佛道之爭。

兩晉南北朝時期，佛道二教都有了很大發展。晉惠帝時，天師道祭酒王浮在與僧人帛遠爭論的過程中，為抬高道教，貶抑佛教，根據東漢以來種種老子化胡傳說，造《老子化胡傳》，謂老子西出陽關，經西域至天竺，化身為佛，教化胡人，因此產生佛教。南北朝時，道教徒均據此與佛教互相爭長短，南朝宋泰始三年（西元四六七年）道士顧歡作《夷夏論》，認為佛教是夷狄之教傳入中夏，此說影響極大。為此，僧紹作《正二教論》、謝鎮作《與顧道士析夷夏論》、朱昭作《難顧道士夷夏論》、慧通作《駁顧道士夷夏論》等，展開了所謂「夷夏之爭」，影響所及，上至朝臣奏民，下至世俗論者，皆時有論爭。北魏孝明帝時，曇無最還曾與道士姜斌在殿庭中辯論《老子化胡經》真偽，最後姜斌被崇信佛法的孝明帝發配馬邑。

隋唐時，化胡之爭仍在進行。元代佛道爭論迭起，化胡之說成為爭論重點，憲宗、世祖二朝，僧道多次辯論《老子化胡經》真偽；元世祖至元十八年（西元一二八一年），詔令除《道德經》外，其餘道書盡行燒毀，《老子化胡經》首在焚毀之列，由此亡佚。

⊙北魏透雕銅飾。銅飾由兩條相對的龍組成一橢圓形，龍頭相對，龍尾相接，龍舌捲曲，怒目圓睜。龍的背上各立一鳳，中立一佛，作高髻，面部豐滿，兩腿分立，兩臂叉觸腰際，造型奇特，顯得威武有力。

⊙新疆吐魯番出土北朝「史天濟請取永業田辭」文書

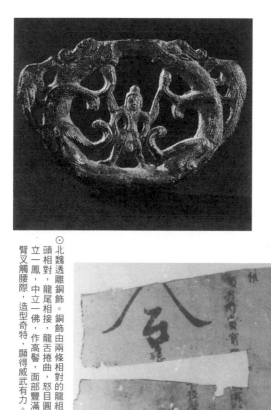

中國歷史上第一次均田制

北魏太和九年（西元四八五年）十月，北魏行均田制。

北魏王朝建立以前，北方地區經歷了長達一三〇餘年的戰亂，大量的肥田沃土成為無主荒地，因此每一新的王朝手中總握有大量的國有土地，使均田令的頒行有了基礎。

北魏王朝建立後，國有土地的經營除軍屯外，還以部落為單位並從新占地上遷移勞力到京城附近開荒，使用計口授田的方法，發展農業生產，增加國家糧食收入，這就是均田令施行的實踐基礎。北魏王朝建立後，政權較穩定，有些荒地的原主人與新主人關於土地所有權的爭執及其他類似問題出現，就更推動了均田令的頒行。為了限制豪強地主對土地的兼併，恢復小農經濟，增加封建國家的財政收入，入主中原的鮮卑族將平均分配耕地的農村公社殘餘和地主土地所有制結合起來，由李世安首倡，於西元四八五年由孝文帝下詔推行均田制。

⊙北魏時期文書

均田制的原則是計丁授田。具體內容是：一、政府授給均田農民露田。十五歲以上的男子授露田四十畝，婦人（有夫之婦）二十畝，有奴婢及耕牛者另給土地，即奴婢與普通農民一樣，人數不限，每頭耕牛三十畝，以四牛為限。授田時按休耕週期加授一至兩倍的倍田。露田只栽種五穀，不栽種樹木，授田後不許買賣，年滿七十歲或身死後歸還官府。二、初授田的男子另給桑田二十畝作為世業，終身不還，在三年內栽種桑樹五十株、棗樹五株、榆樹三株，不宜種桑之地，每名男子給一畝種榆樹或棗樹。在非桑宜麻之地給予麻田，男子十畝，婦人五畝，奴婢與普通農民一樣授田，麻田按露田法還授。三、新定居的農民給予園宅田，每三口一畝，奴婢每五口一畝。四、地方官吏按品級授給公田，刺史十五頃，下至縣令郡丞六頃，不許買賣。五、全家老小殘疾者沒有授田資格，年滿十一歲以上和殘疾男子各按半夫授田，年逾七十者

⊙北齊出行壁畫，位於墓室西壁中部壁龕的橫額上，三男十三女左向行。

不還受田，守志的寡婦雖無須課田，仍授給婦田。六、每年正月舉行授田和還田，如剛受田就死亡或者買賣奴婢和耕牛者，到第二年正月進行還授。對於地廣人稀之地，政府鼓勵農民開墾耕種，到後來有住戶時才依法授田。

均田制是北魏政權在奴隸制殘餘形態特別嚴重的特定歷史條件下實行的一種土地分配制度，是封建土地所有制的一種補充形式。它確定了鮮卑貴族和中原地區漢族世家大地主占有大量桑田的合法性，並把均田農民束縛在土地上，使游離的勞動力重新和土地結合起來，擴大自耕農的數量和政府的納稅面，推動了農業生產的發展和北魏政權封建化的進程。

陸探微影響南齊畫風

陸探微是南朝宋齊年間著名畫家，吳（今江蘇蘇州）人，約卒於西元四八五年。他的畫風對南齊畫壇產生過一定影響。

陸探微擅長畫人物肖像、飛禽走獸、佛教圖像等。宋明帝時曾任侍從，為明帝和宮廷貴族、功臣名士畫像。他師承顧愷之，畫風細膩，線條筆跡周密，變顧愷之的高古遊絲描為筆跡勁利細緻的線描，並參考氣脈通連的草書，創造了他獨有的風格。他還受東漢書法家張芝一筆書的啟示，創造出線條筆劃連綿不斷的一筆畫。另外，他還創造了一種被稱為「秀骨清像」的造型風格，即在塑造人物形象時，於眉清目秀中顯出神采生動、自然灑脫、和藹可親的神韻，這是對崇尚玄學、重清談的六朝名士形象的生動概括，具有時代特徵，和顧愷之並稱為「顧陸」，名噪一時。

陸探微作品很多，唐代甘露寺壁保存了他的畫跡，隋代多他的時人肖像傳摹本，其中有類似《女史箴圖》的《服乘箴圖》。張彥遠《歷代名畫記》著錄有帝王、功臣、名士、道釋人物像七十餘件，今已失傳。善橋南朝墓磚畫多為南齊所作，自宋入齊的陸探微對南齊畫風影響極大，《竹林七賢與榮啟期》反映了高超的造詣，八人雖皆取坐姿，並同屬「秀骨清像」，但氣質神情互不相同，綿密緊勁的運筆體現了陸探微的畫風。與顧愷之的作品相比，也許在人物內心刻劃上略有不足，但畫法無疑是一脈相承的，而且大有由精轉密的特點。此畫與墓中其他磚畫一起，描繪出一個豐富的藝術世界，造型無不生動準確，線條無不繁密流行，在內容與形式的完美統一中，達到了歷代文獻中稱述的陸探微時代的水準。

⊙南朝戰馬畫像磚。馬僮修長清瘦，神態飄逸；馬匹的造型亦一改漢代的雄壯而顯得瘦削灑脫。畫磚為模製，由於作者注意了人物與馬的前後交疊以及馬體的結構起伏，具有立體效果。磚面塗彩，兩位馬僮臉赤紅色。前馬黑色罩以白甲，馬背上部喇叭狀物為粉綠色，後馬為紫紅色。

《神滅論》

齊永明七年（西元四八九年），范縝著《神滅論》，提出形滅神滅的觀點，引起全國轟動。

范縝（西元四五〇至五一五年），字子真，南陽舞陽（今河南泌陽縣西北）人。自小家貧而孤，他刻苦學習，精通經術，尤其精研三禮，曾任縣主簿、太守，後來累官至尚書殿中郎。他性格剛直，素來不信鬼神，反對迷信，在任宜都太守時，下令禁止當地人民祭祀神廟。在南齊武帝永明七年和丞相蕭子良論證「因果報應」問題後，開始著述《神滅論》。這本書繼承了中國古代唯物主義思想家反對鬼神迷信的傳統，堅持樸素唯物主義和無神論觀點。

范縝在《神滅論》中，首先以樸素唯物主義的形神一元論作為自己「神滅論」的出發點，提出「形神相即」的思想理論，他說明了形和神的關係是統一而不可分的，人的精神不能離開人的形體而單獨存在。形體是基礎，精神的「生」和「滅」取決於形體的生存和死亡，所以他說「形存則神存，形謝則神滅」。

為了論證「形神相即」，形體與精神名稱不同而實際是一體的觀念，范縝繼而提出「形質神用」的觀點。「質」是物質實體，「用」指作用，他說形是神賴以產生的實體，是第一性的，神只是形體派生出來的作用，是第二性的，二者不可分割。范縝深刻地闡明了人的形體與精神關係的特點，把形神看作是一個統一體的兩個方面。

范縝揚棄了桓潭、王充用薪火關係比喻形神關係的說法，提出以刀的「刃」和「利」的關係比喻形與神的關係。他說沒有刀刃的存在就沒有鋒利可用，人的形體死亡，精神作用也就不復存在。圍繞「形神相即」這一主旨，范縝進一步闡述「形質神用」的觀點，批駁了「神不滅」論者的「形神相異」的謬誤。

范縝從形神一元論出發，進一步指出精神現象只是人體的感覺器官和思維器官的作用。人們看東西、聽聲音要靠眼睛和耳朵，判斷是非則要靠主管思維的器官「心」。人的精神作用可分為「知」和「慮」兩個階段，感性上的「痛癢之知」的認識作用較浮淺，理性上的「是非之慮」則比較深刻。人們透過眼、耳、手等感官接觸，再以「心」思考和判斷，就可以明辨是非，人的認識都是來源於感官對外物的反映的。這就駁斥了佛教宣揚的「神不滅」論以及佛教「般若」空宗所說的，人的內心有神秘先驗的認識能力的唯心主義觀點。這也正是范縝形神觀高於前人之處，這說明范縝的「形神相即」的唯物主義形神一元論思想已經達到了古代樸素唯物主義所能達到的最高水準。

范縝在解釋社會現象時，不可避

⊙南朝青釉雙耳盤壺

⊙南朝青釉刻花蓮瓣紋六繫盤口壺

⊙南朝出行畫像磚

免地帶有古代唯物主義的局限性。他誤認為「心」是思維的器官，認為「聖人」和一般人有不同的智慧和道德是因為他們的體質構成不相同，他對傳統儒家經典中提到的鬼神不敢公開懷疑，在反對「神不滅」論時，又承認神道設教的社會作用，這些反映了范縝思想中的矛盾性和局限性。

范縝的《神滅論》是繼王充的《論衡》以後，中國又一部具有重大歷史意義的唯物主義哲學論著。范縝繼承了中國古代唯物主義思想家反對鬼神迷信的傳統，尤其是繼承了荀子、桓譚、王充以及當時反佛的先驅者何承天等人的樸素唯物主義和無神論思想，以《神滅論》針對佛教展開批判，從而把反佛行動推向一個高潮。范縝一生對佛教神學迷信做了堅決而勇敢的批判，是中國歷史上的無神論者和唯物主義者。

魏孝文帝主張漢化

魏孝文帝遷都洛陽後，極力主張漢化，並進行了一系列的改革措施，以加速漢化。

太和十八年（西元四九四年），孝文帝派中書監高閭治古樂。十九年四月，孝文帝至魯城（今山東曲阜）親祠孔子。不久，改革官制。魏初，鮮、漢官號雜用，遷都後，孝文帝用王肅改定官制，一依魏晉南朝制度。

太和十九年五月，孝文帝又禁胡服、禁鮮卑語。鮮卑舊俗披髮左衽；婦人冠帽著夾領小袖短襖。於是，孝文帝下令禁胡服，服裝依漢制。原來，鮮卑人自然使用本族語言，北魏軍中也是用鮮卑語。朝廷上則鮮、漢語雜用。孝文帝早就想禁止其他各族語言，以漢語為唯一通用語言。太和十九年六月，孝文帝正式下詔：「不得以北俗之語，言於朝廷，若有違者，免所居官。」在具體實行上，因為三十歲以上的人不能一下子改變，尚不強求；三十歲以下的，在朝廷上必須用漢語講話。

太和二十年正月，孝文帝又下令改姓氏。鮮卑人多是二、三字的複姓，如拓跋、獨狐、步六孤等。姓名與漢人不同，標誌著民族的差異，影響「胡」漢貴族合作。因此，孝文帝下令把鮮卑族的複姓改為音近的單字漢姓，如拓跋代改姓元氏，獨狐氏改姓劉氏，步六孤氏改姓陸氏，氏穆陵氏改姓穆氏等。同時，規定隨遷洛陽的鮮卑人一律以河南洛陽為原籍，死後不得還葬代北。

此外，還定族姓。漢族地主的門閥制度早已形成，孝文帝改革時，確認門閥制度，並把它推廣到鮮卑貴族中。拓跋氏改姓元，因是皇室，門望最高。其餘的自拓跋矽以來「勳著當世」的八家：穆、陸、賀（賀賴氏）、劉、樓（賀樓氏）、于（勿忸于氏）、嵇（紇嵇氏）、尉（尉遲氏）為鮮卑族姓之首，與漢族的著姓清河崔氏、范陽盧氏、滎陽鄭氏、太原王氏、趙郡李氏相當。此外，關中著姓以韋、裴、柳、薛、楊、杜、皇甫等族為首。門閥著姓又以父祖做官等級之高低、多少，分為甲、乙、丙、丁四等。凡是士族著姓，世為清官，不充猥任，這樣，「以貴襲貴，以賤襲賤」的門閥制度確立了。

孝文帝的漢化改制遭到一部分保守的拓跋貴族的反對。太和二十年太子拓跋恂企圖逃回平城發動叛亂，被孝文帝處死。同年冬，鮮卑貴族穆泰、陸睿勾結鎮北大將軍思譽等在平城發動兵變，被孝文帝派兵鎮壓，平定了叛亂，保證了改革進行的順利。

⊙北魏元楨墓誌銘，其中「元」即漢姓。這是迄今發現最早的方形墓誌，又是隸書向楷書轉變時期的代表作，為北魏墓誌中的精品，歷來受人們的珍視。

⊙北魏醬黑釉陶馬

新體詩出現

沈約（西元四四一至五一三年），字休文，吳興武康（今浙江吳興）人，南朝著名文學家，歷仕宋、齊、梁三朝，是竟陵王門下「竟陵八友」之一。沈約是梁朝公認的文壇領袖，他不僅是有成就的詩文作家，首創了講求聲律的「永明體」，而且是學識淵博的學者，所著的《宋書》是流傳至今的「二十四史」之一。

沈約改革詩歌形式主要是在格律方面。齊武帝永明（西元四八三至四九三年）年間，周顒等人發現了漢字有平、上、去、入四聲。沈約在周顒的發現之上，根據四聲和雙聲疊韻研究了聲、韻、調在詩句中的關係，歸納出「四聲八病」的新詩歌聲律論。「四聲說」是要求在詩中間隔運用高低輕重不同的字音以求得音節的錯綜諧和，原則是「欲使宮羽相變，低昂互節，若前有浮聲，則後須切響；一簡之內，音韻盡殊，兩句之中，輕重悉異」。力求使五言詩歌「五言之中，音韻悉異。兩句之內，角徵不同」。沈約還歸納了八種聲韻相犯的毛病：平頭、上尾、蜂腰、鶴膝、大韻、小韻、旁紐、正紐共「八病」。

沈約所歸納的詩歌聲律與晉宋以後詩歌講求對偶的形式相配合，就形成了具有格律的新體詩，稱作「永明體」。新體詩是古典詩歌從比較自由的「古體」逐漸走向格律嚴整的「近體」的一個重要過渡階段。

沈約還身體力行推動詩歌形式的改革。他的詩作除郊廟樂章外，存一四〇餘篇，多屬擬古的樂府和侍宴應制之作，內容較貧乏，但都平穩工整。他的作品中最突出的是為數不多的吟詠山水景物和離別哀傷的詩。《早發定山》、《新安江至清淺深見底貽京邑遊好》、

⊙北魏鎮墓獸。鎮墓獸是擷取多種動物某些局部，綜合塑造而成的一種怪獸，置於墓門內作為辟邪用。其狀不一，初見於戰國墓隨葬品。

⊙北魏陶馬。作者以巧妙的線面結合，塑造出了平穩站立、舉頸勾首，依稀倔強地將要啟程飛奔的駿馬形象。

《石塘瀨聽猿》、《宿東園》是山水詩中的優秀作品；《別范安成》寫離別之情，令人耳目一新；《懷舊詩》深沉真摯，堪比杜甫；《八詠詩》體裁新穎，介於詩賦間，情韻兼備，時號絕唱。這些詩不但詩意清新雋永，而且形式上極力講究音律的協調諧和。他的《詠芙蓉》：「微風搖紫葉，輕露佛朱房。中池所以綠，待我泛紅光。」音調全協。他的寫景詩《早發定山》：「標峰彩虹外，置嶺白雲間。傾壁忽斜豎，絕頂復孤圓。歸海流漫漫，出浦水淺淺。野棠開未落，山櫻發欲燃。」不但聲律和諧，而且配合了工整的偶句，顯示出講求聲律與對偶配合的新體詩特徵。

沈約對詩歌格律的宣導，促進了新體詩的發展和成熟，為後來講究格律的「宮體詩」出現，以及唐宋時格律嚴整的近體詩的成熟和鼎盛，打下了基礎，開創了律詩發展的新時代。

魏碑書法風格勁健

北魏時，佛教盛行，一時廟宇、造像、摩崖、碑林、墓誌、刻經等處處林立，在客觀上促進了北魏碑刻藝術的迅速發展。北魏碑刻中多用一種楷書，這種楷體直接繼承了漢魏末年鍾繇、衛瓘等的筆法，結字緊密厚重、端莊勁健。但在具體碑刻中又隸楷錯變，無體不備，風格多樣，成為南北朝時書法藝術的傑出代表。這種碑刻稱為魏碑，書體稱為「魏碑體」。

北魏初期，碑體方勁古拙，略帶隸書筆意，如《太武帝東巡碑》、《大代華嶽廟碑》、《中嶽嵩高靈廟碑》等。著名書法家盧湛、崔悅在當時影響最大。孝文帝遷都後，石窟造像的題記與寫經書法都是結構緊密，多取斜勢，風格雄強，造像書法因刀刻的原因，筆劃方截整齊，寫經則輕重轉折圓潤，更體現了用筆原貌。龍門二十品造像題記中，以《始平公造像記》、《孫秋生造像記》、《楊大眼造像記》、《魏靈藏造像記》四品最能代表魏碑體風格。

⊙中嶽嵩高靈廟碑。此碑在魏碑書法中屬於風格雄強一類。

⊙高貞碑。此碑書法方勁峻整，筆勢暢達，風格古澀而富新意，為北魏碑版中方筆風格的規範之作。

⊙孫秋生造像記。魏造像至今存者，盈千累萬，其最佳者，為龍門之《始平公造像》、《孫秋生造像》、《楊大眼造像》、《魏靈藏造像》，謂之「龍門四品」，此係其一。

《始平公》，孟廣達文，朱義章書，「極意疏蕩，骨格成，體勢定，得其勢，雄力厚……」（康有為《廣藝舟雙楫》）。《孫秋生》，孟廣達文，蕭顯慶書，書體方峻宕逸，圭角稜厲。《楊大眼》介於前兩者之間，章法較疏朗。《魏靈藏》，書法酷似《楊大眼》。這四品，都「具龍威虎震之規」。

太和年間（西元四七七至四九九年），繼承造像書體形成雄偉渾厚的書風，著名的碑刻有《光州靈山寺舍利塔下銘》、《暉福寺碑》等。太和後書法風格更加豐富多彩，出現了鄭道昭（西元？至五一六年）等碑刻大家，許多豐碑巨碣紛紛興起，如《高慶碑》、《霍揚碑》、《劉根造像記》、《曹望憘造像記》等。宣武帝永平四年（西元五一一年），鄭道昭為紀念父親鄭羲刻上、下二碑，稱《鄭文公碑》。碑體為四種，雄健寬博，筆法圓轉凝重，以篆籀筆力、隸書體勢、行草跌宕風姿、楷書端莊之相集於一身，歷來被評為北碑正宗，在鄭道昭碑刻中流傳最廣，集中展示了魏碑勁健雄宏的風格。

清末民初，康有為把魏碑的美歸納為十項：魄力雄強、氣象渾穆、筆法跳越、點畫端厚、意態奇逸、精神飛動、興趣酣足、骨法洞達、結構天成、組肉豐美，對它推崇備至。魏碑體在東魏得到繼承，影響直至隋唐。

大科學家祖沖之推算圓周率

祖沖之（西元四〇九至五〇〇年），中國歷史上一位偉大的科學家，在數學、天文曆法、機械製造等方面都有突出的成就。他生活於南朝宋、齊間，祖籍范陽郡遒縣（今河北淶源縣），由於戰亂，先世由河北遷往江南。祖沖之在青年時代進入專門研究學術的華林學省，從事學術活動。曾先後在劉宋朝和南齊朝擔任過南徐州（今鎮江市）從事史、公府參軍、婁縣（今昆山縣東北）令、謁者僕射、長水校尉等官職。

祖沖之是一位博學多才的科學家。在天文曆法方面，他創制了《大明曆》，最早把歲差引進曆法，並採用三九一年加一四四個閏月的精密的新閏周，這些都是中國古代曆法的重大進步。在機械製造方面，他曾設計製造過水碓磨，銅製機件轉動的指南車、一天能行百里的「千里船」，以及一些陸上運輸工具。他還設計製造過計時器——漏壺和巧妙的欹器。不過，祖沖之對後世影響最大的科學成就則是關於圓周率的推算。

在圓周率的計算上，中國很早就採用周三徑一的方法，但得出的數位不準確。西漢末年的劉歆、東漢的張衡、三國孫吳的王蕃，都曾算出圓周率的資料，比周三徑一較細緻一些，但還不夠。曹魏末年的劉徽不僅注過《九章算術》，而且他的割圓術計算圓周率奠定了可靠的科學基礎。劉徽用圓內接正多邊形的各邊之和來逐漸接近圓周的長度，他從圓內接正六邊形開始，計算內接正十二邊形、正二十四邊形等一直計算到圓內接正一百九十二邊形。假定圓半徑為一尺，得圓內接正一百九十二邊形的面積是在三一四又六二五分之六四方寸和三一四又六二五分之一六九方寸之間。他由此確定圓周率值為三點一四，後世稱為「徽率」。劉徽認為還可以用這個辦法繼續推算，直到與圓周合體，便確切無疑了。

劉徽的方法無疑啟發了祖沖之。在前人的基礎上，他進一步算出更精確的圓周率資料。《隋書．律曆志》記載了這一計算成果：「祖沖之更開密法，以圓徑一億為一丈，圓周盈數三丈一尺四分五厘九毫二秒七忽，朒數三丈一尺四寸一分五厘九毫二秒六忽，正數在盈朒二限之間。密率圓徑一百一十三，圓周三百五十五；約率圓徑七，周二十二。」由此可見，祖沖之得出的圓周率，其盈數為三點一四一五九二七，不足數為三點一四一五九二六，亦即π的數字，小於盈數而大於朒數。同時，祖沖之還確定了π的兩個分數值，其約率為：π等於七分之二二。密率為：π等於一一三分之三五五。祖沖之計算圓

⊙祖沖之像

周率準確到小數點後第六位，這是當時世界上最先進的成就，直到十五世紀，阿拉伯數學家凱西和十六世紀法國數學家F．韋達才得到更精確的結果。祖沖之所確定的兩個分數形式的π值，也是直到十六世紀才被德國人V．奧托和荷蘭人A．安托尼斯重新發現。就分子分母不超過百位數的分數而言，密率一一三分之三五五是圓周率值的最佳近似分數，因而是當時的最高成就。為了紀念他的貢獻，人們把密率稱為「祖率」。

⊙祖沖之子祖暅在開立圓術中設計的立體模型

祖沖之在數學方面的成就還體現為他與兒子祖暅共同探究的關於球體積的計算方法以及《綴術》一書的著述，後者在唐代被列為重要教科書，學生需研習四年。可惜此書已失傳。

音樂主流——江南清商樂

漢代興起並盛行的相和諸曲，到了魏晉南北朝時期與當時民間俗樂相結合，演變成一種新的音樂品種，叫做清商樂，又名清商曲。

作為清商樂重要組成部分之一的吳聲原是建康（今江蘇南京）一帶的民間歌謳，現存魏晉南北朝時期的吳歌歌辭約有三三〇首，大都為晉宋時所作，多是五言四句體式，載於《宋書．樂志》、《樂府詩集》等書，有《子夜歌》、《華山畿》、《歡聞歌》、《阿子歌》、《前溪》等十幾曲，內容多半從女性角度敘述愛情的歡樂，相思的痛苦或所嫁非人的苦悶。吳歌中有一獨具特色的分支——神弦歌，是用來祭祀神靈的，共十一曲。

西曲產生於荊、郢、樊、鄧地區（今湖北），現存當時西曲歌辭約一四〇首，大都產生並流行於南朝宋、齊、梁三代，多為五言四句體式，另有少數七言、四言，也載於前列諸書，有《三洲歌》、《采桑度》、《那呵灘》、《石城樂》、《莫愁樂》、《烏夜啼》等三十多曲，內容大都寫商人思婦的離愁別恨，有的也表露了船民的痛苦與不滿。

吳聲、西曲一般分為歌曲與舞曲兩類。吳聲西曲在表演時又有「和」與「送」的部分，類似於今天的襯腔幫腔，可以使歌曲音樂結構更為完整，活躍氣氛。吳聲的伴奏樂器早期為篪、箜篌、琵琶，後來又添笙、箏；西曲伴奏不用絃樂器，只用吹管樂器及打擊樂器如鈴、鼓等。

⊙雲岡石窟第七窟後室南壁門拱上部會樂天

⊙雲岡石窟第七窟後室南壁門拱上部伎樂天

北魏開鑿龍門石窟

太和十八年（西元四九四年），魏孝文帝遷都洛陽，平城佛教僧眾、能工巧匠齊集洛陽，開始大規模為北魏皇室貴族開窟造像，逐漸取代雲岡石窟而成中心，之後歷經各朝營建，龍門石窟遂成為規模宏大的石窟群。

龍門石窟為中原地區的大型石窟群，位於洛陽市郊伊水兩岸，這裡兩山相對，如斧劈開，伊水從中北流，形似門闕，故古稱「伊闕」，因古代地處隋唐都城之南，又稱龍門。龍門石窟的開鑿是從北魏太和十二年北魏宗室比丘慧成開鑿古陽洞開始的，龍門石窟共有大小窟龕二一〇〇多處，造像約十萬尊。其中北魏時期開鑿的有代表性的窟龕有：古陽洞、賓陽三洞、蓮花洞。

古陽洞平面呈馬蹄形，頂部是穹窿狀，進深約十三點五〇公尺，高約十一點一〇公尺，寬約六點九〇公尺。窟正壁高台雕造一佛二菩薩像，主尊結跏趺坐，兩脅侍菩薩象形體莊重而勻稱。兩壁有計畫地鑿造三層大型佛龕，每層四龕，做對稱排列，龕內為釋迦牟尼像或菩薩像。佛像繼承雲岡石窟的風格，但突出了北魏「秀骨清像」的特點。現存北壁有比丘慧成為其亡父始平公造釋迦像龕，魏靈藏、薛法紹造像龕等二百人造像龕，護軍長史鄭長猷造彌勒像龕，皆為當時人物風格樣式的代表作品。古陽洞佛像龕楣上雕刻的佛傳故事、維摩與文殊辯難等畫面以其戲劇性的情節和連續性的故事吸引人。在高五十六公分的橫幅構圖中，釋迦牟尼從投胎、降生、出家、成佛等一生行蹤，栩栩如生地展現出來，具有長卷式故事畫的連續特點。文殊與維摩辯論安排在龕楣兩端，中間錯落有致地刻出恭聽辯論的僧俗人物，從而使畫面生動地結合起來。

⊙龍門石窟北魏時期賓陽中洞北壁立佛一鋪

⊙龍門石窟北魏時期古陽洞南壁上層孫秋生等造像龕

維摩的形象已不再是雲岡石窟頭戴氈帽、身穿胡服的鮮卑人模樣，而表現為北魏文士寬衣大袖的儒雅風度。龕下面的僧尼、貴族由侍從簇擁，緩緩向前，生動地表現出人物走路的姿態。這些特點都是石窟中雕刻帝王禮佛的早期模樣。

繼古陽洞之後，北魏皇室又開鑿了大型石窟賓陽三洞。《魏書・釋老志》記載：從景明元年至正光四年（西元五〇〇至五二三年）「用功八十萬二千三百六十六」，營造石窟三所。賓陽石窟沿用雲岡石窟形制，造像體量略減，空間感增強，接近於中國古代的殿堂。三洞的開鑿歷時廿三年，在北魏時只中洞完工，南北二洞到初唐時續造完成。賓陽中洞為穹窿頂窟，進深十一公尺，面寬十一點一公尺，高九點三公尺。窟內雕造三世佛像，正壁造像一鋪五軀，釋迦牟尼居中，西側脅侍二弟子二菩薩，佛座前刻二蹲獅。左右壁各造一佛二菩薩，壁面浮雕弟子像。主次分明，線條對稱明快，疏密相間，從而達到飄逸高邁的藝術效果。

窟前壁刻著佛經故事和禮佛圖。浮雕分上、下四層，排列於窟門兩側，上層是文殊與維摩論辯場面，帷幔下面的維摩相貌清秀，手搖羽扇，神態自然，感染力很強，第二層是須達那太子和薩埵太子本生故事。第三層是《帝后禮佛圖》，宮女前呼後擁，場面奢侈壯觀。第四層是「十神王」，十王名稱可能為東魏武定元年（西元五四三年）駱子寬等七十人造像碑記的獅、龍、像、鳥、山、河、樹、火、風、珠神王。

代表北魏後期藝術水準的石窟是蓮花洞。蓮花洞開鑿於正光二年（西元五二一年），進深九點六公尺，寬六點一五公尺，高六點一公尺，因窟頂雕有大蓮花藻井而得名。窟內主尊為五點三公尺的立佛，兩邊菩薩立像高四點二公尺，佛與菩薩和顏悅色，壁面刻著許多小龕。在雕刻手法上，已從雲岡石

⊙龍門石窟北魏時期古陽洞全景

窟的直平刀法向圓刀刀法轉變，藝術風格則從前代的渾厚粗獷向優雅端嚴過渡。北魏造像體現出佛教中國化、世俗化的趨勢，反映了孝文帝遷都洛陽後民族融合的特徵。

除上述三大窟外，北魏末年還造出大批小石窟，如火燒洞、石窟寺、藥方洞、魏字洞、趙客師洞、普泰洞等。龍門石窟的三分之一是在北魏開鑿的，三分之二是在隋唐完成的。龍門石窟繼承了雲岡石窟的藝術和風格，且不斷發展和創新，使之更具有民族特點。

蕭梁以佛教爲國教

梁武帝蕭衍本信奉天師道，稱帝後，於天監三年（西元五〇四年）四月八日，突然集道俗二萬人，發願皈依佛教。他說：「弟子經途迷荒，耽事老子，歷業相承，染此邪法。習因善法，棄迷知返，今舍舊醫，歸憑正覺……化度含識，共同成佛。」從此以後，蕭衍以苦行樂。每日僅食一頓飯，而且是「膳無鮮腴」。一頂帽子戴三年，一床被子蓋兩年，不飲酒，不聽音樂，有「皇帝菩薩」之稱。在他的提倡下，梁朝官民信佛成風，佛教遂成為國教。

蕭衍屢次捨身佛寺。至大通元年（西元五二七年）三月，他第一次到同泰寺捨身，三日後還宮。中大通元年（西元五二九年）九月，他第二次到同泰寺捨身，設四部無遮大會，脫掉皇帝

⊙梁釋迦立佛龕

⊙北魏景明造像

⊙梁武帝蕭衍像

服裝，穿上和尚衣服，住在寺內便房中，素床瓦器，並於講堂法座，為四部大眾（僧、王、善男、信女）開講《涅槃經》，由公卿以下群臣出錢一億萬奉贖，方才於十月回宮。太清元年（西元五四七年）三月，他第三次捨身同泰寺，群臣再以錢一億萬奉贖，這就是著名的梁武帝三次捨身同泰寺。梁武帝捨身奉佛，一是建築寺院，就花費大量錢財，二是直接將大量財物捨入佛身，三是帝王如此崇佛，上行下效。

北魏建鞏縣石窟

位於河南省鞏縣縣城西北二點五公里洛河北岸邙山（當地稱大力山）岩層上的鞏縣石窟，開鑿於北魏晚期的熙平（西元五一六至五一八年）至永熙（西元五三二至五三四年）年間，是北魏乃至北朝雕刻藝術的最後成就，它與洛陽龍門、大同雲岡石窟一起，構成了中國石窟雕刻藝術的第一個高峰。

北魏統治者十分崇信佛教，佛教被定為國教，孝文帝曾遊希玄寺，賞銀僧侶，令建寺院，宣武帝也曾因疾赴希玄寺禮拜佛像，還選拔能工巧匠，開鑿石窟，雕刻石佛，修整佛像和殿宇，在其宣導下，皇親顯貴紛紛效法，極盡佞佛之能事，加之遷都洛陽以後，與中原傳統藝術融合，文化昌明，經濟實力也有所增強，因而鞏縣石窟規模宏偉，藝術水準也空前提高。

現存五個鞏縣大窟，均為方形平面，除第五窟外，窟中央都鑿中心方柱，是中國中原地區前期典型的塔廟窟。方柱四面鑿龕設像，窟頂鑿平棋，雕刻伎樂飛天、蓮花等浮雕，造像面型方圓，衣紋疏朗，紋飾簡潔，中心柱四面及窟內四壁，雕刻千佛、釋迦多寶並坐像，維摩文殊對坐像和三佛等題材。基座刻神王、怪獸和伎樂。其中第一窟規模最大，雕刻尤為精美。外壁入口左右雕力士像，手執金鋼杵。中心柱四面各鑿大龕，窟左右壁和後壁各列四大龕。

鞏縣第一、三、四窟的造像，身肢短粗樸實，面相豐圓而略長，呈現出與雲岡曇曜五窟的渾厚質樸及龍門北魏窟秀骨清像完全不同的風貌。相比之下，第五窟結構顯得趨於保守，它為三壁三龕式方形窟，東壁鑿半跏趺坐彌勒龕。平基有蓮花、飛天，窟門內壁兩側各雕一立佛。造像為清癯透骨型，飄逸而傳神。

鞏縣石窟取得的最突出成就有三項，第一，雕刻的整體佈局整齊合理，它包含了多方面的內容，如石窟的外觀方面、窟內形式及雕刻本身的構造。其外觀無外廊，中心柱窟形，窟內佈局表現出全新的形式。鞏縣第一窟的中心柱主窟安置三佛主尊、窟外左右各鑿一寬六公尺的大龕，安置一佛二菩薩像，使其外觀立面成為寬廿六公尺，高八公尺的巨大構圖，正中是窟門和門上的明窗，門兩側神王與窟門等級，再外面為高六公尺多的對稱大龕，上面是一條高約兩公尺的通長飾帶，以飛天和卷草圖案組成，使全窟外觀成為對稱宏偉的形象，是石窟雕刻中空前的創舉。同時，各窟窟內佈局依空間大小呈現不同的排列，各種雕刻手法組合，安排井然有序，如龕內造像用圓雕，龕楣柱等用減地平鈒或淺浮雕，禮佛圖用深浮雕等，利用雕刻本身產生的深淺陰影，構成作

⊙鞏縣第三、四窟外景

⊙鞏縣第四窟東南隅內景

⊙鞏縣第一窟立佛頭像

品各部分的層次及明暗對比及韻律，使裡窟成為有計畫、有深度的三向構圖，具有濃厚的雕刻意蘊。

鞏縣石窟的第二次成就是龕像發展和衣紋新形式的出現。其龕像多為一佛三尊或五尊，設須彌座或疊澀座及較低的方形壇座，很少有蓮座。其雕像形體，一般較前期肥短，頭稍大面容也較肥，但保持了前期嘴小唇薄、沉靜微笑的形態，只是人性加強而佛性減弱了。眼睛雕刻的技法有了新的方法，只將其雕成的一個突出的弧面，分不出眼瞼界線，而在一定光線下，呈現出上下眼瞼的感覺或雙眼下視的感覺，簡單卻效果頗佳。鞏縣佛像衣紋開始脫離北魏佛像衣紋下垂張開如翅的風格，採用了新的方法，袈裟覆過盤膝而坐的雙腿下垂於須彌座前方，這種下垂的衣裾長短，褶疊反覆而成的圖案，千變萬化，繁簡不一，勢如行雲流水，線條運用十分嫻熟，造成了豐富的韻律感。

第三是創造了大場面的群像雕刻——禮佛圖。場面宏偉，方向、服飾的一致而形成了強烈的整體感，同時，藉助各種飾物造成了全圖的層次感，使其富有變化。

陶弘景建茅山道宗教教理

南北朝時期，各種宗教都得到了突飛猛進的發展，道教流派也逐漸形成並定型，各派代表人物無一不致力於宗教教理的建構。陶弘景就是在這一背景下，創建了道教茅山道宗教的教理。

陶弘景（西元四五六至五三六年），字通明，自號華陽隱君，丹陽秣陵（江蘇南京）人，是南北朝時期著名的道教理論家和醫學家，酷好讀書，學問廣博，永明十年（西元四九二年）上表辭官後，隱居句曲山（茅山）習道傳道。十歲時，他得到葛洪《神仙傳》，晝夜研讀，開始對道教產生了濃厚的興趣，齊武帝永明二年（西元四八四年）從陸修靜的弟子孫游岳學道教符圖經法。隱居茅山時得到楊羲、許謐的手跡，成為上清系的重要傳人。因他長期在茅山煉丹傳道，並對上清經系的傳授有系統的記述，茅山成了全國的上清系中心，從此，上清系也被稱為茅山系。

陶弘景在道教理論方面的建樹主要表現在對「道」的解釋上，他認為「道」是天地萬物生成的根本，它超越元氣，又先於元氣而存在，是神秘的精神本體，這種宗教唯心主義的世界觀，成了陶弘景道教的理論基礎。在這一理論基礎上，陶弘景總結了早期道教的成就，編製了神仙譜系、宗教在本質上乃是對超自然神靈的信仰，神仙譜系反映了其宗教神靈觀念。由於道教是民間長期流傳的產物，魏晉以後，派系紛爭，無法形成統一的神仙譜系，從而導致神靈觀念的紊亂，有鑒於此，陶弘景寫成了《真靈位業圖》，把能夠搜集到的道教傳說中的諸神以及地上的聖王、帝君、名人、道士統統排入七個等級，每一級有一位主仙，左右兩位配仙，最高級皇位為元始天尊，左為得上道君，右為元皇道君，道教史上的著名人物如魏華存、楊羲、許謐、張陵、葛洪、陸修靜等，儒家尊奉的聖賢黃帝、堯、禹、孔丘、顏回，以及秦始皇、漢高祖、李廣、何晏等，都名列其中，共四、五百位。他認為天上也是等級森嚴的聖殿，以人的理想的秩序觀念為出發點，建構了天上的秩序，為當時門閥等級制度的存在提供了理論依據，對道教理論走向成熟產生了極大的影響。

陶弘景十分重視修真養生的問題，主張形神雙修，養神與煉形並重，認為人貴在形、神兼備，只有透過主觀努力，煉形、養神才可以延長壽命，

文化小事典

佛教東渡

南朝宋大明二年（西元四五八年），罽賓國（今喀什米爾）比丘五人到達日本關東的扶桑國去宣揚佛教。在罽賓比丘的遊説下，扶桑國開始流通佛法、佛經、佛像，並建立教會，使風俗大變。國人紛紛出家，改信佛教，使扶桑成為日本最先信奉佛教的國家。

但佛教大宗地由印度傳到日本，則是中國佛教信徒以及深受中國文化薰陶的朝鮮半島的百濟、高句麗、新羅僧侶辛勤傳導的結果。其中百濟又是中國儒學和佛教東渡日本的重要津梁。

西元五二二年，即日本繼體天皇十六年，南朝梁代著名雕塑家司馬達來到日本朝覲天皇。接著，他就在日本的政治中心大和國高市郡板田原安置本尊（佛像），皈依禮拜。隨後他便移居在這裡，並受到蘇我馬子的器重。他努力開創佛教藝術，創造了具有中印度風格的鞍作派雕塑，成為佛教雕塑藝術的鼻祖。他的兒子多須奈、孫子止利（鞍作烏）繼承他的事業，發展日本的佛教藝術，成為推古朝藝壇上光彩昭著的人物。

西元五三八年，佛教由百濟傳入日本，逐漸成為蘇我氏、大伴氏等氏族崇拜的宗教。而在此之前的西元五三四、五四一年，百濟曾請求南朝梁王朝派遣佛學專家專程去百濟傳授《涅槃》等佛教經義。

西元五六八年，欽明天皇命人流入樟木，雕造成兩尊佛像，成為日本就地塑造佛像的開端。

佛教東渡日本，不僅推廣了佛教在世界的傳播，而且把中國化的佛學思想、文教、禮俗以及佛雕工藝、美術和醫藥等知識移植到日本，對日本接受中國的文化產生了潛移默化的作用。

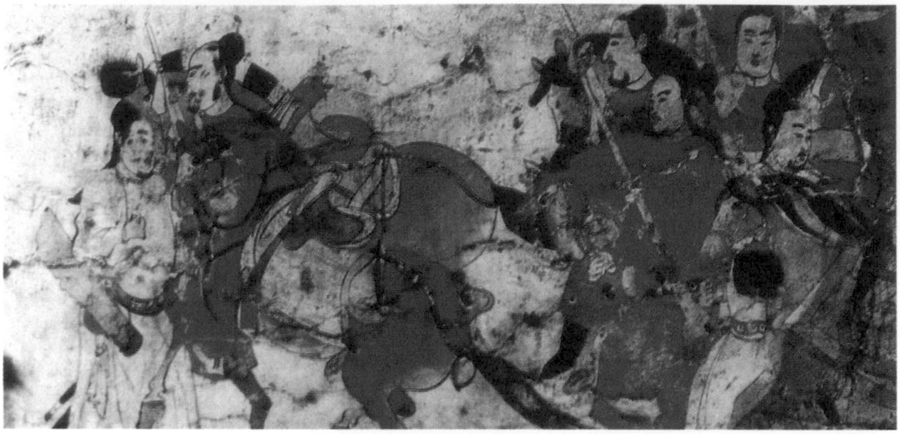

⊙北朝婁睿墓壁畫《出行圖》

⊙瘞鶴銘

獲得長生，而七情六欲是傷神損形的物質，如果不加以節制以保持心靈清靜，就會對人的健康造成損害，要做到這些，就必須飯食有節，起居有度，實施行氣、導引。

由於其對儒、佛二教也頗有心得，因而在陶弘景的道教理論中，不時融儒援佛，力求促使三教合同，並提出三教均善論，認為儒、道、釋三教都是天下的最好的宗教，應使他們發揮各自的長處，三教的社會功用各有不同，但只有將其完美地融合起來，才能成為形、神、道德兼具的真正悟道的真人。

《瘞鶴銘》代表南朝碑刻

南朝梁武帝天監十三年（西元五一四年），華陽真逸撰寫《瘞鶴銘》文，上皇山樵書，為南朝最著名的碑刻之一。刻石的時代和作者的真實姓名歷來未有定說，一般認為是「華陽隱居」陶弘景的書作。

《瘞鶴銘》是摩崖刻石，位於焦山西麓（今屬江蘇鎮江）。原來刻在焦山西麓石壁上，後因遭雷擊而崩落長江水中，直至清康熙始由人挖掘出來，移入焦山定慧寺壁間。《瘞鶴銘》用筆奇峭飛逸，字體厚重高古，雖為楷書，但帶有行書和隸書的筆法意趣，實為刻石藝術佳品。

此碑刻妍質並茂，向為歷代書家所推重。黃庭堅曾讚嘆說：「大字無過《瘞鶴銘》。」米芾、陸游等名士都在石旁題名作記，對它評價很高。

菩提達摩東來

梁普通元年，北魏正光元年（西元五二〇年），南天竺高僧菩提達摩泛海至廣州。南天竺高僧菩提達摩（或云波斯人）相傳為剎帝利種，曾從西天禪宗廿七祖般若多羅受心法，自稱廿八祖。本年泛海至廣州。曾入建康，與蕭衍（梁武帝）面談不契，遂渡江到（北）魏，往嵩、洛、鄴等地傳法。達摩之學，以「楞伽」四卷為本，變次第之禪為頓修頓悟之禪，號稱「教外別傳」，初時並不盛行。後得弟子慧可，傳與心法及袈裟，作偈稱：「吾本來茲土，傳法救迷情。一華開五葉，結果自然成。」預言所創「禪宗」將來必定大盛。中大通六年（東魏天平元年，西元五三四年），卒於洛濱，後世尊為東土禪宗始祖。禪宗衣缽相傳，至六祖慧能將儒家思想部分融入禪宗之中，使禪宗成為中國式的佛教大宗。

⊙菩提達摩渡江圖碑

⊙北魏時期敦煌四三七窟飛天（影塑）

木塔樓開始流行

大型樓閣式木塔出現於北朝中晚期，是中國佛教建築中最為壯觀的一種形式。

中國的佛教建築由東漢時期開始傳入的外來宗教建築形式發展而來，佛塔是最初出現的形式。佛塔傳入後，它的結構形式便與中國樓閣相結合，演變成平面方形木構樓閣式塔。

木塔的外觀構思與結構技術，源於漢代流行的台榭建築與多層樓觀。東漢末期建造的「上累金盤、下為重樓」的徐州浮屠祠，就是在多層樓觀的頂部，加以剎竿相輪等佛塔標誌物建成的，是中國木樓閣式塔的前身。無論從材料還是施工看，用木材建造佛塔都比用磚石更加方便，所以這種建築形式很快流行開來。當時的木塔每層都有柱身、枋額、斗盎和出簷部分，塔頂的形式與舍利塔相仿，只加高了剎竿部分以適應塔身比例。

北魏胡靈太后於熙平元年（西元五一六年）在洛陽建的永寧寺塔是中國歷史上最著名的木製佛塔。據稱該塔高九十丈，剎高十丈，離地千尺，共九層，距京城百里都可以遙遙望見，是一座平面方形木結構樓閣式塔。塔有四面，每面九間，三門六窗，朱漆扉扇，柱身與斗柱裝飾華麗，使用了大量金屬飾件。塔頂置金露盤及金寶瓶，由自塔身中伸出的剎竿所支承。

木塔樓是中國獨創的佛塔形式，是南北朝時期中國塔的主流。

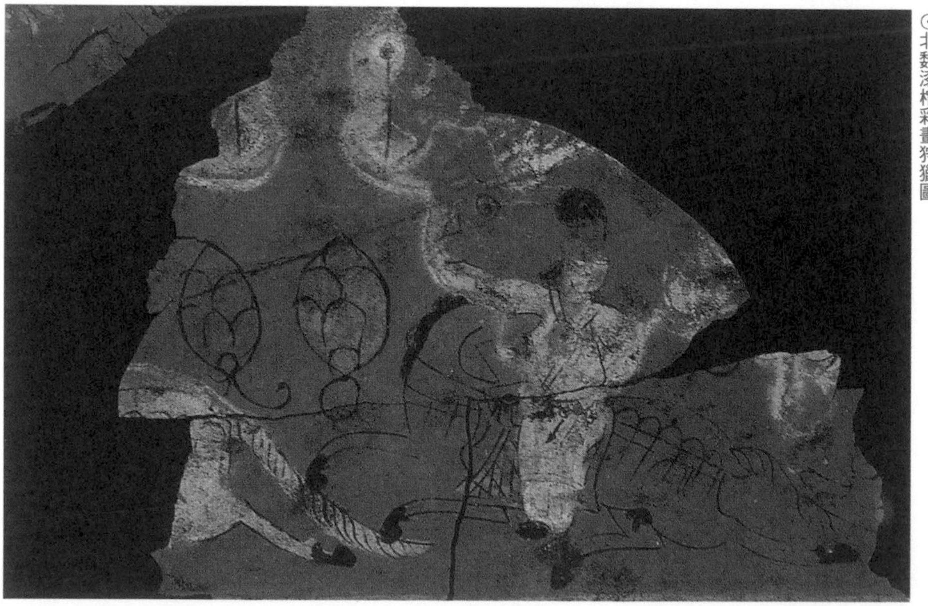

⊙北魏漆棺彩畫狩獵圖

集前代名舞大成的清商樂舞

《清商樂》是魏晉南北朝時期十分流行的表演性俗樂舞的總稱，又名《清樂》。其名稱來自曹丕在魏國專門設立的管理音樂的機構「清商署」。

曹魏時期，曹氏父子都喜愛並擅長音樂舞蹈。曹操於建安十五年（西元二一〇年）在鄴都修築了「銅雀台」，招請一批優秀的歌舞藝伎住在台上，隨時為他表演歌舞。後來曹丕即位後，設立「清商署」，以及「清商令」、「清商丞」等官職，專門負責從民間採集歌舞，再作一定的藝術加工，為統治階級提供欣賞娛樂的表演性樂舞。初期的清商樂舞就是這樣產生的。

清商樂在兩晉南北朝都得以承襲。晉武帝司馬炎保存了曹魏時期的「清商署」；平吳之後，又將吳五千歌舞藝伎全部收納，於是南北地區流行的樂舞都歸入「清商」。東晉南遷時，中原傳統樂舞也被帶到了南方，清商樂中又納入了當地的民間樂舞「江南吳歌」和「荊楚西聲」，這樣清商樂的內容就得到豐富和充實。西元五〇〇年北魏平定壽春時，也得到了江左流傳的「中原舊曲」以及「吳歌西聲」等南方民間樂舞。因此《清商樂》在南朝、北朝都廣為傳播，成了保存著自秦漢以至於魏、晉、宋、齊、梁、陳、北魏等各代民間樂歌和舞蹈節目的俗樂舞的總稱。在這些被稱為「清商樂」的樂舞中，既有被作為「前代正聲」進入廟堂，用於祭禮儀式的雅樂，又有經過魏晉南北朝時期歷代宮廷藝人改編的民間俗舞。

所謂「前代正聲」的雅樂舞，主要是指流傳下來的古代歌舞。如《鞞舞》原是古代「鼓舞」的一種，漢代已用於宴樂。魏曹植、晉傅玄等都根據古辭格式寫過鞞舞歌。到了晉朝，《鞞舞》更受到朝廷的重視，表演人數——增再增，達到《周禮》所定天子用樂規格。

⊙北朝團花剪紙

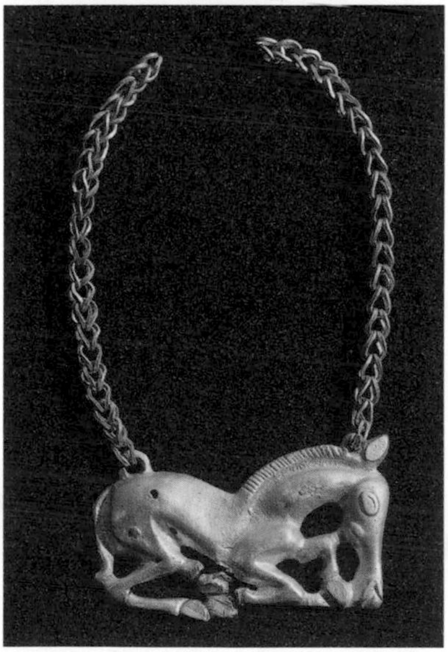

⊙北魏金奔馬

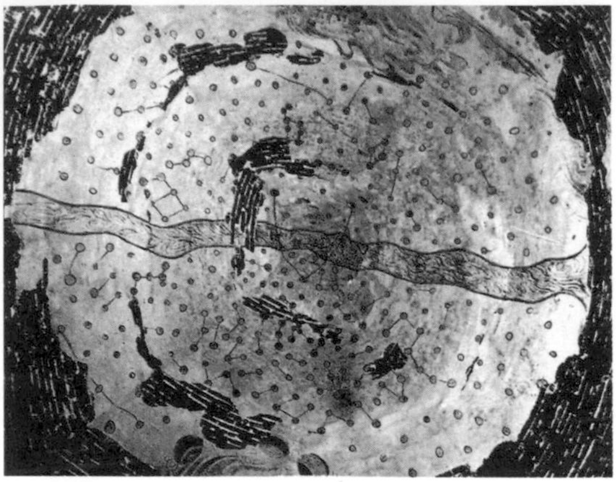

⊙北魏墓星象圖。這幅北魏江陽墓室頂部壁畫，繪於北魏孝昌二年（西元五二六年）。圖中有星辰三百餘顆，有的星辰用線聯成星座，中央用淡藍色繪出一條縱貫南北的銀河，為一般星圖所少見，是研究北魏時期星圖的珍貴資料。

此舞成為樂府的精彩節目，祭祀天地祖先時常用，被視為宮廷珍寶。又如《巴渝舞》原是漢代名舞，產生於西南少數民族「板楯蠻夷」，粗獷豪放。曹魏時重寫了歌詞，歌頌魏的功德，用於太祖廟堂；晉代改稱《宣武舞》，也用作祭祀中的武舞；晉代後期，經改編後歸入《清商樂》。《公莫舞》本是漢代就有的，《巾舞》以揮灑長巾為其表演特色，後來從難以破解的《巾舞》古歌辭首句「吾不見公莫時」中，取「公莫」二字作為舞名。因附會項伯以袖護漢王的故事，說舞蹈中的用巾動作像項伯用袖護漢王，給此舞添上了一層眩目的傳奇色彩，因此得以長久流傳。

正因為「清商樂舞」是由魏晉南北朝官方機構搜集改編的各種中原和江南樂舞的精粹，後來被隋文帝稱之為「華夏正聲」，並經考訂增刪歸入隋的《七部樂》、《九部樂》。

銅新種類出現

魏晉南北朝時期，銅合金技術獲得了很大發展，其中以鎳白銅的發明和黃銅的生產兩項成就最為重要。據東晉常璩《華陽國志·南中志》記載，堂螂縣（今雲南會澤縣境，與東川銅礦和四川會理銅鎳礦相鄰）出產「銀、鉛和白銅」，這裡的「白銅」即指鎳白銅，這是中國也是世界上關於鎳白銅的最早記載。據對會理刀馬河銅礦及一件白銅墨盒的分析表明，早期鎳白銅經歷了銅鎳共生礦煉製和有意配製兩個階段。關於黃銅的最早記載見於梁宗懍《荊楚歲時記》「七月七日，七夕，婦人結采縷，穿七孔針，或以金銀鍮石為針」。這裡作為針的「鍮石」就是鋅銅合金黃銅。不過對於中國古代黃銅的確切發明期，在學術界尚存爭議，有待進一步考察確定。總之，南北朝時期是中國古代銅品種發展史上的一個重要時期，鎳折銅的發明和黃銅的生產適應了當時的戰爭、生產和人民生活的需要，同時也極大地促進了金屬鑄造技術的發展。

酈道元撰成《水經注》

孝昌三年（西元五二七年）十月，《水經注》的作者酈道元被蕭寶寅殺死，終年六十一歲。

《水經》是中國第一部記述全國河道水系的著作，舊說為三國桑欽所撰。《水經》記述河流一三七條，並附《禹貢山川澤地所在》凡六十條，內容極為簡略，原書已失佚。北魏酈道元為《水經》作注，並且加以補充，撰成《水經注》。《水經》借《水經注》流傳後世。

酈道元（西元四六九？至五二七年），字善長，北魏范陽涿縣（今河北涿縣）人。歷仕宣武帝、孝明帝兩朝，先後任冀州刺史於勁鎮東將軍府長史、魯陽太守、東荊州刺史、河南尹等，後任御史中尉。其好學博聞，廣覽奇書，足跡所至「訪瀆搜渠，緝而綴之」，考察河道變遷和城市興廢等地理狀況。

《水經注》原四十卷，北宋時已部分亡佚，後人割裂湊成四十卷。《水經注》以《水經》為綱，為《水經》作注，但引述支流擴充到一二五二條，實際現存本多達五千多條。其注文共約三十萬字，為原書的二十倍。書中所徵引的著作多達四三七種，並收錄了不少漢魏時期的碑刻，有很高的史料價值。

《水經注》以河道為綱，所記每條河道均窮源究委，並連帶敘述流經區域的山陵、湖泊、郡縣、城池、關塞、名勝、亭障，以及土壤、植被、氣候、水文和物產、農田水利設施的情況，還記載了社會經濟、民俗風氣和有關的歷史故事、人物、神話、歌謠、諺語等。雖然酈道元為北朝人，對南方水系的記載不免有錯誤，但《水經注》作為中國古代最全面而系統的綜合性地理巨著，對中國地理學的發展有重大貢獻，在中國以至世界地理學史上都占有重要地

⊙北魏明敬武造觀世音銅造像

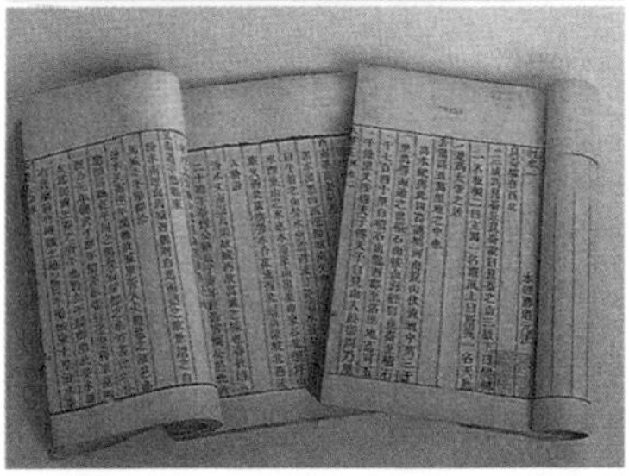

⊙《水經注》。古代地理名著，北魏酈道元編撰，四十卷。書中記載大小水道一千二百五十二條，一一窮源竟尾，並敘述了所經地區的地理概貌、建置沿革、歷史事件甚至神話傳說。

⊙北齊車馬人物壁畫

位。而且《水經注》文筆絢麗，具有較高文學價值。

後人對《水經注》的研究，以明朱謀𤩽《水經注箋》和清全祖望《七校水經注》、趙一清《水經注釋》、戴震《水經注武英殿聚珍本》、王先謙《合校水經注》及近人楊守敬、熊會貞《水經注疏》最為著名，其中尤以《水經注疏》為最完備。

褲褶流行

魏晉南北朝時期的服飾與當時的政治與社會風尚有密切的關係。在當時玄學清談之風的影響下，形成了文人的魏晉風度，這種風度在服飾上的反映就是文人多穿大袖寬衫，服裝式樣較為簡樸；受這種風氣的影響，魏晉時期的貴族婦女也崇尚褒衣博帶，廣袖翩翩。但是，北朝由於受胡服的影響，一般婦女喜穿窄袖緊身的衫襦，服裝式樣是「上儉下豐」。兩種風氣互相影響和交融，形成了褲褶流行之風。

褲褶是胡服的一種，漢代就開始傳入中原。到東漢末年，褲子已由緊窄的長褲變成兩隻褲管做得十分肥大的「大口褲」，在上流社會流行。到南北朝時，和大口褲配套穿在一起的上衣，俗稱「褶」，兩者一起就叫「褲褶」。

褲褶最初為軍旅之服，不論官兵，都可穿著。《晉書．輿服志》中載：「褲褶之制，未詳所起，近世凡車駕親戎，中外戒嚴服之。」魏晉南北朝之

⊙南朝儀仗畫像磚上畫有褲褶

⊙雲岡石窟北魏時期第十八窟東壁弟子像局部

後，褲褶服開始廣泛流傳於南、北方漢族官宦庶民中，連婦女也喜穿此服。如《太平御覽》卷六九五引《西河記》：「西河無蠶桑，婦女以外國異色錦為褶。」

在一般褲褶的基礎上，官員們的朝服將褲口放大，將褶的袖口加寬，朝當時流行的廣袖寬衫靠近。北朝為了方便，還將右衽改為左衽。由於褲管過於寬鬆博大，騎馬行走不便，因此人們又以錦緞絲帶截為三尺一段，在褲管的膝蓋處緊緊繫縛，以免鬆散，叫做「縛褲」。凡穿褲褶的人，一般都喜歡在腰間束皮帶，有錢的便鏤金銀鑲珠玉為裝飾。

穿褲褶服時，一般要穿裲襠。裲襠也被叫作「兩當」，類似於今的馬甲、坎肩、背心的一種服式。這種服式由前後兩片組成，肩上兩旁用帶連結，長至臂以下，腰用大帶或革帶紮緊，《釋名·釋衣服》載：「裲襠，其一當胸，其一當背也。」裲襠一般有單、夾、綿之別。不同階層的人所穿裲襠的質地材料不同，士大夫多用羅絹及織綿等，庶民用布葛製作，而武士的裲襠多用皮革或鐵片做成，稱「裲襠鎧」或「兩當甲」。北朝時期的士庶男子還流行在褲褶外加套衣風帽。上穿短衣，下著寬褲，頭戴風帽，外加套衣；套

⊙麥積山石窟一二七窟西壁北魏時期《西方淨土變》壁畫。繪製在該窟西壁上部的巨幅《西方淨土變》，是中國現存最早、最大、也是最完備的一幅「淨土變」。

衣就是披風，整體效果頗為瀟灑大方，對防寒、抵擋風沙也有一定作用。

總體說來，褲褶的特點是寬鬆、方便又有一定的束縛，不致於顯得鬆垮和拖遝，穿上使人體顯得修長、飄逸、頗有「雜裾垂髾」之風，而且男女通用，故得以廣泛流行，也在一定程度上反映了當時的審美趨向。

南朝瓷器形成繁榮局面

魏晉南北朝時期，南方因為社會比較安定，東漢晚期發明出來的青瓷、黑瓷技術都得以迅速發展。瓷器的應用範圍有所拓展，製瓷業在廣泛的地域內推廣開來，製瓷技術也得到很大提高。僅浙江一地，就形成了越窯、甌窯、婺州窯、德清窯四大窯系，「瓷」字也出現於這一時期。

南朝的製瓷技術，從胎料、釉料的選擇和配製，到成形、施釉、築窯和燒造，都取得了長足的進步。由東漢到五代，南方青瓷一般都採用當地瓷石為原料，但在不同地區、不同歷史階段，因原料選擇、加工上的不同，產品成分也表現出一些差別。在南朝諸窯中，德清窯的原料處理最為複雜，所用原料達六、七種之多，能夠透過原料的配合產生不同的顏色、光潔度，表現了高超的選料技藝。在成形技術上，此時已採用拉坯成形；拉坯用的陶車也採用了先進的瓷質軸頂碗裝置，提高了生產率，一些扁壺、方壺、桶、俑、動物形製品等式樣特殊的器物，則兼用拍片、模印、鏤雕、手捏等工藝，滿足了不同的需要。這一時期石灰釉技術也在穩步發展，工匠們已能夠採用含鐵、錳、鈦成分不同的原料來調配釉色，是製釉工藝的一個大發展，並且改進漢代以來採用的塗刷施釉法，創造了更為科學的浸釉法，使釉色均勻、呈色穩定。龍窯結構也有所改進，將以前的龍窯加長加高，既增加裝燒面積，增大裝燒量，又可提高熱利用率，還可延長窯頂壽命，經過改進，龍窯結構一步步走向定型。

隨著製瓷技術的提高，瓷器品質也逐漸提高，南方的青瓷質地細膩堅實，釉色光潔度增加。除了越窯大量生產青瓷之外，還有朱甌窯的縹瓷和德清窯的黑瓷，都各具特色。越窯青瓷在裝飾方面出現了新的變化，壓印的網格紋、聯珠紋已很少見，轉從釉色上美化加工，新興一種

⊙北朝白瓷蓮瓣罐

釉斑裝飾，用含鐵量很高的釉料，有計畫地點在青釉上，燒成褐色的美麗斑紋，彷彿錦上添花，給青瓷披上新裝，增加異樣的豐彩。有一個青瓷雙複繫蓋罐，蓋上罐身排列著整齊的褐斑，新鮮雅致，突破了單色釉的局限，為彩瓷的發展開拓了新的途徑。在佛教藝術影響下，蓮瓣紋飾顯得十分突出。從東晉開始，蓮瓣紋已在青瓷上嶄露頭角，到了南朝就更加風行，如蓮瓣紋六繫盤口壺，肩部刻有一周肥滿的蓮瓣；青釉龍柄雞頭壺和青釉刻花壺，均以蓮瓣紋作裝飾。最有代表性的是永明三年的青瓷蓮花尊，蓋上刻紋覆蓮，頸上部飾仰蓮，腹部渾圓，上面飾長瓣覆蓮，每瓣刻有花脈，腹下部又有一周肥短的仰蓮，整個器型極精巧秀美，上下和諧，表現了南方青瓷典型的風格特色。蓮花尊是當時一種常見的瓷製品，它帶有明顯的宗教內容，紋飾中的飛天、卷草和大量蓮瓣紋都是佛教藝術的常見題材，加上造型莊嚴宏偉，與一般生活用瓷迥然不同。這種蓮花尊在南北朝以後即已消失不見，而蓮瓣紋飾一直繼續盛行，越往後越為廣大群眾所喜聞樂見，不再存在宗教涵義。

南朝瓷器品種日益豐富，除壺、尊、罐、盤之類，還有唾壺、燈檠、博山爐、三足硯、燭台等，製作品質日益提高，造型也更加秀美。如青釉雙耳盤口壺、青瓷六繫盤口壺等比以前更向瘦長方向發展，越顯出典雅蘊藉、精巧秀麗的南方風格。有趣的是這些盤口壺後來逐漸演變為雞頭壺，並發展成最完善的日用瓷類，初創時的雞頭短小無領，堆塑於壺肩上，與壺身不通，無實用意義，後來雞頭裝飾與實用密切結合，雞頭作高冠引頸、昂首遠眺模樣，口改為筒形，與壺體相通，便於注水，雞尾變作壺的曲柄，上端與壺口相接，不僅使造型更加優美，而且便於使用時把持傾倒，達到器形與實用功能完美結合的理想境地。

南朝瓷業在技術、品種、造型上都在前代基礎上有較大發展，為唐宋名窯的出現打下了堅實的基礎。

⊙南朝青瓷大蓮花尊

⊙南朝青釉蓮花檠。高二點二公分，盤徑十四點七公分，柱的下端塑蓮花兩朵，造型美觀別致。

北朝陶瓷器後來居上

中國北方黃河流域地區，在三國兩晉時期，陶瓷手工業極為衰落。到拓跋珪統一北方建立北魏政權後，製瓷業才逐漸興起，在不斷摸索創新的過程中又吸收了南方製瓷經驗，燒造出自成一格的北方陶瓷，突破了南方專美的局面。除了燒造出青瓷外，還創製了白瓷，發展了鉛釉陶瓷，成為振興北方瓷業的轉振點。

北方青瓷大約發明於北魏時期，北齊前後，青瓷的燒製就比較普遍了。北齊時期的淄博寨里窯是北方今見的唯一早期青瓷窯址，所燒器物有碗、盤、缸等，都是輪製而成，修態不夠精細，釉層厚薄不均，釉色青黃不一，胎釉結合較差，有的器物燒好後四面留有很不雅致的痕跡，這些都表現了早期北方青瓷的原始性。

到北齊天統年間，青瓷技術便有所提高，燒製出的青釉四繫罐，直口、斜肩、圓腹，肩腹交界處稜角分明，有一道凸起的粗弦紋，腹下部飾有手捏的陶紋，輪廓由直線構成，粗壯挺拔，反映了北方的樸實風格。北方青瓷中也有一些仰覆蓮花尊，製作十分精美，裝飾繁縟瑰麗，集中運用堆塑、貼花、刻劃等手法，其變化之豐富，形制之壯觀，在北朝陶瓷中無與倫比。北朝的青瓷劃紋六繫罐很有特點，胎質堅實，掛半釉，釉青而透明，造型渾厚穩重，肩腹之間凸起兩周粗弦紋，劃有圓圈、三角、樹木、鴨子等紋飾，單純樸拙，頗似兒童畫法，別有趣味。

⊙綠彩長頸瓶

北朝白瓷的燒成，是陶瓷史上一件大事。白瓷和青瓷的主要區別是原料中含鐵量多少不一，若克服了燒製中鐵和夾雜元素對胎、釉呈色的干擾，便可燒出白瓷，故可認為白瓷是從青瓷中脫胎而來的，是中國古代陶瓷技術的又一重要成就，為後世各種彩瓷的出現奠定了基礎，也為瓷器的應用開拓了更廣闊的道路。最早的白瓷應於北齊出現，安陽范粹墓中就出土了七件白瓷製品，胎體細白，釉呈乳白色，釉層薄而潤，表明北朝晚期控制胎釉的能力。其中一件

⊙北齊青瓷劃紋六繫罐。此器造型大方，施釉均勻典雅，是北朝瓷器中的精品。

⊙北齊陶女俑。兩俑的彩繪均剝落，露出淡赭色陶胎。

白釉綠彩長頸瓶，開創了白瓷掛彩的新技藝，瓶的一側自肩至底掛上翠綠的色彩，光豔奪目。這種綠彩是以氧化銅為著色劑，因為銅金屬流動性大，燒製時會自然流淌而呈現難以意料的效果。北齊李雲墓中也有釉中掛彩的四繫蓮瓣缸，可見北朝陶瓷工藝已由單色釉逐漸向彩色釉過渡，色彩斑爛的唐三彩正是從這種工藝中脫胎出來的新品種。

低溫鉛釉陶器在北朝也獲得復興。北魏的鉛釉陶器，釉色和造型都很精美。醬黑釉陶馬形神兼備，驕駿不凡，有很高的寫實技巧。黃釉四繫瓶是吸收南朝流行的雞頭龍柄壺的造型加以變化，將龍柄改為獸柄，很有新意。黃釉貼花蓮瓣紋尊器身略似梨形，高頸有蓋，尊上堆貼三層蓮瓣凸飾和圓形圖案，錯綜排列，精巧別致，釉色淡黃明亮，是一件難得的珍品。另外，安陽范粹墓中的黃釉瓷壺由模製成型，壺身兩面模印樂舞胡人紋飾，人物胡服高鼻，絲管合奏，表演著域外情調的龜茲樂舞。

久已衰落的陶塑藝術在北朝得到迅速發展，大大超過南朝，可能與當時建造石窯、盛行佛教造像、雕塑技巧普遍提高有密切關係。除生活用品外，還有各種各樣的陶俑，有文吏俑、武士俑、男女侍俑、伎樂俑和儀仗俑等。尤其是鎧甲俑和騎俑最有特點，鎧甲俑挺胸屹立，雄武威猛；騎俑造型健美，栩栩如生，表現出武士剛強驃悍的性格。女俑或曲眉豐頰、儀態端莊，或瘦骨清秀，亭亭玉立，具有北朝塑造的藝術風格。北朝陶瓷在極度衰落的情況下發展起來，速度之快，成就之高，非常值得重視。一方面接受南方漢族文化的影響，在造型和裝飾方面與南朝瓷器有共同特點；另一方面在藝術風格和衣冠服飾上又發揮了濃厚的北方民族本色，反映了南北文化交流的趨勢，顯示了民族大融合的偉大業績。

南朝駢文極盛

駢體文起源於東漢，開始的時候大多是寫給皇帝的奏章使用這種文體，以舒緩語氣便於閱讀。駢文的主要特點是要求通篇文章句法結構相互對稱，詞語對偶。到了南朝，士族名士們偏安江南，政治上已經無心進取，大家便在書硯筆墨間下功夫，上至帝王，下至臣民都很重視文學。許多詞臣雲集宮廷，遊戲翰墨。宮廷文人的身分決定了他們為人必定「柔媚」，文風也必定「柔媚」。這時駢體文便迅猛地發展起來，進入了全盛時期。

在南朝文人的手中，駢體文的形式技巧比以前更加精密，不僅講求對偶，還分出了言對、事對、正對、反對諸多類型；每句的字數也趨向於駢四儷六，故又稱「四六體」；聲律也要求平仄配合，其他還有用典、比喻、誇飾、物色等各種技巧。當時的作家們都喜歡用駢體的形式去寫原本應由散體去表達的內容，導致了駢文的畸形繁榮，使駢文成為南朝最具典型性的文體。

在南朝駢體文的發展中，徐陵和庾信發揮了推波助瀾的作用。他們兩人都是以寫駢文和宮體詩著名。《陳書·徐陵傳》中稱徐陵為「一代文宗」，說他「每一文出手，好事者已傳寫成誦；遂被之華夷，宗藏其本」，由此可見其在當時的影響。他們最大的貢獻是把宮體詩所運用的講究聲律和注重麗辭的形式特點，移植到了「文」上，發展了駢文。後人將他們的文體並稱為「徐庾體」。他們二人中以庾信的成就為高，庾信代表了南朝駢文作者的最高水準，《哀江南賦》是他的代表作。

在整個南朝中，梁朝的文人最多，駢體文風氣最盛。《南史·文學傳序》中說：「時主儒雅，篤好文章」，「才

⊙北朝女官俑。直立狀女官俑計四十五件，均戴黑色籠冠，穿右衽大袖衫，杏黃長裙，腰束白帶。左手彎曲於腹部，握裙一角，裙角呈扇形；右手做握器狀，有拳眼；大眼小嘴，面帶微笑；形體簡括，但不失於呆板。

⊙北朝六邊形對鹿剪紙

秀之士，煥乎雲集」。梁武帝蕭衍、昭明太子蕭統、梁簡文帝蕭綱、梁元帝肖繹都有文集傳世。他們的身邊聚集了一大批宮廷文人，著名的有沈約、任昉、陸倕、邱遲、何遜、吳均、劉孝綽、庾肩吾等人，可謂人才薈萃。其中沈約的《修竹彈甘蕉文》、邱遲的《與陳伯之書》、吳均的《與宋元思書》等，都是一時傳誦的佳作。代表梁朝駢文最高水準的是江淹，他寫的《別賦》、《恨賦》都是文學史上的名篇。

總的來說，南朝的駢文宮廷氣息很重，但一些藝術技巧運用得當，有助於增強文章的藝術性。

⊙西魏時敦煌二八五窟南壁壁畫。南壁以橫卷式為基本結構單元。壁面上沿垂帳紋下畫伎樂飛天一列，共十二身。飛天以下為橫幅《五百強盜成佛》故事畫，其西端為《釋迦多寶並坐》。下部四個禪室，均以花鳥、忍冬、火焰紋為龕楣裝飾；龕楣之間穿插因緣故事畫《沙彌守戒自殺緣品》和本生故事畫《施身聞偈》。最下為藥叉裝飾帶。

陵墓雕刻藝術復興

南北朝時期雕刻藝術盛行，其中一個重要方面是陵墓雕刻藝術復興。

偏安江南的宋、齊、梁、陳四代帝王，著力恢復漢代陵寢制度，帝王陵墓以石獸、石碑、神道石柱（又稱華表）列置於神道兩側，構成特定的紀念性氛圍。

宋、齊石刻限於帝陵，地面雕刻僅存石獸，碑與華表都因年代久遠而蕩然無存。宋武帝劉裕初寧陵今存一對石麒麟，坐落在南京麒麟門外，雖有不同程度的殘損，但仍保留了基本特徵：頭頂生角、昂首張嘴，胸頸斜突向前，身軀平正，鼻短而朵頤方正，腿膊生雙翼，氣概高昂豪邁。這是初創期石獸雕刻的形態特點。

齊代石獸雕刻發生了很大變化，獸

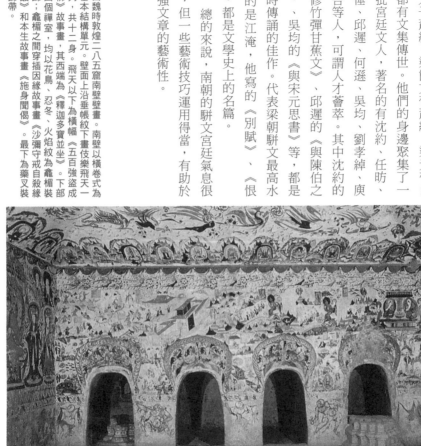

⊙南朝神柱石刻

⊙齊武帝蕭賾景安陵麒麟

身向高大發展，雕刻也更加精巧，石獸頸長腰細，胸部鼓圓前突，身軀扭動起伏有騰躍之勢。齊武帝景安陵石麒麟，鵝頸咧嘴作吼嘯之狀，體軀起躍有奔行之勢，雙翼線刻流暢，鬣鬚紛披，翼端有長翎，更加強石獸的輕靈感。

梁朝陵墓石刻最盛，封陵刻石範圍廣及王侯。陵墓制度排列嚴格對稱，大到總體對稱佈局，小到石獸體態動勢呼應，即使神道柱額文字也相對而為正書順讀和反書逆讀。石獸的雕刻更突出宏偉豪邁的氣勢，如武帝陵石麒麟，昂首天邊，雄踞一世；蕭宏墓石辟邪，雄視闊步，渾身充滿力量，風格從裝飾趨向寫實，增加了真實感。蕭正立墓前一對石辟邪，注意到兩隻石獸間的聯繫和情感交融，雄性英俊，吐舌揚長而來；雌性略作蹲態，似有所等待，並著意刻劃其豐滿、溫柔的母性特點，藝術風格在統一中有變化。梁代陵墓石刻尚存有碑刻和神道石柱，反映了當時吸收國外文化因素，融匯佛教與漢代文化傳統所形成的藝術風格。

南朝陵墓雕刻整體氣勢可與漢代石刻相比，既吸收外來營養又有創新，樣式風格之中既有印度、希臘、波斯藝術因素，又仍具漢代石刻遺風，品類更加豐富。

北朝陵墓地面石刻不如南朝風行，今存實物僅有十六國夏的石馬，做佇立狀，前肢直立，後肢微曲，類似西漢霍去病墓前石馬而造型更顯駿逸。北朝墓葬石刻還有石棺床、石雕柱礎等。北魏敬宗孝莊帝拓跋子攸的靜陵中有「石翁仲」一具，高三點一四公尺，頭戴籠冠，褒衣博帶，兩手拱於胸前，持長

⊙齊景帝蕭道生修安陵麒麟

⊙北齊金飾。此金飾以多種技法和材料製做而成。先在金片上用壓印和鏤刻的方法作出花底，然後再鑲嵌珍珠、瑪瑙、藍寶石、綠松石、貝殼及玻璃等。

劍，姿態神情肅穆莊嚴，全身比例適度，是魏晉南北朝時期唯一留存至今的陵墓石刻人物造像，上承東漢石人造像，下啟唐陵石人造像以至宋陵石雕，具有里程碑的重要意義。

西魏文帝永康陵有翼虎形石獸，造型質樸矯健；北周有石刻蹲獅，造型趨於寫實，這一形式的石獅為唐宋陵墓繼承發展，直至明清，用以做墳墓以至宮室、石橋雕飾，影響十分深遠。

對比南北朝陵墓石刻，可以看到它們的不同特色在於南朝重視墓前石刻以壯觀瞻，承接漢文化傳統；北朝則將佛教觀念更多地反映到墓飾和隨葬品中。南方地下潮濕，故多磚墓，畫像磚是主要墓飾；北朝則重視石棺雕飾。從藝術風格來看，南朝秀麗、玲瓏、活潑；北朝莊重、厚實、質樸。它們的共同特點是上繼漢代、下啟唐宋，受佛教影響很大。

宇文泰創府兵制

西魏大統九年（西元五四三年），西魏宇文泰正式創建府兵制。

西魏大統八年，宇文泰開始創置六軍，按相傳的周制，每軍一二五〇〇人。當時兵源為關隴豪右的親黨和鄉人，軍隊統帥由大小豪右充當。實質上，這是由氏族血緣關係組成的地方軍隊，這就是最早的「府兵」。這支軍隊戰鬥力並不強，在次年的邙山戰役中被殲過半。自此以後，宇文泰蓄心創建更完整的「府兵」。

魏初設有「柱國大將軍」的官職，此銜位高權重。爾朱氏當權時，爾朱榮曾當此職，地位也隨之高過宰相。大統三年（西元五三七年），西魏文帝封宇文泰為柱國大將軍，此後有官顯功高的朝廷重臣，也領過這個職銜。任柱國大

⊙河北磁縣東魏墓出土之陶風帽俑（右）及陶武士俑。

將軍的共有八人，八人中宇文泰權勢最重，監督各軍，總攬兵權；元欣因為是宗室，不過掛個空名，過問一下政事，並無實權。其餘六個柱國大將軍分統六軍，每人各統兩個大將軍，六軍中共有十二個大將軍；每個大將軍又各統兩個開府將軍，共廿四個開府將軍；而每個開府將軍各領一個軍，實際上有二四個軍。這支新建的府兵到大統十六年已初具規模，比大統八年「初置六軍」時，人員多了四倍，總計達三十萬之眾。

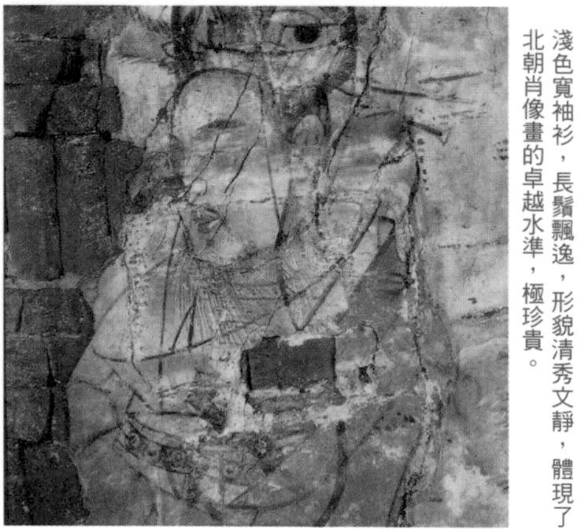

⊙北朝門衛壁畫。此門衛頭戴漆紗籠冠，簪貂，著淺色寬袖衫，長鬚飄逸，形貌清秀文靜，體現了北朝肖像畫的卓越水準，極珍貴。

新建六軍的最高統帥合稱為「八柱國」，取意於八個柱國大將軍。廿四個官中，每軍下設儀同將軍，以下團有大都督，旅有帥都督，隊有都督等中下級軍官。當時，西魏全國共設一百個「府」，從民間選有才力者為府兵。府兵本身的租稅勞役徵調，一切免除。府兵平時務農，農閒時操練。他們的馬畜糧食，一律由統軍的六個柱國大將軍統籌，另外每府設一個郎將，郎將負責管理徵集、行役、退役等事務。兵士根據戶等高下、丁口多寡、才力強弱進行選拔，戶籍屬於軍府，不屬於郡縣。由於具有「私兵」性質，府兵的戰鬥力很強。這就是由宇文泰創建的西魏府兵制。到了北周時府兵制已有變化，隋唐之際則由發展完備以至於逐漸衰亡。

《齊民要術》

約在永熙二年至武定二年間（西元五三三至五四四年），北魏農學家賈思勰著成綜合性農書《齊民要術》。賈思勰是青州齊群益都（今山東壽平縣）人，生平不詳，曾任高陽太守。

《齊民要術》共十卷九十二篇，十一萬多字，內容極為豐富，涉及農、林、牧、副、漁等農業範疇。卷首有《序》和《雜說》各一篇。《序》是全書的總綱，《雜說》則被認為是後人所作。

該書主要內容有：土壤耕作和農作物栽培管理技術；園藝和植樹技術，包括蔬菜和果樹栽培技術；動物飼養技術和畜牧獸醫；農副產品加工和烹飪技術等。書中引用了一百多種古代農書和雜著的內容，《氾勝之書》、《四民月令》及《陶朱公養魚經》等一些佚失著作的部分內容得以保存下來，具有重要的史料價值。

《齊民要術》有系統地總結了秦漢以來中國黃河流域的農業科學技術知識，其取材佈局，為後世的農學著作提供了可以遵循的依據。

在土壤耕作方面，《齊民要術》針對黃河中下游的氣候特徵，總結摸索出耕—耙—耱一整套保墒防旱措施，從而基本上形成了完整的北方旱地土壤耕作技術。其中提到的二十多種農具中，「耙」和「耮」的出現成為整地工具的一大進步和精耕細作體系的必要手段。耕—耙—耱耕作技術的第一個環節就是要耕好地。為了保存土地的肥力和水分，書中對春、夏、秋三個季節的耕種時間、深淺、程式都做了明確的說明。第二個環節是土壤耕後的多次耮（耱）地，這樣能使土壤細熟，上虛下實，這樣有利於保墒防旱和種子的生長發育。此外，為適於種子發芽，還可用農具「撻」復種鎮壓。耕、耙、耮措施相互配合，輔以鎮壓及中耕，組成了以防旱保墒為目標的旱地耕作技術體系。

《齊民要術》還主張實行輪作復種制和間混套作，充分利用地力和太陽光能，並且開始有意識地栽培綠肥。書中還積累了選種、播種等方面的豐富經驗，重視以水稻烤田技術、病蟲害防治技術為特徵的田間管理技術。

在栽培技術方面，《齊民要術》中記載了蔬菜的復種和間作、果樹的壓條繁殖、扦插、分根和嫁接的繁殖方法以

⊙北朝武士壁畫。左手執儀刀，作守衛狀。畫面用墨色線條勾畫輪廓，用紅色暈染人物面部和衣服邊緣及起褶處，以增加人物的立體感。

及「疏花措施」、「嫁樹法」等促使果樹開花結果的有效辦法。

此外，《齊民要術》中提到了動物飼養和畜牧醫技術，總結了家畜飼養管理方面的經驗，收集了古代獸醫藥方四十八條，在家畜閹割操作與消毒方面達到了很高的水準。書中還論述了養蠶及蠶病防治技術；記載了釀酒的具體方法，提出了四十多種釀造方式，在作醋、製醬和製豉方面也做了較系統的介紹。書中還介紹了一六九種菜肴的烹調方法及多種調味品的製作方法，是目前我們瞭解研究魏晉南北朝以前中國烹調技術的全面的、具體的，也是唯一的著作。書中第十卷所介紹的野生植物和南方植物的利用，可以說是現存最早的南方植物志。

⊙賈思勰像

⊙《齊民要術》書影。成書後廣為流傳，版本多至二十種，並經常為其他農書援引，被譽為農業百科全書。

該書不僅是中國現存最早和最完善的農學名著，也是世界農學史上最早的名著之一，對後世的農業生產有著深遠的影響。明代王廷相稱它為「惠民之政，訓農裕國之術」。唐宋以後出現的不少農書，如徐光啟的《農政全書》、王禎的《農書》等，均受其影響，而且早在唐宋時期，該書已傳入日本，至今日本還藏有北宋最早刊印的殘本。近代以來，世界上出現了該書的多種譯本和研究性的著作。歐美學者稱它「即使在世界範圍內也是卓越的、傑出的、系統完整的農業科學理論與實踐的巨著。」

宮體詩形成

南朝梁代，梁簡文帝蕭綱、梁元帝蕭繹承繼梁武帝蕭衍以及宮廷詩人吳均、何遜、劉孝綽開始的辭藻豔發、格調輕靡的詩風，在宮廷詩人庾肩吾、庾信、徐摛、徐陵的附合下，形成輕浮綺麗的詩歌流派，時號「宮體」。宮體詩主要流行於梁後期和陳代，它對完善新體詩的格律形式做出了貢獻。

「宮體」之名，始見於《梁書．簡文帝本記》。梁簡文帝蕭綱（西元五〇三至五五一年）「雅好題詩。其序云，余七歲有詩癖，長而不倦。然傷於輕豔，當時號宮體。」蕭綱是宮體詩主要提倡者。在蕭綱、蕭繹的宣導下，加上宮庭詩人庾肩吾、庾信、徐摛、徐陵父子以及稍後的陳後主陳叔寶、江總等人的附合下，形成流行一時的詩歌流派。

宮體詩的內容較多描寫男女豔情和婦女生活。其中有的模擬南朝樂府民歌，有的則從感官娛悅的角度描寫宮庭女性的聲色姿態，如蕭綱幾首詠美人觀畫、晨妝的詩，因有違儒家詩教溫柔敦厚的傳統，多被後人批評。此外宮體詩還有許多詠物寫景詩，刻劃精細，有獨到之處，如蕭綱《折楊柳》的「葉密飛鳥礙，風輕花落遲」。總的來說，宮體詩的情調流於輕豔，詩風比較柔弱。但蕭綱、蕭繹也有不少清麗可讀之作，至於庾肩吾、徐陵等，更有一些優秀篇章。

宮體詩的詩歌形式，在繼「永明體」之後，更加嚴格講究聲律、對仗和詞藻，而且又吸收了南朝樂府民歌的特點，篇幅較小，以四句、八句、十句為主。如徐陵的《折楊柳》：「嫋嫋河堤樹，依依魏主營。江陵有舊曲，洛下作新聲。妾對長楊花，君登高柳城。春還應共見，蕩子太無情。」篇幅短小，而且對仗、平仄、粘對等已暗合唐代五律。

宮體詩的形式，對詩歌的發展有重要影響。它柔靡緩弱的詩風影響了隋及唐詩歌的風格；它比永明體更加格律化的形式，對後來律詩的形成，又有重要的推動作用；而且它用典多、辭藻華麗的特點，對後世詩歌創作也有借鑒的作用。

北朝石刻線畫成就斐然

南北朝時期，遊牧民族在北方建立起了少數民族政權，其統治者崇奉佛法，大量吸收了當時外國（主要是印度）宗教畫家傳來的佛教藝術；同時，他們又嚮往著南朝文化的秀麗繁盛，積極開展南北交流，因而北朝的藝術中少數民族與漢族這兩種差距甚大的藝術技巧和審美因素水乳交融，形成了獨具魅力的新的藝術風格。北朝無論石雕、石刻都成就斐然，就石刻線畫而言，其流傳佳作足以代表那一時代中國繪畫中線描藝術的至高水準。

北朝石刻線畫的傲人成就，首先托賴於佛教石窟的大規模開鑿和佛教造像碑的盛行。最早的北朝石刻線畫保存在佛教石窟上，各種石窟中的佛座、壁龕，也是繪刻線畫的主要地方。主要題材有佛像故事圖等等；各種佛教和西來文化的圖案，也遍佈其間，如蓮花、寶

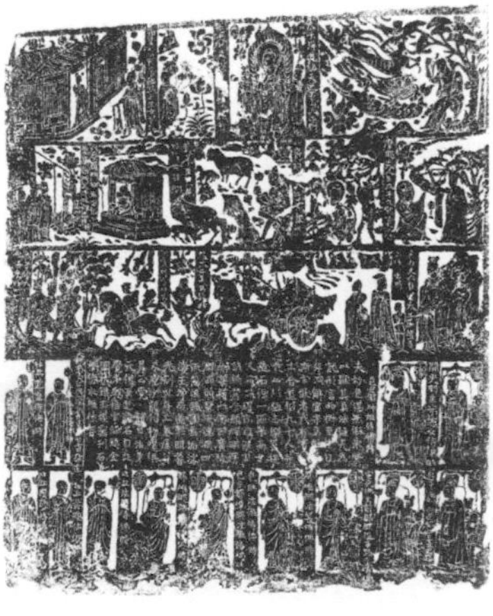

⊙東魏佛傳故事線畫

⊙北齊造像碑

⊙北魏禮佛圖線畫佛座

相花樹、護法獅子、西域雜技等等，都很常見。在這些佛教石刻線畫的演變中，形象地展示了外來文化和本土文化的融匯和發揚光大。

北朝石刻線畫藝術的發展，也有賴於當時社會厚葬風氣的興盛，使石刻線畫自兩漢以來，又一次在墓室、石棺、墓誌上找到用武之地。而魏晉兩朝禁止民間私立碑石，也使碑刻畫像轉向地下發展。

北朝儘管佛教盛行，但大乘佛教的西方極樂世界之說尚未流行，西方極樂教主阿彌陀佛也還未被信仰，因而道教的升仙不死之說仍是對人們死後的最大慰藉，成為地下石刻線畫的主要題材。這方面的代表作布圖雕刻均比前代更為考究：石棺兩側，是墓主夫婦乘龍跨虎在羽士指引下的升天圖，左右有異獸祥瑞簇擁，上有雲火，下有草木，棺上還有四靈圖像以明方位。

地下石刻線畫的另一題材則是行孝故事，因為情節性強，造型細密可觀，因而這種孝子圖幾乎原封未變地流傳至明代。

北朝的作品裡還保留了當時的社會生活圖景，如商旅駝運圖、商談圖等等，都是當時東西貿易深入發展的特有產物，因而也具有更濃的生活風味和寫實氣息。

北朝石刻線畫有如此成就，和當時名畫家的指導干預是分不開的，當時的名雕刻家蔣少游、名畫家曹仲達都曾從事石刻藝術和經營佛教題材。曹仲達的人物衣褶緊密貼身，如沐罷出水，有「曹衣出水」之稱。這種精細勻稱的繪畫，一直為當時的石窟造像所採納。而由名畫家帶動的南北交流，更是對石刻線畫的良好推進。

髹漆工藝出現新突破

漆器自發明以後一直作為日用器物廣為流行。魏晉南北朝時期，陶瓷製品大規模發展應用，漆器逐步轉化為觀賞性的工藝品，同時期佛教的流行也為髹漆工藝提供了廣闊的用武之地。因此，這段時間為髹漆工藝出現了新的突破，創造出新的工藝和新的器物品種。

這一時期，極大地發展了夾紵製造法。夾紵漆器是用粗麻布浸漆裱糊在泥胎上，層層敷貼，少者七、八層，多者可至二〇層，待漆乾透之後，脫去泥模，剩下的硬殼即為夾紵。夾紵漆器發明得很早，戰國時就已出現，漢代更是大量運用，只是直到魏晉以後，佛教興盛，才開始用於佛像製作。

自東晉至北魏，崇佛行為日益發展，每至佛教節日，常要將佛像用輦輿抬出寺外遊行，即所謂行像供養。這種佛像要求既高大，又要輕便易於扛舉出行，所以用夾紵脫胎方法製造的空心佛像便盛行一時。這種夾紵行像據傳是東晉著名雕塑家戴逵首創，到南朝時期，已能製造五十六公尺高的夾紵脫胎貼金大佛像了。

當時還出現了新的色漆品種，如斑漆和綠沉漆。斑漆可以說是後世漆工藝中變塗技法的前身。其法是用幾種色漆交混形成斑紋效果，或用深淺不同的同色漆產生斑紋效果，以達到天然紋理般的藝術效果。綠沉漆則是一種極為名貴的新品種。在三國以前，漆色多為黃、黑、紅等色，綠沉漆的出現無疑使漆器面貌煥然一新。它因色澤深綠、如水深處的深沉雅靜而得名。因為製作不易，格調又高雅脫俗，在兩晉南北朝時期，綠沉漆一直是王室豪族才能使用的珍貴之物，晉代著名書法家王羲之曾得人贈送綠沉漆筆管，欣喜不已，認為其價不亞於金雕銅鏤的名貴筆管。直至宋代，為臣者擁有大型綠沉漆器，仍被認為是過於豪華奢侈的。

自曹魏時期，漆器繪製中便出現了新的工藝，即用密陀僧調油色作畫的密

⊙北周二文士俑

⊙北齊石棺床（局部）。此石棺床雕刻精細，內容複雜，為現存北齊雕塑的精品。

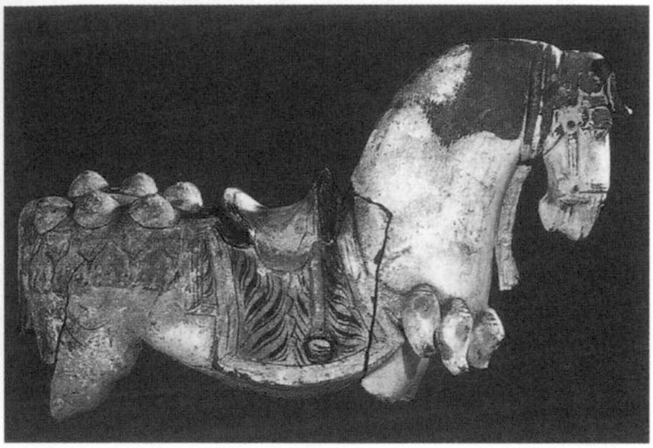

⊙北齊陶馬。是一件象徵著驃騎大將軍身分的力作。

陀繪。密陀僧一物自波斯國傳來，其實是煉銀時餘下的氧化鉛，入油調色作畫能使畫面速乾。這種密陀繪的發明使得漆器的製作可以比以前更為快速高效。因為一件漆器在製作過程中，須經多次塗漆，而漆的陰乾速度又極慢，只要畫面稍有未乾透處，再上漆時便會引起漆面皺縮剝離，導致前功盡棄。密陀繪使漆面快乾，是一件極有用的發明。

總之，在魏晉南北朝時期，無論是繪畫的技藝，還是漆器的髹飾工藝，都比前代有了長足的進步。當兩者相結合時，便產生出了璀璨奪目的漆工藝品。最能顯示其美術和工藝的綜合水準的，莫過於大型的彩繪漆器了。山西大同北魏墓出土的一具彩繪漆屏風，是這個時期的一件優秀的代表作品。屏風畫面端莊厚重，以紅漆為地，用橙、黃、綠、白藍、黑等各種色漆繪滿了古聖先賢和列女故事，人物衣飾考究，器物描繪精緻，而且畫面設色之豐富，為前代所無，顏色配搭也和諧得體，足以反映出當時的漆器工藝和彩繪水準。

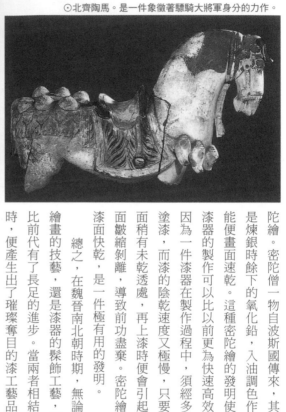

胡舞湧入中國

「胡舞」是中國史籍中對西域少數民族及某些外域舞蹈的泛稱。秦漢時期，由於中原與西域之間的溝通交流，外域舞蹈已開始傳入中原地區。魏晉南北朝時期，北方少數民族先後入主中原。在短短兩百多年間，朝代迭興，戰爭連綿，各族人民不斷遷涉雜居，於是在中國北方出現了各民族大融合，伴隨著這種情況，各民族的文化藝術也開始了大交流。在這種背景下，「胡舞」大量地湧入中國，並受到中原與江南地區人民的喜愛。

根據《魏書》、《隋書》、《舊唐書》等史籍的記載，以及已發現的反

映這一時期樂舞的磚刻石雕圖像來看，南北朝時期湧入中原的胡舞大致有西域樂舞、西涼樂舞、高麗樂舞和鮮卑等北方民族樂舞，甚至還有西域傳入的宗教儀式樂舞，以及從印度、尼泊爾輾轉傳來的舞蹈。西域樂舞包容種類最多，主要有龜茲樂舞、胡戎樂舞等。見於史籍而又有名稱的胡舞有《獅子舞》、《鳳凰舞》、《胡旋舞》、《胡騰舞》等。這些舞蹈大都有強烈的節奏感，又有騰踏、跳躍、旋轉等高難動作，有很強的藝術感染力。杜佑《通典》卷一四二記述了當時胡舞大受歡迎的情況，還說「感其聲音莫不奢淫躁競，舉止輕飆，或踴或躍，乍動乍息，蹻腳彈指，撼頭弄目，情發於中，不能自止」，因此進而擔心「胡聲足敗華俗」，這從反面證明了胡舞的藝術魅力。這或許就是胡舞之所以能大量湧入中國並受到普遍歡迎的主要原因吧。

然而胡舞進入中原，首先是和戰爭聯繫在一起的。北朝統治者每征服一地，即輸入當地音樂舞蹈，一方面是為了自己享樂生活的需要，另一方面又可藉這些異域樂舞誇耀武功和德治。北魏太武帝拓跋燾打敗赫連昌，得到古雅樂；後平定涼州，得到當地所傳《秦漢伎》，從此稱作《西涼樂》，又將那裡的樂舞藝人及樂器、服裝、舞飾等掠運回來。他還從西域帶回了疏勒（今新疆疏勒一帶）、安國（今中亞布哈拉）的伎樂；又下令將西域悅般國（匈奴西遷後留在龜茲北部的匈奴人所建的政權）的「鼓舞之節，施於樂府」，歸入宮廷樂舞機構管理。北魏滅北燕後，又得到北燕所傳的《高麗樂》。其次朝廷之間的交往也給胡舞進入中原帶來了契機。此外異地民間樂舞戲班的來訪，為胡舞傳播中原做出一定的貢獻。

大量胡舞的湧入，使得這一時期出現了各族樂舞雜陳並舉的情況。《宋書·樂志》記載，（劉）宋時有「西、

⊙北周伎樂壁畫

⊙北齊胡角橫吹壁畫

倉、胡諸雜舞」。北齊雜樂有「西涼鞞樂」、「清樂」、「龜茲樂」，齊後主高緯特別欣賞「胡戎樂」（即西北少數民族樂舞）。不僅在宮廷宴樂中如此，而且在宗教寺院為宣傳教義、廣招信徒而舉辦的宗教歌舞中，也出現了中原與西域樂器並列雜陳，中西樂舞會於一堂的情況。

由於胡舞與中原樂舞（即「清商樂舞」）大交流大融合，於是產生了新型的音樂舞蹈，最為典型的代表是《秦漢伎》（後稱作《西涼樂》），它就是由西域的《龜茲樂》和盛傳於涼州的「中原舊樂」融合而成。北齊制定宮廷雅樂時，也將《西涼樂》作為「洛陽舊樂」予以吸收運用。

新疆石窟形成龜茲風格

新疆石窟是除敦煌、雲岡、龍門三大石窟之外的中國古代文明的又一珍品。

佛教在西元一世紀末傳入中國後，很快在西域（今新疆境內）盛行，而當時的西域大國龜茲國（即今新疆庫車及其周圍地區）則是當時西域的佛教中心。到西元五、六世紀，龜茲佛教達到鼎盛時期，這一時期大量開鑿的佛教石窟集中體現了龜茲這一地區的風格特色，這些地域特色又主要表現在洞窟形制、壁畫題材和藝術風格等方面。

在佛教石窟中，根據不同的功能區分有佛堂、講堂、說戒堂、禪房、骨灰堂、僧房等洞窟，龜茲風格的石窟形制主要以構造獨特的佛堂為代表。佛堂是佛教寺院中禮拜和供奉佛的主要場所，龜茲一帶的佛堂以方柱式為主。這種佛堂自前向後有三進，即前室、主室和甬道（行道），其中主室是佛堂的正殿。正殿的四壁和窟頂均畫滿壁畫，而以位置顯要的正壁佈置最為突出。正壁正中有泥塑佛像，這是佛堂的主尊像，在各塑像中形體最大，是僧徒禮拜的主要對象。一般說來，在佛教石窟中主尊像的姿勢和被安置的方式有四種：龕柱式、像柱式、淺龕像柱式和立像代柱式。而龕柱式佛堂則是龜茲系佛堂的主要形式，這種形式是在正壁中開一個龕，主尊像置於龕中。像大多數是結跏趺坐姿，也就是盤腿而坐；少數是倚坐姿，即垂足坐。龕外通堂畫出或塑出按菱形格排列的山巒，山巒間還有菩薩和天人。正壁的這種以塑像和壁畫相結合的構圖，主要顯示出釋伽牟尼在群山間的帝釋窟中說法，諸菩薩和天人正在禮拜和供奉的場面。主室頂部是縱向的拱券形。最高處的縱向中脊，通常畫出日神、月神、風神和金翅鳥等，以表示天空。拱券左右兩側是菱形格壁畫。畫面被分割成許多菱形小格，每個小格內是一幅畫，題材是佛前世救度眾生的故事，或是與信徒有關的因緣故事。主室正壁的左右下方是繞佛像禮拜的通道口，向後擴展成空間高大的後室，裡面多設置床台，床台上有塑制的臥佛像，表示佛已去世，進入佛教所稱的涅槃境界。

龜茲佛教鼎盛時期占優勢的是小乘佛教，「唯禮釋迦」，所以龜茲風格洞窟中的壁畫多以表現釋迦牟尼的佛傳、因緣、本生之類的故事為主。在龜茲石窟中，佛本生故事壁畫絕大部分畫在固定的位置，幅面形狀和大小相同，各幅之間在內容上沒有什麼聯繫。佛傳故事（或稱本行）類壁畫則不然，它的幅面大小有顯著區別，其中一些位置也比較遊移。所有這些壁畫從內容上總括起來大體有這樣幾類：一、佛傳故事：描繪佛從生到死的、各幅依次連續的成套畫。二、遊化說傳：描繪佛成道後至涅槃期間在各地對不同的人講說佛法、傳播佛教的事蹟。三、因緣故事：描繪佛涅或殷佛的故事、有關的「因果報應」的故事。四、涅槃故事：描繪佛涅槃後的有關事蹟及其環境的畫。總之，龜茲石窟中的壁畫題材絕大多數是釋伽牟尼的事蹟。

在藝術風格方面，龜茲石窟中的壁畫也有自己鮮明的特點。首先是壁畫佈局規範對稱。其次是在突出畫面人物的前提下畫有大量的圖案、紋飾和裝飾畫，使壁畫具有豐富多彩的表現力，又填補了牆壁、洞頂的空白，裝飾了環境。再次，龜茲石窟中的壁畫能夠根據畫面內容，較為合理地使用調和色和對比色。調和色多用於人物活動的描繪，顯示出莊嚴、沉穩的效果；而對比色則多用於環境的渲染，突出宗教氣氛。

⊙新疆克孜爾龜茲國王托提卡及王后像

⊙新疆克孜爾第十四窟菱格本生故事畫局部

新疆石窟中的龜茲風格出現在西元四至六世紀之間，早於以後依次出現的漢代風格和回鶻風格。它表現了龜茲這個當時的西域大國對，外來文化相當大的改造力和融和力。

佛寺壁畫藝術達到高峰

佛教東傳內地，在統治者的提倡下佛事大興。東晉一百多年間，建寺院達一七〇〇多所，入梁以後，寺院更增至二八〇〇多所，南朝佛教進入全盛時期。北朝自北魏政權建立後，佛教雖一度遭到太武帝拓跋燾「滅法」打擊，但文成帝即位後，佛教重新興起，建寺開窟，雕造佛像，圖繪壁畫，盛極一時。北魏遷都洛陽後，全國佛寺達三萬餘所，與佛教空前的流行相應。佛學藝術，特別是佛寺石窟壁畫藝術，隨著日益發展的北朝佛窟和愈趨精湛的南朝寺觀，提高更大，並漸漸達到高潮。

北朝開鑿了大量的佛窟，其中甘肅敦煌、麥積山、炳靈寺、新疆若羌拜城、庫車等石窟寺院繪畫，代表了這一時期佛教繪畫的最輝煌成就。和平初（西元四六〇至四六五年）初，雲岡石窟開鑿。至孝文帝遷都洛陽為止的卅五年中，其他主要石窟也陸續建成，石窟群的壁畫中有構圖複雜、優美精緻的裝飾紋樣，有神態各異，手持排簫、箜篌琵琶等古樂器凌空飄舞的飛天，有風格古樸，形制各樣的仿木構佛塔、屋宇等建築物……雕刻藝術很

⊙敦煌二八五窟南壁上層五百強盜成佛（之一）

⊙敦煌二八五窟西壁南龕上諸天

高。北魏孝文帝遷都洛陽後，宣武帝元恪景明元年（西元五〇〇年）開始營建龍門石窟。古陽洞歷時八十年完成，是龍門石窟中開鑿最早、規模也最大的一個洞，佛像琳琅滿壁。北朝書法「龍門二十品」素負盛名，此洞即占了十九品。此外還有開鑿於北魏經北齊至唐初方完成的藥方洞，刻滿了北齊及唐代的名醫或民間驗方。

此一時期最著名最具代表性的敦煌莫高窟北朝石窟，它上起北涼，下至北周，前後歷二百年，現存卅六窟。窟內壁畫基本保存完好，所畫題材主要為佛說法圖、佛傳故事、佛本生故事、各類因緣故事及供養人像。北周繪作的四二八窟薩埵那太子本生，採用連環畫式的構圖，將整個故事情節按順序分上、中、下三層排列，畫面巧妙地利用山野樹木將故事情節隔開，人物與自然景致巧妙地結合在一起，全部的故事情節在一種平緩的邏輯序列中展示出來，這類表現手法是莫高窟壁畫所獨有的形式。無論是造像繪畫和雕塑等，都是在中國地土上發育成長的，具有中國的民族風格。初期雖曾受有印度的影響，但同一題材、同一內容，其表現方法已有很大不同。印度的佛教壁畫在阿旃陀石窟中，表現不少娛樂場面，飲酒宴談，神通遊戲，菩薩人物裝飾華豔，婉孌多姿，色彩鮮明，即使降魔這樣的題材，也帶有表演氣息，並無畏怖之感。但在敦煌北魏壁畫中，常常陰森可怖，畫出的苦行僧故事，如捨身飼虎、強盜挖目等，均表現得很直

⊙交腳彌勒菩薩。北涼時期敦煌彩塑。

觀，營造出一種恐怖氣氛。西魏大統四年（西元五三八年）開造彩繪的二八五窟，屬元魏後期壁畫中漢地藝術風格最有代表性的石窟之一。窟頂作覆斗形，頂部四帔畫佛教飛天力士和傳統題材的伏羲女媧、風神雨師等上天諸神，間以蓮花華蓋，窟內四壁畫有說法圖以及得眼林、沙彌守戒等度化因緣故事。畫面以白粉塗底，線條勾勒，賦色單純明快，人物形象文雅清秀，造型和技法已完全脫離西域樣式，呈現典型的中原風格。

莫高窟北朝壁畫全面真實地記錄了佛教傳入中國以及與中國傳統文化溶合的歷史行程。這一發展過程在炳靈寺、麥積山等北朝石窟壁畫遺跡中表現得也比較充分。這一時代的畫人工匠在遵循佛教圖本繪飾壁面的同時，不斷加入個人的理解和想像，時代生活與審美情趣滲透其中，使得外來的佛教藝術逐漸地走向中國化，最終匯入中原文化的母體之中，成為傳統文化的延續和補充。

⊙北朝興國寺佛像。興國寺始建於東魏，今視造像風格，該佛像當為北朝遺物無疑。

⊙北朝陶女立俑

南朝情歌綺豔

情與歌是南朝樂府民歌的主體，主要在東晉、宋、齊三代產生和繁榮。南朝的樂府民歌大多數是綺豔的情歌，這和江南的自然條件和文化傳統密切相關，江南帶山秀水，江南人亦沒有北方人的粗獷直率，故而寫出的情歌大多委婉、含蓄。南朝的樂府民歌流傳下來的近五百首，大多收集在宋代郭茂倩的《樂府詩集》中，主要分為吳聲歌

⊙宋摹本北齊校書圖卷（局部）

和西曲歌，其中吳聲歌三二六首，西曲歌一四二首，產生於長江流域和漢河流域。吳聲歌和西曲歌的內容全是豔曲情歌，大多出現於女子之口。一般說來，南朝情歌體裁短小；語言清新自然，明白為話，通俗流麗，修辭上多用雙關，想像生動，抒情含蓄，構成了纏綿婉轉的格調，又有濃厚的生活氣息。代表南朝情歌藝術上最高成就的是西洲曲。樂府詩集將這首抒情長詩歸在「雜曲歌辭」中，長詩描寫一個女子向遠在西洲的情人傾吐相思之情。作者善於藉助景物的變化來刻畫這個女子的情感起伏，全詩運用雙關語接字等修辭，構成了纏綿為盡、委婉細膩的情調，是南朝情歌中藝術手法最有成就的作品。

國家圖書館出版品預行編目資料

老師沒教的中國史 ─ 清談風雅魏晉 / 李默主編
── 初版．── 台中市：好讀，2008.11
面；　公分．──（圖說歷史；23）
ISBN 978-986-178-094-8（平裝）
1. 魏晉南北朝史 2. 文化史 3. 中國

623　　97019197

好讀出版

圖說歷史 23

老師沒教的中國史─清談風雅魏晉

主　　編 李　默
總 編 輯 鄧茵茵
文字編輯 葉孟慈
美術編輯 藝點創意設計

發行所 好讀出版有限公司
台中市 407 西屯區何厝里 19 鄰大有街 13 號
TEL:04-23157795　FAX:04-23144188
http://howdo.morningstar.com.tw
（如對本書編輯或內容有意見，請來電或上網告訴我們）
法律顧問 甘龍強律師
承製 知己圖書股份有限公司　TEL:04-23581803

總經銷 知己圖書股份有限公司
http://www.morningstar.com.tw
e-mail:service@morningstar.com.tw
郵政劃撥：15060393 知己圖書股份有限公司
台北公司：台北市 106 羅斯福路二段 95 號 4 樓之 3
TEL:02-23672044　FAX:02-23635741
台中公司：台中市 407 工業區 30 路 1 號
TEL:04-23595820　FAX:04-23597123
（如有破損或裝訂錯誤，請寄回知己圖書台中公司更換）

初版 西元 2008 年 11 月 15 日
定價：350 元
特價：299 元

ISBN 978-986-178-094-8

讀者回函

只要寄回本回函，就能不定時收到晨星出版集團最新電子報及相關優惠活 訊息，並有機會參加抽獎，獲得贈書。因此有電子信箱的讀者，千萬別吝於寫上你的信箱地址

書名：老師沒教的中國史—清談風雅魏晉

姓名：______________ 性別：□男 □女 生日：____年____月____日

教育程度：________________________

職業：□學生 □教師 □一般職員 □企業主管

□家庭主婦 □自由業 □醫護 □軍警 □其他______________________

電子郵件信箱（e-mail）：_______________________ 電話：________________

聯絡地址：□□□

____

你怎麼發現這本書的？

□書店 □網路書店（哪一個？）_________________ □朋友推薦 □學校選書

□報章雜誌報導 □其他____

買這本書的原因是：____

□內容題材深得我心 □價格便宜 □ 封面與內頁設計很優 □其他____________

你對這本書還有其他意見嗎？請通通告訴我們：

____

你買過幾本好讀的書？（不包括現在這一本）

□沒買過 □ 1 ～ 5 本 □ 6 ～ 10 本 □ 11 ～ 20 本 □太多了

你希望能如何得到更多好讀的出版訊息？

□常寄電子報 □網站常常更新 □常在報章雜誌上看到好讀新書消息

□我有更棒的想法____

最後請推薦五個閱讀同好的姓名與 E-mail，讓他們也能收到好讀的近期書訊：

1. ____

2. ____

3. ____

4. ____

5. ____

我們確實接收到你對好讀的心意了，再次感謝你抽空填寫這份回函

請有空時上網或來信與我們交換意見，好讀出版有限公司編輯部同仁感謝你！

好讀的部落格：http://howdo.morningstar.com.tw/

請填妥後對折黏貼，直接投郵即可，無須貼郵票。

廣告回函
臺灣中區郵政管理局
登記證第 3877 號
免貼郵票

好讀出版有限公司　編輯部收

407 台中市西屯區何厝里大有街 13 號

電話：04-23157795-6　傳真：04-23144188

沿虛線對折